Heinrich Joseph Floas

Denkschrift über die Parität an der Universität Bonn

Ein Beitrag zur Geschichte deutscher Universitäten im neunzehnten Jahrhundert

Heinrich Joseph Floas

Denkschrift über die Parität an der Universität Bonn
Ein Beitrag zur Geschichte deutscher Universitäten im neunzehnten Jahrhundert

ISBN/EAN: 9783743608214

Hergestellt in Europa, USA, Kanada, Australien, Japan

Cover: Foto ©ninafisch / pixelio.de

Weitere Bücher finden Sie auf **www.hansebooks.com**

Denkschrift

über die

Parität an der Universität Bonn

mit einem Hinblick

auf

Breslau und die übrigen Preußischen Hochschulen.

Ein Beitrag zur Geschichte deutscher Universitäten

im neunzehnten Jahrhunderte.

Nebst Beilagen.

Freiburg im Breisgau.

Herder'sche Verlagshandlung.

1862.

Druck von E. Krebs-Schmitt in Frankfurt a. M.

Vorliegende Schrift macht keinen Anspruch auf Vollständigkeit, sie will nur das Wichtigste hervorheben, worauf es bei einer Beurtheilung der Parität an den preußischen Hochschulen ankommt. Vielleicht werden Unbefangene ihr das Zeugniß nicht versagen, daß sie nicht mit leeren Worten, sondern mit Thatsachen auftritt.

Mitte Juni.

Berichtigungen.

Seite 19 Zeile 14 der zu tilgen
" 21 " 31 statt zum Professor lies zum ordentlichen Professor
" 23 " 34 statt 1860 lies 1861
" 24 " 15 u. 21 statt 1843 lies 1842
" 55 " 4 statt 1843 lies 1844
" 93 " 26 statt von Kühlenthal lies Kühlenthal
" 122 " 24 statt 1. Juni lies 1. Januar

Inhalt.

I.

Die Adresse der Studirenden. Das akademische Leseinstitut. Die Parität an der Universität Bonn.

Die Bewohner der Stadt Bonn wurden am 21. Februar d. J. in eigenthümlicher Weise überrascht durch ein in der Bonner Zeitung veröffentlichtes Antwortschreiben des Herrn Universitätscurators Geheimen Regierungsraths Beseler auf eine von einem Theile der Studentenschaft ihm überreichte Adresse für die Herstellung der statutarisch angeordneten Parität. Diese Adresse, welche dann von den Studirenden am folgenden Tage gleichfalls der Oeffentlichkeit übergeben wurde, lautete:[1)]

Hochwohlgeborner Herr Curator!
Hochzuverehrender Herr Geheimerath!

Im Interesse der hiesigen Hochschule, deren Frequenz und Gedeihen zu heben und zu befördern Ew. Hochwohlgeboren stets bestrebt sind, erlauben die unterzeichneten Studirenden sich, Hochdenselben folgende Vorstellung und Beschwerdeschrift einzureichen.

Nicht ohne Befremden haben sie beobachtet, wie nicht nur die katholische Confession in dem Lehrkörper unserer Universität nur einen kleinen, sich immer vermindernden Bruchtheil bildet, sondern auch in Folge des großen numerischen Uebergewichts der andern Confession die katholischen Interessen nur zu häufig verletzt werden.

Zuversichtlich haben Ew. Hochwohlgeboren das bedauernswerthe Beispiel dieser Art lebhaft beklagt, das am Schlusse des vorigen Semesters unsere Hochschule in die größte Aufregung

---

[1)] Bonner Zeitung No. 45 vom 23. Februar.

1

verſetzt hat. [1]) Ein anderes Beiſpiel, in gleicher Weiſe Stubirende
wie Docenten kränkend, iſt jetzt hinzugetreten: Die jüngſte Vorſtandswahl des akademiſchen Leſevereins hat auch nicht Einen
Docenten als Vertreter der katholiſchen Intereſſen in dem
Vorſtande dieſes Inſtitutes beibehalten. — Während der vielen
Jahre, welche der akademiſche Leſeverein beſteht, ſind kaum das
eine und andere Mal die Intereſſen der katholiſchen Mitglieder
durch mehr als Einen katholiſchen Docenten vertreten geweſen.
Indem die jüngſte Vorſtandswahl mit Hintanſetzung auch dieſer
letzten Rückſicht ſelbſt den Einen katholiſchen Vertreter aus dem
Vorſtande beſeitigte, hat ſie die größte Unzufriedenheit aller
billig denkenden Stubirenden ohne Unterſchied der Confeſſion
um ſo mehr hervorgerufen, als die Mehrzahl der Stubirenden
und mindeſtens die Hälfte der Theilnehmer des akademiſchen Leſe-
vereines der katholiſchen Confeſſion angehört.

Die unterzeichneten Stubirenden glauben ſich daher ver-
pflichtet, bei Ew. Hochwohlgeboren gegen ein ſolches unduld-
ſames und unbilliges Verfahren von Seiten des evangeliſchen
Theiles des Lehrkörpers hieſiger Univerſität im Intereſſe des
Friedens und der Eintracht feierliche Beſchwerde zu erheben.
Sie erſuchen Hochdieſelben angelegentlich und ergebenſt, Ihren
Einfluß dahin geltend machen zu wollen, daß der Wiederkehr
ſolcher Vorkommniſſe ein für alle Mal ein Ziel geſetzt, und den
Intereſſen der Confeſſionen in jeder Hinſicht die gleiche Rück-
ſicht geſichert werde. Sie vertrauen dabei der Weisheit Ew.
Hochwohlgeboren, die leicht die geeigneten Mittel und Wege da-
zu finden werden.

Die Unterzeichneten werden von ihrer Seite nach Kräften
beſtrebt ſein, den Intereſſen der verſchiedenen Confeſſionen innerhalb des Kreiſes ihrer Wirkſamkeit jede mögliche Anerkennung
zu verſchaffen.

---

[1]) Die Angelegenheit des Prof. Schlottmann, beſſen Einladungs-
programm zur Gedächtnißfeier der Stiftung der Univerſität am 3. Auguſt
Lehren, Einrichtungen und Gebräuche der katholiſchen Kirche in gröblicher
Weiſe verunglimpfte. Vgl. Aktenſtücke zur Schlottmann'ſchen Angelegenheit. Kölniſche Blätter No. 260 zweite Ausgabe.

Zugleich dürfen sie nicht unterlassen, an Ew. Hochwohlgeboren das dringende Ersuchen zu richten, Hochdieselben wollen
Bedacht nehmen, daß in dem Lehrkörper der hiesigen Universität
die Parität zur Wahrheit werde, und nicht, wie bisher, der
Grundsatz, daß auf die Confession der anzustellenden Lehrer
keine Rücksicht genommen werde, in seiner Anwendung dazu
diene, katholische Lehrer von unserer Hochschule fern zu halten und ihr beinahe den Charakter einer evangelischen zu
verleihen. Daß hiervon das Vertrauen der Rheinlande in ihre
Hochschule, dessen sie in hohem Grade bedarf, und vollends die
Frequenz und der Flor dieser Universität wesentlich bedingt sein
muß, werden Ew. Hochwohlgeboren am weisesten ermessen.

Indem sie geneigte Entgegennahme hoffen, verharren in
größter Hochachtung

Ew. Hochwohlgeboren

Bonn, den 19. Febr. 1862.   Ergebenste

(Folgen die Unterschriften
              An   von 300 Studirenden
Seine Hochwohlgeboren   aller Fakultäten.)
den Königl. Curator der Rheinischen
    Friedrich-Wilhelms-Universität
      Herrn Geh.-Rath Beseler
                hier.

Ohne auf die Sache einzugehen, wies in seinem Antwortschreiben
der Herr Curator das Ansuchen der Studirenden zurück, weil
auf die Angelegenheiten des akademischen Leseinstituts ihm kein
Einfluß gestattet sei und die Klage über vorgebliche Verletzung
der Parität auf »vorgefaßter Meinung« beruhe. Diese Antwort hat nicht nur die Studirenden, sondern nicht weniger den
größten Theil der Bürgerschaft in sehr unangenehmer Weise
berührt. Zunächst befremdete es, daß eine Antwort durch die
Zeitung veröffentlicht wurde, ehe einmal der Wortlaut der
Adresse bekannt geworden war. In diplomatischen Angelegenheiten ist ein solches Verfahren dem Herkommen entgegen. Nicht
weniger befremdete die gar so eilige Antwort auf Beschwerden,
die doch eine eingehende Untersuchung nöthig machten. Wollte

1*

man imponiren durch solche Eilfertigkeit und jede weitere Erörterung abschneiden? Wir glauben nicht, daß der Zweck erreicht
wurde. Die Verletzungen des confessionellen Friedens hatten
sich in letzterer Zeit so oft und in so auffallender Weise wiederholt, die Lage der katholischen Docenten erschien so unleidlich,
die Erbitterung war so groß, daß das übliche System des Läug-
nens und Ignorirens nicht mehr die gewohnten Dienste leisten
konnte. Warum erkundigte sich nicht der Herr Curator nach
den Zuständen des akademischen Leseinstituts, ehe er so bestimmt
seine Vermittelung ablehnte? Ist ihm auch von Amtswegen kein
unmittelbares Eingreifen in die Vorstandswahlen gestattet, so
konnte doch und es sollte der ganzen Stellung des Curators
gemäß sein persönlicher Einfluß sich geltend machen, um die
Parität und den so oft und so schwer verletzten confessionellen
Frieden wieder herzustellen. Selbst die gesetzlichen Mittel liegen
in seiner Hand. Das akademische Leseinstitut erhält jährlich
eine Unterstützung von 200 Thalern durch das Curatorium. Es
ist abhängig von der Universitätsbibliothek. Was hinderte den
Herrn Curator, für solche Unterstützung eine Gegenforderung
zu Gunsten der Parität zu machen? Fürwahr die Aufforderung
dazu schien dringend genug. Seit vielen Jahren war kaum ein
katholisches Mitglied im Vorstand des Lesevereins geduldet worden. Beinahe durch einen Zufall gelang im vorigen Jahre die
Wahl des Prof. Hüffer, eine Wahl die einem confessionellen
Gegensatze auch nicht den leisesten Anlaß bot. Dennoch wurde
er bei der nächsten Wahl, am 27. Januar, durch sämmtliche
evangelische Stimmen wieder aus dem Vorstande entfernt, gerade
so wie es im Jahre 1854 Prof. Schaaffhausen und vordem
1852 den Professoren Aschbach und Ritter geschehen war. Die
durch jene Wahl veranlaßte Mißstimmung hat wohl mit dazu
beigetragen, daß der inzwischen zum ordentlichen Professor ernannte C. O. Weber aus dem Vorstande ausschied. Bei der
Ergänzungswahl am 21. Februar gelang es, diesmal allerdings
mit Unterstützung einer protestantischen Stimme, die Wahl des
Prof. Hüffer abermals durchzusetzen. Sofort meldete die
Bonner Zeitung unterm 22. Februar, in Folge dieser Wahl

hätten nunmehr die Katholiken im Vorstand die Majorität; denn außer Prof. Hüffer seien noch ein katholischer Professor und »drei katholische Theologen« als Vertreter der Studentenschaft im Vorstande. Es kann dieses wiederum als Maßstab für die Richtigkeit der Behauptungen dienen, die man den Katholiken entgegenzustellen pflegt. Der vorgeblich katholische Professor war Springer, dessen Familie längst zum evangelischen Bekenntniß übergetreten ist, während über seinem eigenen Bekenntnisse ein Dunkel schwebt. Professor Springer sollte als Vertreter der katholischen Interessen den Katholiken die Majorität sichern? Von den drei angeblich »katholischen Theologen« war der eine Jurist, der andere Philosoph. Und auch hier ist wieder die Bemerkung nöthig, daß nur ausnahmsweise nach vielen Jahren zum ersten Male katholische Vertreter der Studentenschaft in den Vorstand gelangt waren. Denn rücksichtslos hatte die andere Confession bisher ihr numerisches Uebergewicht in dem Leseverein geltend gemacht, jeden Compromiß verweigert und so die an der Universität viel zahlreicheren katholischen Studirenden endlich gezwungen, durch regere Theilnahme und Rührigkeit sich vor gänzlicher Ausschließung zu bewahren. Aber nach allen diesen Wahlen blieb doch die Majorität den Evangelischen (5:4), da dem evangelischen Vertreter der Universitätsbibliothek Stimmrecht bei Anschaffung von Zeitschriften und Zeitungen und dem evangelischen Präsidenten bei Stimmengleichheit die Entscheidung zusteht. Wie durch den vordem fast regelmäßig evangelischen Vorstand — mitunter wurde ein Katholik gedulдet — die katholischen Interessen beachtet wurden, mag man daraus erkennen, daß laut dem gedruckten Verzeichniß für das Jahr 1861 neben einundzwanzig evangelisch-theologischen Zeitschriften, die der Verein in Gemeinschaft mit der Universitätsbibliothek bezahlte, sechs katholische aufgeführt werden. Aber selbst diese sechs sind nur scheinbar. Denn die Wiener katholische Literaturzeitung ist nicht mehr ein katholisch-theologisches Blatt, als das Zarncke'sche Centralblatt ein evangelisches. Das Archiv für das Bisthum Augsburg — jährlich zwei kleine Hefte — ist eine historische Zeitschrift. Die Zeitschrift von Scheiner hatte zu erscheinen aufgehört. Es bleiben also **drei**. Grade so viele, nämlich drei evangelisch-theologische Zeitschriften, wurden aus Frankreich bezogen, keine einzige katholische aus dem großen katholischen Lande; aus der Schweiz gleichfalls zwei evangelische, keine einzige katholische: — in einer Zeit, wo das Schicksal der katholischen Kirche die weltbewegende Frage bildet.

Aber was ist das Alles, was ist das akademische Leseinstitut im Vergleich mit der unendlich wichtigeren Frage, ob die Hochschule der Provinz eine wahrhaft paritätische werden oder durch Ausschließung und Zurücksetzung der katholischen Docenten in eine protestantische Missionsanstalt umgewandelt werden soll. Wir wollen auf diesen Gegenstand vorerst nicht weitläufiger eingehen. Nur eine kurze Bemerkung. Vor einiger Zeit machte ein Artikel der Kölner Zeitung viel von sich reden, der die Zahl der katholischen ordentlichen Professoren den evangelischen gegenüberstellte.[1]) Aber er war bei alledem mehr geeignet, den Schaden zu verdecken, als blos zu legen. Das Verhältniß ist, besonders nach den letzten Ernennungen, noch weit ungünstiger als dort angegeben wurde. Nach Abrechnung der beiden theologischen Fakultäten kommen, wenn wir Herrn **Springer** der evangelischen Confession zutheilen, auf **fünfundbreißig** protestantische ordentliche Professoren **neun** katholische. Aber diese letztere Zahl ist doch wieder nur scheinbar. Denn unter diese neun gehören 1) der Gymnasialdirector **Schopen**, der nur nominell und mit einem Gehalt von 100 Thlr. auch Professor an der Universität ist. 2) Der alte, ehrwürdige emeritirte Professor **Mayer**. Da auch Professor **Karl Simrock** erst im Sommer an der Hochschule zurückerwartet wird, so bleiben noch

---

[1]) No. 356 vom 24. December. Der Artikel gab die Zahl der evangelischen Ordinarien in den drei Fakultäten auf 22 an, während sie 32 beträgt. Als in No. 358, 27. December, dieses berichtigt wurde, hieß es in der Berichtigung: »die Zahl der katholischen ordentlichen Professoren ist nach Ausschluß der bei der theologischen Fakultät 10, die der protestantischen 32«, als wären in letzterer Zahl die Professoren der evangelischen Theologie inbegriffen. Es sollte offenbar heißen: nach Ausschluß beider theologischen Fakultäten. Die wiederholten Druckfehler der Cölner Zeitung fielen damals Manchen auf.

ſechs wirklich thätige katholiſche Mitglieder in allen drei Fakultäten. Erwägt man dieſe Zahl und erwägt zugleich, daß an
der andern paritätiſchen Hochſchule des Staats, in Breslau, auf
vierundzwanzig proteſtantiſche Ordinarien ſechs katholiſche
kommen, ſo konnte es nur auf das Schmerzlichſte berühren,
wenn der Herr Curator die gerechte Beſchwerde der Studirenden, wenn er die ihm wohlbekannte Mißſtimmung aller katholiſchen Docenten und des größten Theils der Bürgerſchaft, ja
der geſammten Provinz, mit dem Bemerken abfertigen wollte,
alle Klagen über angebliche Verletzung der Parität beruhten auf
Vorurtheil!

II.

Fortſetzung.

Das Antwortſchreiben des Herrn Curators lautete nämlich alſo [1]):

„Auf Ihre mir am geſtrigen Tage durch eine Deputation
überreichte Adreſſe eröffne ich Ihnen Folgendes.

Zu meinem Bedauern erfahre ich, daß ſich bei der Wahl
des Vorſtandes des akademiſchen Leſevereins confeſſionelle Gegen-
ſätze auf einem Gebiete geltend gemacht haben, auf welchem ſie
ohne alle Berechtigung ſind. Nach den Statuten des Vereins
vom 5. December 1846 ſteht mir auf die Wahl des Vorſtandes
deſſelben kein amtlicher Einfluß zu; ſelbſt wenn dies aber auch
der Fall wäre, würde ich Bedenken tragen, einen ſolchen in der
gewünſchten Richtung geltend zu machen, da beklagenswerthe
Stimmungen der angedeuteten Art nur durch allſeitigen guten
Willen, durch Bethätigung einer billigen Denkungsweiſe von
Seiten der Betheiligten, nicht durch Ausübung irgend einer
Autorität überwunden werden.

Wenn Sie in Ihrer Adreſſe dahin zu wirken mich erſuchen,
daß in dem Lehrkörper der hieſigen Univerſität die Parität zur
Wahrheit werde, ſo liegt dieſer Aeußerung eine vorgefaßte

---

[1]) S. Bonner Zeitung No. 44 vom 22. Februar.

Meinung zum Grunde. Die beiden theologischen Fakultäten haben selbstverständlich ihre confessionellen Lehrkörper; statutenmäßig und nach einer Allerhöchsten Kabinets-Ordre vom 26. September 1853 sollen drei Lehrstühle beziehungsweise in der juristischen und philosophischen Fakultät mit Katholiken besetzt werden. Im Uebrigen gilt, was die Anstellung von Docenten betrifft, vollständige Parität, d. h. die Staatsregierung hat die Lehrer an unserer Hochschule ohne alle Rücksicht darauf, ob sie Gott nach dem katholischen oder evangelischen Lehrbegriff verehren, ausschließlich in Betracht ihrer natürlichen Fähigkeit zum Anbau der Wissenschaft, ihrer gründlichen Gelehrsamkeit und ihrer vorzüglichen Lehrgabe zu wählen. Auf der gewissenhaften Wahl solcher Männer beruht vor Allem der Flor und die segensreiche Wirksamkeit der Universität, die keine geringere Aufgabe hat, als eine Pflanzschule deutscher Wissenschaft zu sein, die wissenschaftliche Bildung der Jugend zu leiten. Eine solche Parität, welche, abgesehen von obigen Beschränkungen, die Berücksichtigung confessioneller Beziehungen ausschließt, auf arithmetische Verhältnisse zurückführen, hieße die Axt an die Wurzel unserer ruhmreichen Hochschule legen.

Ich habe keinen Grund, daran zu zweifeln, daß den Herren Studirenden die wissenschaftliche Würde und die Blüthe der Universität, welcher sie angehören, nicht weniger am Herzen liegen, als der Staatsregierung.

Bonn, den 20. Februar 1862.

Der Königliche Curator der hiesigen Universität,

Beseler.

An den

Herrn Stud. jur. B. Füisting und die anderen Herren Unterzeichner der Adresse vom 19. d. M. hierselbst."

„Vorgefaßte Meinungen" haben schon Manchen irre geführt. Aber hatte man es auch hier mit vorgefaßten Meinungen zu thun? und waren die Studirenden durch sie verleitet? In einer neuen Vorstellung haben sie dem Herrn Curator mit unläugbaren Zahlen vorgerechnet, wie die Parität an der Bonner Hoch-

schule gehandhabt wurde. Diese zweite Eingabe der Studirenden ist folgende:[1])

Hochwohlgeborener Herr Curator!
Hochzuverehrender Herr Geheimerath!

Für Ew. Hochwohlgeboren hochgefällige Erwiederung vom
20. Februar auf unsere Vorstellung und Beschwerde sagen wir
unsern verbindlichsten Dank. Wir sind hiezu um so mehr verpflichtet, als Hochdieselben bei der Entgegennahme am Tage
vorher eine so baldige Antwort uns nicht hatten erwarten lassen.

Wir theilen lebhaft das Bedauern Ew. Hochwohlgeboren,
daß bei der Wahl des Vorstandes des akademischen Lesevereins
sich confessionelle Gegensätze geltend machen, die aller Berechtigung entbehren. Wir pflichten auf's wärmste Ew. Hochwohlgeboren bei, daß Uebelstände der angedeuteten Art durch allsei-
tigen guten Willen und durch Bethätigung einer billigen Denkungsweise von Seiten der Betheiligten überwunden werden
können. Die Grundrechte unserer Hochschule (§. 8 der Statuten) verlangen, daß sämmtliche Lehrer an ihr »mit christlicher
Liebe, mit Vorsicht und zarter Schonung verfahren und bei
jeder Gelegenheit auf Beförderung wechselseitiger Zufriedenheit
und guter Eintracht bedacht sein sollen.« Daß diese Grundrechte in Folge des großen numerischen Uebergewichtes des evangelischen Confessionstheils in dem Lehrkörper unserer Hochschule
nur zu häufig verletzt, der kleine sich immer vermindernde Bruchtheil katholischer Docenten in jenem Lehrkörper nur zu häufig
zurückgesetzt werde, bildete den Gegenstand unserer Vorstellung
und gerechten Beschwerde, die Ew. Hochwohlgeboren zu unserm
Leidwesen für unbegründet halten.

Ew. Hochwohlgeboren hatten ferner die hohe Gewogenheit,
unsere »vorgefaßte Meinung« bezüglich der Paritätsfrage an
unserer Hochschule eingehend zu berichtigen. Wollen Hochdieselben vergönnen, daß wir darauf freimüthig erwiedern.

An unserer Hochschule verhält sich die Zahl der activen
katholischen ordentlichen Professoren zu den evangelischen bei der

---

[1]) Bonner Zeitung vom 27. Februar No. 48.

Juristenfakultät wie 2 : 5, bei der medicinischen Fakultät wie
1 : 9, bei der philosophischen wie 6 : 21. Sämmtliche Curatoren, bei weitem die meisten Rectoren und Senatoren gehörten
bisher der evangelischen Confession. an. Unter den Studirenden
ist das katholische Bekenntniß bei weitem vorherrschend.

Daß sich an den Universitäten Berlin und Breslau das
Zahlenverhältniß für die katholische Confession günstiger stelle,
dürfte Niemand behaupten wollen. Die drei übrigen Hochschulen
Preußens sind confessionell evangelisch und schließen durch ihre
Statuten katholische Lehrer aus.

Ew. Hochwohlgeboren haben nun die Gewogenheit, uns
dahin zu belehren, vermöge einer Allerhöchsten Kabinets-Order
vom 26. September 1853 sollen an unserer Hochschule drei
Lehrstühle beziehungsweise in der juristischen und in der philosophischen Fakultät mit Katholiken besetzt werden, „im Uebrigen
aber gelte, was die Anstellung der Docenten betrifft, vollständige Parität, d. h. die Staatsregierung habe die Lehrer an unserer Hochschule ohne alle Rücksicht darauf, ob sie Gott nach
dem katholischen oder evangelischen Lehrbegriffe verehren, ausschließlich in Betracht ihrer natürlichen Fähigkeit zum Anbau der
Wissenschaft, ihrer gründlichen Gelehrsamkeit und ihrer vorzüglichen Lehrgabe zu wählen. In der gewissenhaften Wahl solcher
Männer beruhe vor Allem der Flor und die segensreiche Wirksamkeit unserer Universität.‟

Daß aber in dieser gewissenhaften Wahl allein der Grund
des angegebenen Mißverhältnisses in den Zahlen der ordentlichen Professoren an unserer Universität nicht gefunden werde,
dürfte um so mehr einleuchten, als sonst folgen würde, daß die
deutschen Katholiken vergleichsweise weniger natürliche Fähigkeit
zum Anbau der Wissenschaft, minder gründliche Gelehrsamkeit
und minder vorzügliche Lehrgabe besäßen, eine Behauptung,
die Niemand vertreten wird.

An unserer Hochschule verhält sich die Zahl der katholischen
außerordentlichen Professoren zu den evangelischen bei der Juristenfakultät wie 1 : 1, bei der medicinischen wie 1 : 0, bei der
philosophischen wie 3 : 7. Die Zahl der katholischen Privat-

bocenten verhält sich zu ben evangelischen bei ber Juristenfakultät wie 0:1, bei ber medicinischen wie 2:1, bei ber philosophischen wie 4:7.

Aus ben obigen Zusammenstellungen folgt, baß bie Katholiken, ungeachtet ber ihnen so ungünstigen Verhältnisse, an unserer Hochschule sich noch immer verhältnißmäßig zahlreich bem akabemischen Lehrberufe widmen. Es ist ferner nicht abzusehen, warum wenigstens ein großer Theil berselben ber natürlichen Fähigkeit zum Anbau ber Wissenschaft, gründlicher Gelehrsamkeit und hervorragenber Lehrgabe entbehren sollte, ba boch glänzende Beispiele für Befähigung von Katholiken zum akabemischen Lehrfache in übergroßer Menge an auswärtigen Universitäten sich aufweisen lassen.

Daß endlich bie Herstellung eines arithmetischen Gleichgewichtes in bem Lehrkörper unserer Universität burch Beförderung resp. Berufung ausgezeichneter katholischer Lehrer hieße »bie Axt an bie Wurzel unserer ruhmreichen Hochschule legen«, bieses Dafürhalten Ew. Hochwohlgeboren können wir keineswegs theilen, vielmehr müssen wir unsere grabe entgegengesetzte Ueberzeugung auf's Entschiebenste aufrechthalten. Nicht bie Parität auf »arithmetische Verhältnisse« zurückführen, wohl aber bas große arithmetische Mißverhältniß beseitigen, ist eine Forderung ber Gerechtigkeit, beren Erfüllung bie Provinz erwartet und bie bas Vertrauen berselben in unsere Hochschule, ben Flor, bas Gebeihen und bie segensreiche Wirksamkeit bieser Hochschule wesentlich bebingen muß.

Ew. Hochwohlgeboren bürften nach bieser eben so offenen wie ergebenen Darlegung um so weniger Grund haben, zu zweifeln, baß uns bie wissenschaftliche Würbe und bie Blüthe ber Universität, ber wir angehören, eben so warm am Herzen liege als ber Staatsregierung.

Im Uebrigen halten wir uns verpflichtet, ba Ew. Hochwohlgeboren hochgefällige Antwort unsere Besorgnisse nicht hat beseitigen und bie Hoffnung auf Abstellung bes jetzt bestehenden Mißverhältnisses nicht hat beleben können, ben Instanzenzug

verfolgend, unsere Beschwerde der obersten Staatsbehörde vor-
zutragen.

Bonn, den 25. Februar 1862.

Wir verharren in tiefster Hochachtung

Ew. Hochwohlgeboren

Ergebenste

Die Unterzeichner der Adresse vom 19. Febr. d. J.

A. A.

(Folgen 20 Unterschriften, je 5 aus jeder Fakultät)

An

Seine Hochwohlgeboren

den Königl. Curator der Rheinischen

Friedrich - Wilhelms - Universität

Herrn Geh. Rath Beseler

hier.

Das Vorgehen der Akademiker in einer solchen Frage und
in einer solchen Weise kann gewiß bedenklich scheinen. Aber wir
sind der Ansicht, eine genauere und eingehendere Erwägung
der Sachlage werde sich nicht zu ihren Ungunsten wenden. Denn
zunächst muß doch den Studirenden daran gelegen sein, daß sie
nicht ausschließlich von Lehrern einer anderen Confession in ihren
wissenschaftlichen Bestrebungen abhängig sind, besonders in einer
Zeit, in welcher die Confession nicht nur in religiösen Fragen,
sondern beinahe eben so sehr in politischen, historischen und
selbst für die Fragen und Vortheile des gesellschaftlichen Ver-
kehrs oft mehr als billig maßgebend wird. Es würde nicht befremdlich scheinen können, wenn die Eltern der Studirenden
und wenn die Vertreter der Provinz sich in ähnlichem Sinne
auszusprechen bewogen fänden. Die Frage des Unterrichts zumal auf den Hochschulen berührt eben sowohl die Bevölkerung,
als sie mit den unläugbarsten Interessen der Staatsregierung
aufs Engste verknüpft ist. Der Staat hat ein unverkennbares
Interesse, daß der Unterricht sich in den Händen fähiger und
tüchtiger Männer befinde. Natürliche Fähigkeit zum Anbau der
Wissenschaft, gründliche Gelehrsamkeit und vorzügliche Lehrgabe
sind so sehr die Grundanforderungen an den akademischen Lehrer,

daß ohne sie dieser nicht gedacht werden kann. Wir wünschen
gewiß, daß Preußen den Ruhm bewahre, daß sich seine Schulen
durch gediegene Wissenschaft auszeichnen. Anderseits aber hat
eben so sehr das Land und in ihm die katholische Bevölkerung
ein Recht, daß man die wissenschaftlichen Capacitäten evange=
lischer Confession nicht mit Zurücksetzung der katholischen auf
die Lehrstühle befördere. Sie hat ein Recht, zu erwarten, daß
vor Allem auf den Universitäten, die ihren Statuten gemäß
paritätischen Charakter tragen, das Paritätsprincip nicht zu
ihren Ungunsten angewandt werde. Am wenigsten darf jene
Erwartung da getäuscht werden, wo wie an der Rheinuniversität
bei Weitem die überwiegende Mehrzahl der Studirenden dem
katholischen Bekenntnisse angehört. Daß es in Deutschland an
katholischen Gelehrten nicht mangele, ist unbestreitbar. Auch
unser engeres Vaterland dürfte größere Zahlen aufweisen, hätte
nicht der jahrelange Druck des protestantischen Staats gerade
auf der katholischen Wissenschaft und ihren Vertretern schwer
gelastet. Ist gleich der Herr Curator der gegentheiligen Mei=
nung[1], wir sprechen unbedenklich die Ueberzeugung aus, die
Rheinprovinz dürfe ungeachtet ihrer großen industriellen und
commerciellen Thätigkeit nicht auf die Ehre verzichten, was
wissenschaftliche Capacitäten und gelehrte Productivität anlangt,
mit dem übrigen Deutschland zu wetteifern. Freilich sind die
katholischen Capacitäten der Wissenschaft nur mehr in geringer
Zahl auf der Rheinuniversität vertreten. In Breslau ver=
mißt man sie nicht weniger, in Berlin fehlen sie beinahe ganz.
Viele sind ehrenvollem Rufe auf nichtpreußische Lehrstühle ge=
folgt. Andere haben nach jahrelangem Warten, nach harten
Einbußen an Arbeitskraft und Vermögen, sich nach einem andern
Berufs= und Wirkungskreise umsehen müssen. Die blieben,

---

[1] Die Kölnische Zeitung berichtet in No. 54 vom 23. Februar: „Der
Curator empfing die Deputation der Studirenden mit der ihn auszeich=
nenden Freundlichkeit und bedauerte, daß das in industrielle und commer=
cielle Unternehmungen vertiefte katholische Rheinland bis jetzt verhältniß=
mäßig nicht so zahlreiche hervorragende Gelehrte wie andere Gegenden
Deutschlands erzeuge.“

harren Jahrzehnte ohne oder doch nur mit geringer Besoldung in den Reihen der Privatdocenten oder unter der Zahl der Extraordinarien. Den Nachweis werden wir liefern.

Kann es aber unter diesen Umständen den Studirenden verdacht werden, wenn sie ihren Blick auf die „arithmetischen Verhältnisse" richten und diese befremdlich finden? Kann es ihnen verargt werden, wenn sie mit einem Gefühle des Mißbehagens sehen, wie die Reihen ihrer katholischen Lehrer tagtäglich gelichtet, die der evangelischen tagtäglich vermehrt werden? In allen Fragen des Lebens ist die des religiösen Bekenntnisses der zartesten Art. Sollen die Studirenden allein ihre Augen verschließen, wenn der Grundsatz, auf die Confession der Lehrer werde nicht gesehen, allbereits zu dem Ergebnisse führte, daß in den drei Fakultäten, der juristischen, medicinischen und philosophischen, das Zahlenverhältniß der katholischen ordentlichen Professoren zu den evangelischen für Bonn wie 9 : 35, für Breslau wie 6 : 24 und für Berlin gar wie 1 : 44 geworden ist?

Und was sagt nun der Herr Curator in seiner Antwort an die Studirenden? Bei dem Leseinstitute werden die Katholiken auf die Billigkeit verwiesen. Nur „allseitiger guter Wille", „Bethätigung einer billigen Denkungsweise" soll dort den Uebelständen abhelfen. Auf welcher Seite Billigkeit am Platze war, haben wir gesehen. Nur einiges möge hier noch nachgetragen werden. Das akademische Leseinstitut wurde 1846 gegründet. Nun verhalten sich die vom Vereine in Verbindung mit der Universitätsbibliothek bezahlten katholisch-theologischen Zeitschriften zu den evangelisch-theologischen laut den gedruckten Verzeichnissen für das Jahr 1846 wie 4 : 13, für 1847 wie 4 : 14, für 1848 wie 4 : 17, für 1849 wie 3 : 16, für 1850 wie 3 : 15, für 1851 wie 6 : 15, für 1852 wie 8 : 18, für 1853 wie 10 : 19, für 1854 wie 9 : 18, für 1855 wie 10 : 19, für 1856 wie 11 : 19, für 1857 wie 10 : 20, für 1858 wie 6 : 19, für 1859 wie 5 : 21, für 1860 wie 5 : 21. Auch hier sind die „Wiener katholische Literaturzeitung" und das „Archiv für das Bisthum Augsburg" als theologische Zeitschriften mitgezählt. Lassen wir diese beiden Zeitschriften außer Rechnung und fragen nach dem Verhältniß der von der Universitätsbibliothek und von dem Leseinstitute bezahlten katholisch-theologischen und evangelisch-theologischen Zeitschriften, so stellt sich dasselbe für das Jahr 1858 bei der Bibliothek wie 2 : 12, bei dem Leseinstitut wie 2 : 7, für das Jahr 1859 dort wie 3 : 14, hier wie 0 : 7, für das Jahr 1860 dort wie 2 : 15, hier wie 1 : 6, für das Jahr 1861 dort wie 2 : 11, hier wie 1 : 10, für das laufende Jahr 1862 dort wie 2 : 10, hier wie 2 : 10. Auf dem akademischen Lesezimmer befinden sich laut dem Verzeichnisse für das Jahr 1862 aus Deutschland fünf evangelisch-theologische Quartalschriften, eine katholisch-theologische, zwei evangelisch-theologische Monatsschriften, eine katholisch-theologische, sechs evangelische Kirchenzeitungen, eine katholische, ferner sechs ausländische evangelisch-theologische Zeitschriften aus Frankreich, Holland und der Schweiz, bis Neujahr war keine katholische, seither ist eine, die Civiltà cattolica da. Von allgemein wissenschaftlichen katholischen Zeitschriften ist seit Neujahr der Correspondant angeschafft. Von englischen Blättern findet man die drei Quartalschriften Quarterly, Edinburgh und Westminster Review und das Wochenblatt Athenæum aufgelegt, die Dublin Review, Brownson's Review und Rambler fehlen. Seit Herbst 1857 war, wenn wir von Professor Springer absehen, vier Jahre hindurch kein Katholik in dem Vorstande, der fünf Docenten und drei Studirende zählt; nur 1858/59 gelang es, für das Wintersemester einen, für das Sommersemester drei katholische Studirende durchzusetzen. Dann aber blieben wieder die evangelischen Studirenden die ausschließlichen Sieger, bis im verwichenen Herbste die katholischen, wie ein inspirirter Artikel der Elberfelder Zeitung ¹) sich ausdrückt, „durch eine heftige und ungehörige Agitation drei ihrer Confession angehörige Commilitonen" nochmals durchsetzten. Als 1852 der Vorstand zwei katholische Professoren, Aschbach und Ritter, zählte, die den Antrag auf Anschaffung des Univers und der Civiltà cattolica unterstützten, entfernte die nächste Generalversammlung die Katholiken aus dem Vorstande, grade so wie dies bei der

---

¹) Elberfelder Zeitung Nr. 104, vom 15. April.

Generalverſammlung des laufenden Jahres ſich wiederholt hat. Mochten drei Docenten ob ſolcher Rückſichtsloſigkeit damals aus dem Vereine ſcheiden [1]) und ihren Unwillen unzweideutig an den Tag legen, der Univers hat nie, die Civiltà cattolica, wie bemerkt, erſt in dieſem Jahre ihren Weg in das akademiſche Leſezimmer gefunden. [2])

Für das Leſeinſtitut alſo wird in der Antwort des Herrn Curators „billige Denkungsweiſe" angeſprochen. Handelt es ſich aber um die Parität an der Bonner Hochſchule, ſo hat es mit der Billigkeit ein ſchnelles Ende. Nunmehr ſoll nur die Kabinetsordre vom 26. September 1853 gelten und was darüber hinaus von Parität verlangt wurde, wird abgewieſen. Was iſt denn Parität? Wir verſtehen unter Parität die gerechte und

---

[1]) Einer derſelben, Profeſſor Dieringer, iſt bis zur Stunde nicht wieder beigetreten, weil er ſeine Theilnahme an dieſem Inſtitut von der Geltendwerdung des Grundſatzes der Billigkeit und „Wohlanſtändigkeit" abhängig erklärt hatte. Ueber die damaligen Vorgänge vgl. Deutſche Volkshalle 1853 Nr. 37. 45. 47. vom 16. 25. 27. Februar.

[2]) Im laufenden Jahre legt das Leſeinſtitut für die beiden katholiſch-theologiſchen Zeitſchriften „Wiener Kirchenzeitung" und „Civiltà cattolica" **12 Thlr. 4 Sgr.** aus, für die zehn evangeliſch-theologiſchen **36 Thlr.** Die beiden vorangegangenen Jahre 1860 und 1861 legte es für katholiſch-theologiſche Zeitſchriften nur **5 Thlr. 26 Sgr.** aus, im Jahre 1859 **hielt es gar keine.** Die Univerſitätsbibliothek entrichtet für ihre beiden katholiſch-theologiſchen Zeitſchriften **7 Thlr. 15 Sgr.**, für ihre zehn evangeliſch-theologiſche **36 Thlr. 20 Sgr.** Die Löwener Revue catholique wird vom Vorſtande des Leſeinſtituts fortwährend „beanſtandet." Von den in Frankreich erſcheinenden Etudes de Théologie, der Bibliographie catholique, den Annales de philosophie chrétienne, dem Observateur catholique, der gehaltreichen Revue d'Économie chrétienne, der Novität Revue du monde catholique hat der Vorſtand natürlich keine Ahnung. Ein Organ für die katholiſche Schweiz liegt außerhalb des Kreiſes ſeiner Bekümmerniſſe. Die oben erwähnten drei engliſchen Zeitſchriften, die Wochenblätter Tablet und Weekly Register, oder gar die römiſchen Analecta juris pontificii auf das Leſezimmer zu bringen, wäre, da nach der Elberfelder Zeitung a. a. O. „die Auswahl ſich nach dem wiſſenſchaftlichen, alſo bleibenden Werthe der Zeitſchriften" richten muß und, wie ſich ein Vorſtandsmitglied jüngſt in der Generalverſammlung ausdrückte, „bekanntlich die katholiſche Kirche den Vorzug beſitzt, nur eine Richtung zu haben," nie zu rechtfertigen.

billige Berücksichtigung der Interessen der beiden Confessionen, welchen die Verfassung unseres Staats Recht, Sicherheit und ihren Schutz verspricht. Der Herr Curator versteht darunter die nackte, dürre Confessionslosigkeit, den religiösen Indifferentismus. Die akademischen Lehrer sollen „ohne alle Rücksicht darauf, ob sie Gott nach dem katholischen oder evangelischen Lehrbegriff verehren, ausschließlich in Betracht ihrer natürlichen Fähigkeit zum Anbau der Wissenschaft, ihrer gründlichen Gelehrsamkeit und ihrer vorzüglichen Lehrgabe" gewählt werden, das erst sei die vollständige Parität. Nach dem Begriffe, den der Herr Curator mit dem Worte verbindet, steht allerdings die Bonner Hochschule mitten in der Parität!

Allein jener Grundsatz muß schon an sich in hohem Grade bedenklich erscheinen. Selbst wenn er mit vollkommener Unparteilichkeit ausgeübt, einer der beiden Confessionen offenbaren Nachtheil brächte, so würden wir das als der Parität nicht angemessen und als bedenklich für unser Staatsleben ansehen müssen, welches nur bei dauerndem Frieden und guter Eintracht der beiden großen Confessionen sich gedeihlich entwickeln kann. Wir müssen aber nur zu sehr fürchten, und die bisherigen Erfahrungen beweisen es nur allzu deutlich, daß es an dieser Unparteilichkeit durchaus gefehlt hat, daß eben jener confessionelle Indifferentismus nie zur Geltung gelangt ist. Denn wie wäre es erklärlich, daß der Unterschied zwischen den Zahlen der katholischen und evangelischen ordentlichen Professoren so auffallend groß sein könnte? Obige Zahlen sprechen zu laut, als daß sie eine ernste Widerrede dulden, sie sind geeignet auch dem Blödesten die Augen zu öffnen. Es bleibt hier nur zwischen zweien Dingen die Wahl. Entweder die Katholiken sind unfähig für höhere wissenschaftliche Thätigkeit und waren daher für die höhere Lehrstühle katholische Kräfte nicht zu gewinnen oder man hat absichtlich diese Kräfte nicht verwandt, zurückgesetzt oder unbeachtet gelassen. Welche von diesen beiden Annahmen die richtigere sei, wird sich aus dem Folgenden ergeben.

Vorher möge noch die Antwort folgen, welche den Studirenden auf ihre zweite Vorstellung zu Theil geworden ist, sie lautet: [1]

»In Veranlassung der mir am 19. d. M. von ihnen und anderen Studirenden überreichten Adresse habe ich mich dazu verstanden, Meinungen, welche mir vorgetragen waren, in der Ihnen ertheilten Antwort zu berichtigen. Mich mit Ihnen auf Verhandlungen über die zur Sprache gebrachten Gegenstände einzulassen, gestattet eben so wenig meine amtliche, als die staatsbürgerliche Stellung der studirenden Jugend. Sie erhalten hierbei Ihre Eingabe vom heutigen Tage zurück.

Bonn, den 25. Februar 1862.
Der Königliche Curator der hiesigen Universität
Beseler.
An die
Herren Studirenden B. Fülsting,
M. Aschenbroich und die anderen
Unterzeichner einer Eingabe vom 25.
Februar   hier.«

Die Studirenden der Akademie Münster und der paritätischen Universität Breslau, die studirenden Preußen auf den Universitäten München und Tübingen sandten dagegen den Bonner Commilitonen Zustimmungsadressen, die man in den Beilagen findet.

III.

Waren katholische Lehrkräfte für die Rheinuniversität nicht zu gewinnen?

Fehlt es den Katholiken an höherer wissenschaftlicher Thätigkeit und waren daher für die höhern Lehrstühle katholische Kräfte nicht zu gewinnen? Man wird es nicht behaupten können. Halten wir Umschau in Deutschland, so finden wir auf den Lehrstühlen in Wien, Prag, Inspruck, München, Würzburg, Freiburg, Tübingen Männer des katholischen Bekenntnisses, die

---

[1] Bonner Zeitung No. 48, vom 27. Februar.

jebe Katheder des engern Vaterlandes zieren würden. Hat man
Versuche gemacht, sie für unsere paritätischen Hochschulen zu
gewinnen? Hat man sich bemüht, durch ihre Berufung der
paritätischen Gleichstellung der Confessionen in Bonn und Breslau Rechnung zu tragen? . Wir fürchten, die Antwort wird
verneinend ausfallen müssen. Berufungen, wie die von Schönlein und Bopp in Berlin gehören zu den seltensten Ausnahmen.

Doch mehr! Nicht nur keine katholischen Lehrkräfte hat man
von Außen gerufen, sondern die vorhandenen hat man nicht
verwandt, abziehen lassen, durch Zurücksetzung und Nichtbeach-
tung gewissermaßen genöthigt, ehrenvollem Rufe auf nichtpreußische Hochschulen zu folgen. Ein flüchtiger Rückblick auf die
Rheinische Hochschule möge uns belehren.

Im Herbste 1826 trat der L. Arndts aus Arnsberg in
Westphalen als Privatdocent bei der Bonner Juristenfakultät ein.
Er las in jedem Semester mit Ausnahme des Jahres 1834/35,
das er zu einer Reise in Italien verwendete, bis zu seinem
Abgange von Bonn 1839, zunächst über die verschiedenen Zweige
des Römischen Rechts, bald auch über Encyklopädie, französi-
sches Civilrecht, gemeinen deutschen und preußischen Civilproceß,
wozu ihm die Fakultät ohne besondere Habilitation die Befug-
niß ertheilte. Seine Vorlesungen erfreuten sich ungeachtet mehr-
facher Concurrenz einer ausgezeichnet regen Theilnahme. Die
Fakultät hatte wiederholt vergebens auf seine Beförderung angetragen, während der evangelische Maurenbrecher, der sich
zwei Jahre später als Arndts habilitirte, ohne Fakultätsantrag zum
außerordentlichen Professor ernannt wurde. Als man ihn in
Bonn zu befördern nicht geneigt war, bewarb er sich um eine Professur in Halle. Doch auch dies wurde einfach abgeschlagen; der
Curator und Regierungsbevollmächtigte von Rehfues erläuterte
mündlich, die Confession habe der Gewährung seines Gesuches
im Wege gestanden. Erst nach beinahe eilf Jahren, nachdem durch den Tod Puggé's die Fakultät um ein katholisches
Mitglied vermindert worden war, wurde 1837 Arndts zum
außerordentlichen Professor ohne Besoldung ernannt. Die
Fakultät hatte ihm schon 1831 dadurch noch einen besonderen

2*

Beweis ihrer Anerkennung seiner Qualifikation gegeben, daß er, obwohl noch Privatdocent in's Spruchcollegium aufgenommen wurde. Dann erging im Herbste 1838 an ihn der Antrag die Professur Unterholzners in Breslau mit 800 Thaler Besoldung zu übernehmen und im Januar oder Februar händigte ihm der Curator das schon vom 30. November 1838 datirte Königliche Patent ein. In der Zwischenzeit aber hatte er den ehrenvollen Ruf nach München angenommen und bat daher acht Tage später schon um seine Entlassung von der kaum verliehenen Professur. Eine Reihe Abhandlungen seit 1828 im Rheinischen Museum, im Archiv für Civilpraxis, im Archiv für Rechtswissenschaft des Auslandes und im Archiv für Preußisches Recht und Verfahren, die Ausgabe der Sententiae des Paulus 1833, die Beiträge zum Civilrecht und Civilproceß 1837 hatten längst die Aufmerksamkeit auswärtiger Gelehrten auf den Privatdocenten und besoldungslosen Extraordinarius gerichtet. Schon 1834 hatte Puchta Schritte gethan, seine Berufung nach Würzburg zu erwirken. Nun wurde nach Puchta's Abgange von München Arndts sein Nachfolger. Seit mehreren Jahren lehrt er in Wien. Arndts ist einer der hervorragendsten und berühmtesten Pandektenlehrer geworden. Ob er es wohl bei uns in Preußen nicht geworden wäre?

Zu Ostern 1826 habilitirte sich der von Niebuhr sehr geschätzte W. H. Grauert aus Münster als Privatdocent an der Rheinischen Hochschule. Er wurde Professor der Geschichte an der Akademie Münster und folgte 1849 einem Rufe nach Wien, ohne daß man ihn einer der paritätischen Hochschulen des Landes zu erhalten gesucht hätte.

Im Jahre 1821 hatten sich Th. B. Linde aus Brilon, im Jahre 1823 C. E. Jarcke aus Danzig als Privatdocenten bei der Juristenfakultät niedergelassen. Ersterer folgte im Herbste 1823 einem Rufe als außerordentlicher Professor nach Gießen, wurde 1824 ordentlicher Professor daselbst, 1829 Ministerialrath in Darmstadt, 1834 Kanzler der Universität Gießen, 1836 geheimer Staatsrath. Jarcke brachte es 1823 in Bonn zum außerordentlichen Professor ohne Besoldung. Er erhielt damals die Erlaubniß, sich in Köln näher mit dem französischen Verfahren bekannt zu machen. Hier trat er im März 1824 zum katholischen Bekenntnisse über und wurde ihm nun der unmotivirte Vorwurf gemacht, daß er dies nicht zuvor zur Anzeige gebracht habe. Durch mehrere criminalistische Aufsätze zog Jarcke die Aufmerksamkeit des Herrn von Kampt auf sich. Dieser als Director im Unterrichtsministerium veranlaßte seine Versetzung nach Berlin, gleichfalls o h n e B e s o l d u n g, wie er eine solche auch in Bonn nicht erhalten hatte. Jarcke lebte von seiner schriftstellerischen Thätigkeit und von den reichlichen Erträgnissen seiner Collegien. Im Jahre 1830 oder 1831 wandte ihm aber sein Gönner von Kampt, der unterdeß Justizminister geworden war, einen Gehalt im Betrage von 800 Thlr. zu. Im Jahre 1832 endlich folgte Jarcke dem Rufe als Staatskanzleirath nach Wien.[1] Ihn oder Linde für die akademische Lehrthätigkeit in Preußen zu erhalten, sind nie Anstalten getroffen worden.

1831 wurde der Bonner Bullers Privatdocent für das Fach der orientalischen Sprachen. Er sah sich genöthigt, da ihm in Bonn keine Aussicht blieb, 1833 einem Rufe nach Gießen zu folgen.

Zu Michaelis 1833 habilitirte sich der junge, talentvolle K a r l W i n d i s c h m a n n für das Fach der Anatomie. Er gab 1836 einem Rufe nach Löwen Folge. Für seine Verwendung an einer der beiden paritätischen Hochschulen seines engern Vaterlandes war keine Hoffnung.

Im Herbste 1840 trat C. L. Urlichs aus Aachen als Privatdocent bei der philosophischen Fakultät ein. Obgleich katholisch wurde er auffallend schnell 1843/44 zum außerordentlichen Professor mit 200 Thlr. Besoldung, die 1845 auf 300 Thlr. erhöht wurde, dann 1847 zum Professor in Greifswalde befördert. Er verdankte es dem Einflusse des damals sehr viel vermögenden Bunsen, bei dem er Hauslehrer gewesen war. Von Greifswalde ging Urlichs später 1854 nach Würzburg. Der Lehrthätigkeit in Preußen ist selbst er nicht erhalten worden.

---

[1] Vergl. historisch-politische Blätter 1853 S. 277 fgg.

1846 ward J. Hoppe, vom Eichsfelde, Privatdocent bei der medicinischen Fakultät und verharrte als solcher bis 1852, wo er eine Professur in Basel antrat.

Der Bonner Bahlen, einer der ausgezeichnetsten jungen Philologen, wurde Herbst 1854 Privatdocent. Man stellte ihn Herbst 1856 als außerordentlichen Professor in Breslau an. Dann folgte er einem Rufe nach Freiburg, von da nach Wien. Preußen konnte den Ruf nach Baden nicht durch einige hundert Thaler abwenden.

1858 hatte F. Bücheler aus Goch im Clevischen sich im Fache der Philologie habilitirt, er folgte schon im folgenden Jahre einem Rufe nach Freiburg.

Im Frühling 1854 habilitirte sich bei der Juristenfakultät J. F. Schulte aus Arnsberg, der gegenwärtig den Lehrstuhl des kanonischen Rechts in Prag in glänzender Weise bekleidet. Wäre er nicht eine rühmliche Acquisition für Preußen gewesen?

Bleiben wir einstweilen hier stehen. Es fehlte also nicht an katholischen Kräften, die es möglich gemacht hätten, ein paritätisches Gleichgewicht an den Universitäten Bonn und Breslau herzustellen; man brauchte jene Kräfte nur zu behalten und zu verwenden. Nun dürfte man aber doch mit Recht voraussetzen, daß wenigstens bei den Professuren, die statutenmäßig und nach der Allerhöchsten Kabinetsorder vom 26. September 1853 den Katholiken zugesichert sind, ein anderes Verfahren sich ergeben werde. Allein die Voraussetzung erweist sich als irrig. Wir wollen es beweisen.

Als der katholische Professor der Philosophie Windischmann Frühjahr 1839 starb, zählte die philosophische Fakultät zwei evangelische Ordinarien der Philosophie, Brandis und van Calcker, und seit Sommer 1836 einen evangelischen außerordentlichen Professor der Philosophie J. G. Fichte. Die statutenmäßige katholische Professur der Philosophie blieb bis Herbst 1845, beinahe sieben Jahre unbesetzt, dagegen rückte 1839/40 Fichte als dritter evangelischer Ordinarius der Philosophie in die engere Fakultät ein. Die Studirenden in Bonn sind überwiegend katholisch. Außerdem zählt man durchgängig über 200

katholische Theologen. Wie gerecht mußte da die Forderung
erscheinen, daß eben so viele katholische Ordinarien der Philosophie angestellt seien als evangelische? Statt dessen hatte man
damals drei evangelische Ordinarien und doch fast sieben Jahre
keinen katholischen.

Fehlte es an katholischen Candidaten für die durch Windischmann's Tod vacante katholische Professur der Philosophie?
Noch im nämlichen Jahre hatte P. Vollmuth aus Wesseling
bei Cöln sich für das Fach der Philosophie niedergelassen, nachdem er bereits 1835 flg. in Breslau Philosophie docirt
hatte. Er las bei zahlreicher Zuhörerschaft, doch blieb er in
Bonn Privatdocent bis Herbst 1846 volle sieben Jahre und
mußte die Fügung preisen, die ihm nach vielen Prüfungen zuletzt eine Stelle an der höhern Lehranstalt zu Posen öffnete.
Im Herbste 1842 hatte sich der geistreiche und mit dem größten
Beifall gehörte F. E. Clemens aus Coblenz für das nämliche
Fach neben Vollmuth habilitirt. Er blieb dreizehn Jahre
Privatdocent. Nachdem ihm jede Aussicht auf Beförderung an
einer Hochschule des Landes abgeschnitten war, sah er sich genöthigt 1855/56 die inzwischen vacant gewordene Professur der
Philosophie an der Akademie Münster anzunehmen, wo er eine
leider durch zu frühen Tod abgebrochene glänzende Wirksamkeit
ausgeübt hat. In Rom, wo er seine zerrüttete Gesundheit herstellen wollte, hat er seine Ruhestätte gefunden. Friede seiner Asche!

Als die statutenmäßige Professur mit Uebergehung der beiden
Privatdocenten, die sie bisher vertreten hatten, Herbst 1845
durch P. Knoodt als außerordentlichen Professor
wieder besetzt wurde, erhielt dieser 400 Thlr. Besoldung, während der evangelische Professor der Philosophie Brandis 1400,
der andere evangelische Professor der Philosophie van Calker
1100 Thlr Besoldung bezogen; Fichte der 1000 Thlr. Besoldung hatte, war Herbst 1842 nach Tübingen gegangen. Als
Knoodt 1847 Ordinarius wurde, verlieh man ihm 700 Thlr.
Besoldung, die 1858 auf 800, 1860 auf 900 stiegen. Und
doch bezieht zur Stunde Brandis 1600 Thlr., van Calker
1100 Thlr.

Wenn nach Volkmuth und Clemens wenige junge Gelehrte katholischen Bekenntnisses Luft empfanden, ihnen auf der dornenvollen Bahn nachzufolgen, wen darf es wundern? Und doch finden wir seit Sommer 1856 wieder einen katholischen Privatdocenten der Philosophie L. Gerkrath aus Köln, seit Herbst 1857 einen andern J. Neuhauser, Westphale, an der Bonner Hochschule thätig, von welchen der erstere jüngst am Hosianum zu Braunsberg angestellt wurde, der andere bis zur Stunde, natürlich als Privatdocent und ohne jede Besoldung mit Beifall liest.

Erst im Sommer 1843 kündigte ein katholischer Professor, Aschbach in dem Bonner Lektionskataloge Vorlesungen über Geschichte an, während die andere Confession bereits seit 1819 in Hüllmann († 1846), seit 1826 in Niebuhr, seit 1829 in Loebell, seit 1843 in Dahlmann für das Fach hervorragende und ausgezeichnete Lehrkräfte besaß. Aschbach entfaltete in Bonn eine eben so tüchtige als erfolgreiche Wirksamkeit bis 1853, wo er nach Grauert's Tode dem Rufe nach Wien folgte. Er war Herbst 1842 mit der Besoldung von 900 Thlr. nach Bonn gekommen. Hüllmann bezog damals 1800 Thlr., Loebell 1000 Thlr., Dahlmann wurde 1843 mit 1800 Thlr. Besoldung berufen und stieg bald zu 2000 Thlr. Loebell stieg 1845 auf 1100, 1846 auf 1200, 1849 auf 1300 Thlr. während Aschbach 1848 100 Thlr. Zulage erhielt; dabei blieb es. Zum Mitgliede der wissenschaftlichen Prüfungscommission wurde Aschbach erst 1851 ernannt und verblieb darin bis zu seinem Abgange nach Wien. Oesterreich entsprach allen Bedingungen, die er stellte. Sind die geeigneten Maßregeln ergriffen worden, den katholischen Historiker Aschbach der Doktion in Preußen, den Rheinlanden und der Bonner Hochschule zu erhalten? Man hat nicht einige hundert Thaler aufwenden wollen, während andere Begünstigte wegen eines Embryo von auswärtigem Rufe eiligst mit Gehaltszulagen und Ehren überschüttet werden.

Auf Aschbach folgte als katholischer Geschichtsprofessor in Bonn nach zweijähriger Vakatur Cornelius zu Ostern 1855. Er bezog einen Gehalt von 800 Thlr. und folgte bereits im

Herbſte 1856 einem Rufe nach München. Hätte nicht ein kleines Opfer an Geld ihn der Rheiniſchen Hochſchule erhalten können?

Und hat man, als Aſchbach und Cornelius Bonn verließen, auch nur einen Augenblick ernſtlich daran gedacht, einen auswärtigen hervorragenden Geſchichtslehrer, Höfler, Gfrörer, Möller, Ficker, für die katholiſche Geſchichtsprofeſſur zu gewinnen?

Julius Ficker, aus Münſter, war 1851 bis 1853 durch mehrere Semeſter Privatdocent an der Bonner Hochſchule und iſt ſeither eine Zierde der Univerſität Innſpruck, ebenſo ausgezeichnet als Lehrer wie als hiſtoriſcher Schriftſteller. Nur die Ausſichtsloſigkeit in Preußen bewog ihn, das Heimatland mit Oeſterreich zu vertauſchen, welches ihm inzwiſchen eine zweite, dankbare Heimat geworden iſt.

1855 wurde G. Muys, aus Crefeld, Privatdocent für das Fach der Geſchichte. Nachdem ſeine Mittel erſchöpft waren, folgte er zu Oſtern 1859 einem Rufe nach Lemberg.

Und was iſt nach Cornelius Abgang für die erledigte, durch Allerhöchſte Kabinetsorbre vom 26. September 1853 den Katholiken zugeſicherte Geſchichtsprofeſſur geſchehen? Sie blieb bis Herbſt 1858 unbeſetzt. Dann wurde der bisherige katholiſche Privatdocent der Geſchichte F. W. Kampſchulte zum außerordentlichen Profeſſor mit einer Beſoldung von 400 Thlr. ernannt. Ihn beförderte man unlängſt (Herbſt 1861) zum ordentlichen Profeſſor mit der Beſoldung von 800 Thlr., während gleichzeitig an Dahlmann's Stelle von Sybel als evangeliſcher Profeſſor der Geſchichte mit der Beſoldung von 2100 Thlr. berufen wurde. Daß man den katholiſchen Geſchichtsprofeſſor Kampſchulte von der Direction des neu gegründeten hiſtoriſchen Seminars, daß man ihn von der Prüfungscommiſſion ausſchloß, deren Mitgliedſchaft, wie Stimmen verlauten, ohne daß ihnen widerſprochen würde, Sybel ſtatutenwidrig auf Lebenszeit zugeſichert wurde, kann kaum mehr wundern.

Und nun haben wir noch nicht von W. Eſſer geſprochen, der, 1822 — 1824 in Bonn Privatdocent, als Profeſſor der Philoſophie an die Akademie Münſter verpflanzt wurde, nicht von H. Düntzer aus Köln, der von Herbſt 1837 bis

Oſtern 1846 faſt neun Jahre in Bonn Privatdocent, nachdem
ihm alle Hoffnung auf ein Fortkommen abgeſchnitten war, nach
jahrelanger Arbeit und Einbuße an Vermögen genöthigt war,
eine Bibliothekarſtelle in Köln anzutreten, obgleich er als klaſ-
ſiſcher wie als deutſcher Philologe und als verdienter, frucht-
barer Schriftſteller bekannt iſt; nicht von H. G. Birnbaum
aus Köln, der 1840—1844 Privatdocent bei der mediciniſchen
Fakultät, einem Rufe als Arzt nach Petersburg folgte und als
Director der geburtshülflichen Anſtalt in Trier, jetzt in Köln mit
Ehren genannt werden darf; nicht von B. Windſcheid aus
Düſſeldorf, der, 1840—1847 in Bonn Privatdocent, als Profeſſor nach Baſel ging, von da nach Greifswald berufen wurde,
dann aber ſeinem Freunde von Sybel nach München folgte;
nicht endlich von den katholiſchen Docenten, die von Breslau
und von Münſter in's Ausland berufen wurden.

Man ſage alſo nicht, den Katholiken fehle es an wiſſenſchaftlichen Capacitäten und dieſer Mangel nöthige gewiſſer-
maßen, die Lehrſtühle mit evangeliſchen Lehrern zu beſetzen. Die
katholiſchen Lehrer, die man beſaß, hat man nicht verwendet,
zurückgeſetzt, nicht beachtet.

IV.
Wie die Verdienſte katholiſcher Lehrer' an der Rheinuniverſität anerkannt wurden.

Haben aber gar keine katholiſchen Kräfte an der Bonner
Hochſchule ihre Verwendung gefunden? Einige allerdings, allein
ihre Zahl iſt ſehr gering. Im Jahre 1819 erſcheint F. Walter
als außerordentlicher Profeſſor in den Lectionsverzeichniſſen der
jungen universitas litteraria Rhenana; er wurde 1821 ordentlicher Profeſſor und ziert als Neſtor der juriſtiſchen Fakultät und
beinahe der Univerſität und als gefeierter Lehrer die Hochſchule
bis zur Stunde. Wie hat der Staat dieſe Leiſtungen anerkannt?
Walter, Geheimer Juſtizrath, erhält gegenwärtig den Gehalt
von 1700 Thlr., während ſeine evangeliſchen Collegen Geheimer
Juſtizrath Bluhme 2000, Geheimer Juſtizrath Böcking 1800,
Geheimer Juſtizrath Sell 1400, Perthes 1200, Hälſchner 1200,

der außerordentliche Professor Nicolovius 600 Thlr. Besoldung
haben. Im Jahre 1860 bezog Walter nur 1500 Thlr., bis
zum Jahre 1850 nur 1300 Thlr., während Bluhme 1843 mit
2000 Thlr. berufen wurde. Gehälter fallen nicht entscheidend
in's Gewicht, wo die Werthschätzung des akademischen Lehrers
in Frage tritt. Manchmal kann nur mit Anwendung höheren
Gehalts eine Lehrkraft für ein vakantes Fach gewonnen werden.
Allein es muß doch auffallend scheinen, daß der ältere Lehrer,
der Senior der Fakultät, bis 1850 um 700, dann bis 1860
um 500 und gegenwärtig um 300 Thlr. gegen den jüngeren
Collegen Bluhme zurücksteht. Außer Walter zählt die Juristenfakultät nur noch einen katholischen Ordinarius, Bauerband.
Der gefeiertste Anwalt des Rheinlandes trat dieser zu Ostern
1844 als Justizrath und ordentlicher Professor in die Fakultät
ein. Er verließ einen glänzenden und einträglichen Wirkungskreis, um sich der Pflege der Wissenschaft des französischen
Rechts und der Bildung der rheinischen studirenden Jugend zu
widmen. Man verlieh ihm eine Besoldung von nur 1000 Thlr.
zur nämlichen Zeit, wo Geheimerath Bluhme 2000 Thlr. bezog.
Sie ist dann im Jahre 1848 auf 1200, im Jahre 1858 auf
1400 Thlr. erhöht worden, nachdem sein College Böcking bereits
1856 zu 1400 Thlr. gestiegen war. Bauerband bezieht gegenwärtig 1500 Thlr.; Böcking bezieht 1800 Thlr., also 100 Thlr.
mehr als Walter, 300 Thlr. mehr als Bauerband. Wir wollen hier
keine Schlüsse ziehen, nur die Thatsachen sollen constatirt werden.

Außer den Genannten weist das Verzeichniß der Docenten
noch einen katholischen außerordentlichen Professor Hüffer auf.
Er trat Herbst 1855 bei der Fakultät als Privatdocent ein
und wurde Herbst 1860 außerordentlicher Professor. Er wirkt
mit dem entschiedensten Erfolge, ist aber ohne jede Besoldung.
Außerdem lehrt bei der Juristenfakultät ein evangelischer Privatdocent, Achenbach, der als Mitglied des Oberbergamts 600 Thlr.,
als Lehrer an der landwirthschaftlichen Anstalt zu Poppelsdorf
300 Thlr., zusammen 900 Thlr. Besoldung hat.

Bis 1861 zählte die juristische Fakultät noch einen dritten
katholischen Ordinarius, geschätzt als Mensch, als Mitglied des

Oftern 1846 faft neun Jahre in Bonn Privatdocent, nachdem
ihm alle Hoffnung auf ein Fortkommen abgeschnitten war, nach
jahrelanger Arbeit und Einbuße an Vermögen genöthigt war,
eine Bibliothekarstelle in Köln anzutreten, obgleich er als klaf-
fischer wie als deutscher Philologe und als verdienter, frucht-
barer Schriftsteller bekannt ist; nicht von H. G. Birnbaum
aus Köln, der 1840—1844 Privatdocent bei der medicinischen
Fakultät, einem Rufe als Arzt nach Petersburg folgte und als
Director der geburtshülflichen Anstalt in Trier, jetzt in Köln mit
Ehren genannt werden darf; nicht von B. Windscheid aus
Düsseldorf, der, 1840—1847 in Bonn Privatdocent, als Pro-
feffor nach Basel ging, von da nach Greifswald berufen wurde,
dann aber seinem Freunde von Sybel nach München folgte;
nicht endlich von den katholischen Docenten, die von Breslau
und von Münster in's Ausland berufen wurden.

Man sage also nicht, den Katholiken fehle es an wiffen=
schaftlichen Capacitäten und dieser Mangel nöthige gewissermaßen, die Lehrstühle mit evangelischen Lehrern zu besetzen. Die
katholischen Lehrer, die man besaß, hat man nicht verwendet,
zurückgesetzt, nicht beachtet.

IV.
Wie die Verdienste katholischer Lehrer' an der Rheinuniversität anerkannt wurden.

Haben aber gar keine katholischen Kräfte an der Bonner
Hochschule ihre Verwendung gefunden? Einige allerdings, allein
ihre Zahl ist sehr gering. Im Jahre 1819 erscheint F. Walter
als außerordentlicher Professor in den Lectionsverzeichnissen der
jungen universitas litteraria Rhenana; er wurde 1821 orbent-
licher Professor und ziert als Nestor der juristischen Fakultät und
beinahe der Universität und als gefeierter Lehrer die Hochschule
bis zur Stunde. Wie hat der Staat diese Leistungen anerkannt?
Walter, Geheimer Justizrath, erhält gegenwärtig den Gehalt
von 1700 Thlr., während seine evangelischen Collegen Geheimer
Justizrath Bluhme 2000, Geheimer Justizrath Böcking 1800,
Geheimer Justizrath Sell 1400, Perthes 1200, Hälschner 1200,

der außerordentliche Professor Nicolovius 600 Thlr. Besoldung
haben. Im Jahre 1860 bezog Walter nur 1500 Thlr., bis
zum Jahre 1850 nur 1300 Thlr., während Bluhme 1843 mit
2000 Thlr. berufen wurde. Gehälter fallen nicht entscheidend
in's Gewicht, wo die Werthschätzung des akademischen Lehrers
in Frage tritt. Manchmal kann nur mit Anwendung höheren
Gehalts eine Lehrkraft für ein vakantes Fach gewonnen werden.
Allein es muß doch auffallend scheinen, daß der ältere Lehrer,
der Senior der Fakultät, bis 1850 um 700, dann bis 1860
um 500 und gegenwärtig um 300 Thlr. gegen den jüngeren
Collegen Bluhme zurücksteht. Außer Walter zählt die Juristenfakultät nur noch einen katholischen Ordinarius, Bauerband.
Der gefeiertste Anwalt des Rheinlandes trat dieser zu Ostern
1844 als Justizrath und ordentlicher Professor in die Fakultät
ein. Er verließ einen glänzenden und einträglichen Wirkungskreis, um sich der Pflege der Wissenschaft des französischen
Rechts und der Bildung der rheinischen studirenden Jugend zu
widmen. Man verlieh ihm eine Besoldung von nur 1000 Thlr.
zur nämlichen Zeit, wo Geheimerath Bluhme 2000 Thlr. bezog.
Sie ist dann im Jahre 1848 auf 1200, im Jahre 1858 auf
1400 Thlr. erhöht worden, nachdem sein College Böcking bereits
1856 zu 1400 Thlr. gestiegen war. Bauerband bezieht gegenwärtig 1500 Thlr.; Böcking bezieht 1800 Thlr., also 100 Thlr.
mehr als Walter, 300 Thlr. mehr als Bauerband. Wir wollen hier
keine Schlüsse ziehen, nur die Thatsachen sollen constatirt werden.

Außer den Genannten weist das Verzeichniß der Docenten
noch einen katholischen außerordentlichen Professor Hüffer auf.
Er trat Herbst 1855 bei der Fakultät als Privatdocent ein
und wurde Herbst 1860 außerordentlicher Professor. Er wirkt
mit dem entschiedensten Erfolge, ist aber ohne jede Besoldung.
Außerdem lehrt bei der Juristenfakultät ein evangelischer Privatdocent, Achenbach, der als Mitglied des Oberbergamts 600 Thlr.,
als Lehrer an der landwirthschaftlichen Anstalt zu Poppelsdorf
300 Thlr., zusammen 900 Thlr. Besoldung hat.

Bis 1861 zählte die juristische Fakultät noch einen dritten
katholischen Ordinarius, geschätzt als Mensch, als Mitglied des

Stadtraths und als akademischer Lehrer, P. J. Deiters. Er war 1825 in Bonn Privatdocent geworden, brachte es 1832 zum außerordentlichen, 1836 zum ordentlichen Professor an der Hochschule. Als ordentlicher Professor bezog er eine Besoldung von 600 Thlr, die 1842 auf 800, 1852 auf 900 und endlich 1858 auf 1000 Thlr. stieg. Er starb am Vorabende der Ostern 1861 plötzlich. Seine Professur wird vorerst unbesetzt gelassen. Man ist gespannt, welcher Begriff von Parität bei der Wiederbesetzung überwiegen wird.

Bei der Gründung der Universität war ein katholischer Ordinarius, Mittermaier, berufen worden; er verließ Bonn 1821. Droste-Hülshoff, katholisch, wurde 1825 Ordinarius und starb 1832. Puggé, gleichfalls Katholik und 1831 zum Ordinarius befördert, starb 1836.

Ziehen wir das Ergebniß. Die Juristenfakultät hat gegenwärtig neben dem statutenmäßigen ordentlichen Lehrer des Kirchenrechts, Professor Walter, nur noch einen Katholiken unter den Ordinarien, Professor Bauerband. Die beiden katholischen Ordinarien beziehen zusammen 3200 Thlr. Besoldung, die Ordinarien evangelischer Confession zusammen 7600 Thlr. Der katholische außerordentliche Professor bezieht keine, der evangelische 600 Thlr. Besoldung. Mithin beträgt an der Bonner Juristenfakultät die Besoldung der katholischen Lehrer 3200 Thlr., die der Lehrer evangelischer Confession 8200 Thlr. Von der Besoldung des Privatdocenten Achenbach ist hiebei abgesehen.

Wir kommen zur medicinischen Fakultät. Sie zählt augenblicklich zehn ordentliche Professoren, unter denen nur der bereits erwähnte, alt-ehrwürdige emeritirte Mayer dem katholischen Bekenntnisse angehört. Fragt man nach den Zahlen der Besoldungen, so stellen sie sich folgendermaßen. Mayer bezieht als Geheimer Medicinalrath und Professor seinen vollen Gehalt im Betrage von 1650 Thlr. Neben ihm haben seine evangelischen Collegen Geheimer Ober-Medicinalrath Wutzer 1500, Geheimer Medicinalrath Naumann 1400, Geheimer Medicinalrath Kilian 1400, Geheimer Medicinalrath M. J. Weber 1200, W. Busch

1100, M. Schultze 1000, Pflüger 800 Thlr. Besoldung. Die beiden im Februar des laufenden Jahres zu ordentlichen Professoren beförderten Albers und C. O. Weber bezogen bisher, jener 500, dieser 300 Thlr.; ihre zukünftige Besoldung in ihrer Eigenschaft als Ordinarien ist, wo wir dies schreiben, noch nicht bekannt. Professor Mayer gehört der Rheinischen Hochschule seit ihrer Gründung 1819 an.

Weiter hat die medicinische Fakultät einen außerordentlichen Professor, Sch aaffhausen, der einer der angesehensten Familien des Rheinlandes angehörig, sich im Herbste 1844 als Privatdocent der Wissenschaft widmete und zu den beliebtesten Lehrern der Hochschule gerechnet werden muß. Nachdem er volle zwölf Jahre Privatdocent gewesen, wurde er 1856 zum außerordentlichen Professor ohne Gehalt befördert, als man für das von ihm in Pflege genommene Fach der Physiologie den namhaften Gelehrten Helmholtz mit einer etatsmäßigen Besoldung von 1200 Thlr. gewonnen hatte, die im Jahre 1857 auf 1600 Thlr. erhöht wurde. Als aber Professor Helmholtz den ihm angetragenen Lehrstuhl in Heidelberg der Wirksamkeit in Bonn vorzog, und die von ihm vertretenen bis dahin vereinigten Professuren der Anatomie und Physiologie getrennt und zweien Lehrern übertragen wurden, ist nicht da wenigstens dem Professor Schaaffhausen eine Anerkennung zu Theil geworden? Man rief einen eben in die Lehrthätigkeit eingetretenen Berliner Privatdocenten Pflüger sofort als ordentlichen Professor der Physiologie an die Rheinische Hochschule mit einer Besoldung von 800 Thlr. und M. Schultze als ordentlichen Professor der Anatomie mit einer Besoldung von 1000 Thlr.; der katholische Lehrer wurde auch diesmal übergangen. Und als nun nach dem Tode von Ernst Bischoff im Wintersemester 1860/61 Fonds flüssig wurden, fand nicht da wenigstens Professor Schaaffhausen eine Anerkennung? Ebenso wenig, wie dies nach dem Tode von Nasse und von Harleß geschehen war, deren Fächer er zum Theil vertritt. Dagegen wurde C. O. Weber, der 1853 Privatdocent und 1857 außerordentlicher Professor geworden war, im Februar des laufenden Jahres zum ordentlichen Professor

befördert und für ihn eine Professur der pathologischen Anatomie geschaffen. Bis heute, also seit siebenzehn Jahren,
lehrt Professor Schaaffhausen ohne jedwede Besoldung.

Die medicinische Fakultät zählt außerdem noch zwei katholische Privatdocenten, von denen der eine, Baron de la Valette,
Herbst 1858, der andere, O. Deiters, Sohn des früheren
Professors der Rechte, Ostern 1859 in die Doction eintrat.
Ersterer wurde 1860 als Prosector mit einer Besoldung von
400 Thlr. angestellt. Außerdem wird ein evangelischer Privatdocent der Medicin als abwesend aufgeführt.

Ehedem hatte die medicinische Fakultät mehrere katholische
Lehrer. Schon im Jahre der Gründung 1819 docirte neben
Mayer noch Windischmann die Medicin. Im Sommer 1825
trat der berühmte Physiologe Johannes Müller bei der
medicinischen Fakultät als Privatdocent ein, ward 1826 außerordentlicher, 1830 ordentlicher Professor und schmückte bald die
Universität der Hauptstadt. Johannes Müller, die Zierde der
deutschen Wissenschaft, wurde an Rudolphi's Stelle nach Berlin
berufen. In Bonn bezog er zuletzt 1300 Thlr. Gehalt. In
Berlin erhielt er 1100 Thlr., von denen er noch 100 an
den Prosector abgeben mußte, und als Mitglied der Akademie 100 Thlr. Nach acht Jahren erhielt der berühmteste
Physiologe seiner Zeit 1400, nach weitern zehn Jahren 1500 Thlr.
Als Mitglied der Akademie hatte er später 200 Thlr. Wie er
als Rheinländer und als Katholik gegen andere Mitglieder der
Berliner Hochschule stets zurückgesetzt war, hat er selbst tief
empfunden, haben vertraute Freunde in seinem Hause oft genug
gehört. Seine Bibliothek, welche die schätzbarsten Prachtwerke
aller Zeitgenossen enthielt, hat man anzukaufen verweigert, sie
ist in's Ausland gewandert. So ehrte man den großen Todten.
1820 war M. J. Weber, 1830 Albers in Bonn Privatdocent geworden. Jener wurde 1825 außerordentlicher und
1832 ordentlicher Professor. Albers wurde 1832 außerordentlicher Professor. Beide gehörten dem katholischen Bekenntnisse
an, welches Albers vor vielen Jahren, Weber vor etwa acht
Jahren mit dem evangelischen Bekenntnisse vertauschte.

Ziehen wir das Ergebniß. Die medicinische Fakultät erhielt bei
der Gründung der Universität zwei katholische Ordinarien, Mayer
und Windischmann. Seit 1819 wurden zwei Katholiken an
ihr als Ordinarien angestellt, Johannes Müller 1830, der
1833 dem Rufe nach Berlin folgte, und M. J. Weber 1832,
der zum evangelischen Bekenntnisse übertrat. Der gegenwärtige
einzige katholische emeritirte Ordinarius bezieht 1650 Thlr. Besoldung, seine Collegen evangelischer Confession 9200 Thlr.
Der katholische außerordentliche Professor hat keine, der katholische Privatdocent Baron de la Valette als Prosector 400 Thlr.
Besoldung. Mithin beträgt an der Bonner medicinischen Fakultät die Besoldung der katholischen Lehrer
2050 Thlr., die der Lehrer evangelischer Confession
9200 Thlr. Bei letzterer Summe sind die noch unbekannten Ge-
haltserhöhungen der beiden neuen Ordinarien nicht mitveranschlagt.

Wir gehen zur philosophischen Fakultät über. Sie zählt
unter den sieben und zwanzig Ordinarien, wenn wir den Professor Springer dem evangelischen Bekenntnisse zuweisen, sechs
Katholiken. Fragt man nach den Zahlen der etatsmäßigen Besoldungen dieser katholischen Professoren, so bezieht der Geheime
Oberbergrath und Professor Nöggerath aus Universitätsfonds 950, Gymnasialdirector Schopen aus Universitätsfonds
100 Thlr., Knoodt erhält 900 Thlr., K. Simrock, der bekannte
deutsche Dichter und Schriftsteller 700 Thlr., Beer 800 Thlr.,
Kampschulte 800 Thlr. Besoldung. Von ihnen trat Nöggerath im Jahre der Gründung 1819 als Extraordinarius in die
Lehrthätigkeit ein. Schopen begann erst 1840 seine akademische
Laufbahn als Extraordinarius, und erhielt als solcher 1842 eine
Besoldung von 100 Thlr. Als er 1844 Ordinarius wurde, empfing er außerdem in seiner Eigenschaft als Oberlehrer am Gymnasium eine persönliche Gehaltszulage von 100 Thlr. aus dem Cen-
tralfonds des Ministeriums der geistlichen, Unterrichts- und
Medicinal-Angelegenheiten; sie fiel weg, als er Gymnasialdirector
wurde. Karl Simrock begann die Doction im Herbste 1850 als
außerordentlicher Professor ohne Besoldung. Ostern 1852 lehnte
er einen glänzenden Ruf nach München ab und wurde nun in Bonn
ordentlicher Professor mit einer Besoldung von 400 Thlr., die

1854 auf 600, 1858 auf 700 Thlr. stieg. Beer, seit Ostern 1852 in Bonn Privatdocent, wurde 1855 außerordentlicher Professor ohne Gehalt, und, als er einen zweifachen Ruf in's Ausland abgelehnt hatte, 1856 ordentlicher Professor mit der Besoldung von 600 Thlr. Sie wurde im Jahre 1858 auf 700, im Jahre 1861 bis zu 800 Thlr. vermehrt. Ueber Knoodt und Kampschulte ist das Erforderliche im vorigen Artikel gesagt.

A. H. Springer aus Prag, seit Herbst 1852 in Bonn Privatdocent, wurde 1859 außerordentlicher, dann 1860 ordentlicher Professor mit einer Besoldung von 500 Thlr., die sich im Jahre 1861 auf 800 Thlr. steigerte.

Vergleicht man hiemit die übrigen zwanzig Ordinarien evangelischer Confession, so stellen die Zahlen sich also: Welcker, Mitglied der Königlichen Akademie der Wissenschaften in Berlin, bis Ostern 1854 Oberbibliothekar der Universitätsbibliothek, bezieht gegenwärtig den Gehalt von 1575 Thlr. und als ehemaliger Oberbibliothekar eine Pension von 175 Thlr., zusammen 1750 Thlr.; Geheimer Regierungsrath Brandis bezieht 1600 Thlr., Geheimer Bergrath Bischof 1450 inclusive 200 Thlr. Emolumente, Treviranus 1550 Thlr., van Calker 1100 Thlr., Argelander 2200 inclusive 300 Thlr. Emolumente, Diez 1100, Geheimer Regierungsrath Loebell 1500, Plücker 1450, Geheimer Regierungsrath Fr. Ritschl 2575, Bergemann 600, Lassen 1400, O. Jahn 1975, Gildemeister 1500, von Sybel 2100, Monnard 1200, Troschel 1050, Nasse 1000, Schacht 1050 Thlr., Mendelssohn ist ohne Besoldung. Von ihnen gehören nur die drei erstgenannten der ältern Zeit der Hochschule an. Welcker wurde gleich 1819 als ordentlicher Professor berufen; Bischof, 1819 außerordentlicher, wurde 1822, Brandis, 1821 außerordentlicher, gleichfalls 1822 ordentlicher Professor. Argelander, 1836/37 berufen, bezog zuerst eine Besoldung von 1500 Thlr. nebst freier Dienstwohnung, sie stieg 1853 auf 1700, 1857 auf 1900 Thlr. Fr. Ritschl traf Ostern 1839 in Bonn ein. Seine Besoldung betrug 1175 Thlr., die sich 1848 um 200 Thlr., 1849 um fernere 200 Thlr., 1854 in Folge seiner Beförderung zum Oberbibliothekar auf 1875 Thlr., dann 1856 auf 2275 Thlr., im verflossenen Jahre 1861 auf die Summe von 2575 Thlr. steigerte.

Fr. Ritschl ist zugleich Professor der Beredtsamkeit. O. Jahn kam Ostern 1855 als ordentlicher Professor nach Bonn mit einer Besoldung von 800 Thlr. Sie wurde 1856 auf 900 Thlr. erhöht. 1857 beträgt seine Besoldung bereits 1600 Thlr. Im verwichenen Sommer stieg sie auf 1975 Thlr. Gildemeister ward 1859, von Sybel 1861 für die Rheinische Hochschule mit den angegebenen Besoldungen gewonnen. Beide waren dem katholischen Rheinlande aus den Tagen der Trierer Wallfahrt in frischester Erinnerung. Sybel eröffnete seine Wirksamkeit an der Hochschule mit der Schrift gegen den alten, ehr- und ruhmwürdigen deutschen Kaisermantel, gleichwie er einst in Verbindung mit seinem Collegen Gildemeister die Wirksamkeit in Bonn mit den bekannten Schriften gegen den heiligen Rock ohne Nath in Trier beschlossen hatte.

Nun zählt die Fakultät auch drei katholische außerordentliche Professoren: P. Kaufmann, F. Ritter und Fr. Heimsoeth. Der erstgenannte wurde 1828 in Bonn Privatdocent, 1830 außerordentlicher Professor und ist dann nicht weiter aufgerückt. Er bezieht seit 1847 eine Besoldung von 800 Thlr., vorher hatte er 200 Thlr. F. Ritter, seit 1829 in Bonn Privatdocent, ward 1833 außerordentlicher Professor und ist dann nicht weiter aufgerückt. Er bezieht seit 1848 eine Besoldung von 700 Thlr., früher hatte er 600 Thlr. Sie ist im laufenden Jahre 1862 auf 800 Thlr. erhöht worden. Fr. Heimsoeth wurde 1837 in Bonn Privatdocent und 1848 außerordentlicher Professor. Er bezieht seit 1854 eine Besoldung von 200 Thlr. Und doch ist Heimsoeth anerkannt ein feiner und gediegener Lehrer, dessen Schriften, zumal über Aeschylus, Epoche machen. Und Ritter's Ausgabe des Tacitus, die in England erschien, hat im Auslande wie im Inlande große Verbreitung, seine Ausgabe des Horaz große Anerkennung gefunden. Kaufmann's Verdienste hat jüngst der landwirthschaftliche Verein der Rheinlande durch eine eigene Denkmünze geehrt.

Von den sieben außerordentlichen Professoren evangelischer Confession sind fünf besoldet: Breidenstein hat 500 Thlr., von Riese 500 Thlr., Radicke 350 Thlr., Delius 200 Thlr., Landolt

300 Thlr., Schaarschmidt, als Professor ohne Gehalt, hat als Bibliotheksecretair 700 Thlr., Schmidt endlich ist ohne Besoldung.

Von den vier katholischen Privatdocenten sind zwei, C. A. Busch und A. Reifferscheid, abwesend; ersterer ist bei der Gesandtschaft in Constantinopel, letzterer erhielt ein Staatsstipendium zu archäologisch-wissenschaftlichen Studien in Rom. Von den beiden andern lehrt J. Neuhäuser, wie wir oben hörten, seit 1857; Th. Sträter trat erst in jüngster Zeit in die Doction ein.

Außer ihnen zählt die Fakultät sieben Privatdocenten evangelischer Confession. Von ihnen bezieht C. J. Andrae als Custos des naturhistorischen Museums 300 Thlr., A. Krüger als Gehülfe der Sternwarte 612 Thlr. 15 Sgr. Besoldung inclusive 80 Thlr. Emolumente. Die übrigen fünf sind, soviel man weiß, ohne Besoldung. Von ihnen wurde einer, Fr. Ueberweg, an des Geheimeraths Brandis Stelle für das laufende Jahr zum Mitgliede der wissenschaftlichen Prüfungscommission ernannt.

Ziehen wir das Ergebniß. In der philosophischen Fakultät zählt die katholische Confession außer den statutenmäßigen und durch Allerhöchste Kabinetsordre vom 26. September 1853 gewährleisteten Professoren der Philosophie und der Geschichte noch vier Ordinarien, Nöggerath, Schopen, Simrock, Beer, drei außerordentliche Professoren, keine besoldeten Privatdocenten. Diese sämmtlichen katholischen Lehrer beziehen zusammen 6050 Thlr. Die ein und zwanzig Ordinarien und fünf besoldete Extraordinarien evangelischer Confession beziehen zusammen 30,125 Thlr. In letzterer Summe sind die von uns angegebenen Bezüge der Privatdocenten Andrae und Krüger für ihre Stellung bei dem naturhistorischen Museum und bei der Sternwarte, auch die Emolumente von Bischof, Argelander und Krüger, im Gesammtbetrage von 1412 Thlr., nicht mitgerechnet. Auch ist die Pension des ehemaligen Oberbibliothekar Welcker und die Besoldung des Bibliotheksecretair Schaarschmidt in jener Summe nicht einbegriffen.

Wir wollen nicht verschweigen, daß die katholischen Lehrer

Nöggerath als Geheimer Bergrath beim rheinischen Ober-
bergamte 1300 Thlr., Schopen als Director des Bonner
Gymnasiums 1200 Thlr. nebst freier Wohnung beziehen. Diese
Bezüge fließen nicht aus Universitätsfonds und treten daher
hier nicht in Rechnung.

Ziehen wir das Endergebniß. Die katholischen Lehrer aller
drei Fakultäten bei der Bonner Hochschule beziehen zusammen
11,300 Thlr., die Lehrer evangelischer Confession, und zwar mit
Ausschluß der erwähnten 1412 Thlr., zusammen 47,525 Thlr.
Die Differenz beträgt also zu Gunsten der evangelischen Confession in den drei Fakultäten 36,225 Thlr.

V.
Fortsetzung.

Wir haben uns entschlossen, durch Offenlegung der Zahlen
zu constatiren, wie wenig wahre Parität an der Rheinuniversität besteht. So bedenklich auch das Eingehen auf solche Ein-
zelheiten sein mag, uns schien es unerläßlich, um eine so oft
ausgesprochene und beklagte, aber gleichwohl noch immer geläug-
nete Thatsache als unzweifelhaft nachzuweisen. Dieser Nachweis
fordert, daß wir zugleich in die Vergangenheit zurückblicken; bei
Parallelen können nur Detailzahlen und Ueberblicke entscheiden.
Doch beschränken wir uns auf die letzten zwanzig Jahre.

Wir beginnen bei der Juristenfakultät. Im Jahre 1842
hatten die beiden katholischen Professoren Walter [1]) 1300,
Deiters 800 Thlr. Besoldung. Die evangelischen Professoren
bezogen: Böcking 900, Maurenbrecher 600, Sell 600, die Extraordinarien Nicolovius 600, Perthes 600 Thlr.; Bethmann-
Hollweg lehrte ohne Besoldung. Es fielen mithin auf die katholische Confession 2100, auf die evangelische 3300 Thlr.
Der Unterschied betrug 1200 Thlr. zu Gunsten der letztern.
Im Herbste wurde Bethmann-Hollweg Curator, Perthes ordentlicher Professor ohne Besoldungszulage.

Zu Anfang des Jahres 1843 trat Bluhme als Geheimer

---

[1]) Die Professoren und Docenten, deren Namen gesperrt gedruckt
sind, gehören der katholischen Confession an.

Justizrath mit der Besoldung von 2000 Thlr. in die Fakultät. So stieg die Besoldungssumme der evangelischen Professoren auf 6300 Thlr. Der Unterschied wurde **3200 Thlr.**

Im Jahre 1844 starb Maurenbrecher. Bauerband trat mit 1000 Thlr. Besoldung in die Fakultät ein. Der bisherige Privatdocent Bubbe wurde außerordentlicher Professor ohne Besoldung. Die Summe stieg so katholischerseits bis zu 3100 Thlr., während sie evangelischerseits auf 4700 Thlr. herabsank. Der Unterschied war **1600 Thlr.**

Im Jahre 1845 wurde die Besoldung Böcking's auf 1100 Thlr. erhöht, wodurch die Summe auf Seiten der evangelischen Lehrer sich bis zu 4900 Thlr., der Unterschied bis zu **1800 Thlr.** vermehrte.

Im Jahre 1846 empfing der außerordentliche Professor Bubbe eine Besoldung von 400 Thlr. Die Besoldung von Sell und Perthes wurde je um 200 Thlr. erhöht. So stieg die Summe evangelischerseits auf 5700 Thlr., der Unterschied auf **2600 Thlr.**

Im Frühjahr 1847 folgte Bubbe dem Rufe nach Halle. Der bisherige Privatdocent Hälschner trat als außerordentlicher Professor an seine Stelle und empfing 200 Thlr. Besoldung. Die Summe belief sich somit evangelischerseits auf 5500 Thlr. Der Unterschied betrug **2400 Thlr.**

Im Jahre 1848 empfing Bauerband 200 Thlr., 1849 Sell 100 Thlr. Gehaltszulage. Die Summe stieg so katholischerseits auf 3300, evangelischerseits auf 5600 Thlr. Der Unterschied betrug im erstgenannten Jahre **2200 Thlr.**, im andern **2300 Thlr.**

Im Laufe des Jahres 1850 wurde Hälschner Ordinarius mit 600 Thlr. Besoldung. Walter empfing 200 Thlr. Besoldungszulage. So stieg die Summe katholischerseits auf 3500, evangelischerseits auf 6000 Thlr. Unterschied **2500 Thlr.**

Es blieb so im Jahre 1851.

Im Jahre 1852 wurde die Besoldung von Deiters und Perthes um je 100 Thlr. erhöht. Die Zahlen stellten sich daher auf 3600 und 6100 Thlr.; der Unterschied blieb **2500 Thlr.**

Im Jahre 1853 stieg Böcking's Besoldung auf 1200, im Jahre 1854 die Besoldung von Sell auf 1000 Thlr. So kam die Summe evangelischerseits auf 6300 Thlr. Der Unterschied war in dem erstern Jahre **2600** Thlr., im andern **2700** Thlr.

Es blieb so im Jahre 1855.

Im Jahre 1856 wurde Böcking um fernere 200 Thlr., Hälschner um 100 Thlr. erhöht. Anschütz wurde außerordentlicher Professor ohne Besoldung. Die Summe hob sich evangelischerseits auf 6600 Thlr., der Unterschied auf **3000** Thlr.

Das Jahr 1857 brachte keine Veränderung.

Im Jahre 1858 wurde Bauerband um 200, Deiters um 100, Sell um 200, Perthes um 100, Hälschner um 300 Thlr. erhöht. So stieg die Summe auf der einen Seite zu 3900 Thlr., auf der andern zu 7200 Thlr. Der Unterschied war **3300** Thlr.

Es blieb so während der Jahre 1859 und 1860. Hüffer, 1860 zum außerordentlichen Professor befördert, erhielt keine Besoldung.

Durch Deiters' Tod 1861 wurden katholischerseits 1000 Thlr. frei. Walter empfing 200 Thlr., Bauerband 100 Thlr., dagegen Böcking 400 Thlr., Sell, Perthes und Hälschner je 200 Thlr. Besoldungszulage. Die Summe stellt somit sich, wie wir früher angaben, katholischerseits auf 3200, evangelischerseits auf 8200 Thlr. Der Unterschied beträgt **5000** Thlr.

Ueberblickt man diese Unterschiede, so ist unverkennbar, daß sie seit 1842 nicht unwesentlich zu Gunsten der evangelischen Confession zunahmen.

Bei der medicinischen Fakultät bezogen im Jahre 1842 die katholischen Professoren Mayer 1650 Thlr., M. J. Weber 900 Thlr., die evangelischen Professoren Harleß 1650, Nasse 1650, C. Bischoff 1350, Naumann 1000, Wutzer 1500, Kilian 1100, der außerordentliche Professor Albers 400 Thlr. Die Besoldungssumme betrug also auf katholischer Seite 2550, auf evangelischer Seite 8650 Thlr. Der Unterschied war **6100** Thlr.

Dieses Verhältniß blieb in den folgenden Jahren bis Herbst 1847, wo Budge außerordentlicher Professor wurde.

Im Jahre 1848 empfing Budge 200 Thlr. Besoldung und

stieg daher die Summe evangelischerseits auf 8850 Thlr.; der Unterschied wurde **6300** Thlr.

Im Jahre 1849 wurde Albers mit 100 Thlr. Besoldungszulage bedacht. Die Summe war also evangelischerseits 8950 Thlr., der Unterschied **6400** Thlr.

Es blieb so im Jahre 1850.

Im Jahre 1851 starb Nasse. So verminderte sich die Summe evangelischerseits zu 7300 Thlr., der Unterschied zu **4750** Thlr.

Im Jahre 1852 empfing Naumann 200 Thlr. Besoldungszulage. Dagegen starb 1853 Harleß. So verminderte sich die Summe evangelischerseits zu 5850 Thlr. Der Unterschied betrug im erstern Jahre **4950** Thlr., im andern **3300** Thlr.

Im Jahre 1854 erhielt Kilian 100 Thlr. Besoldungszulage. M. J. Weber trat zum evangelischen Bekenntnisse über. So stellte sich die Summe katholischerseits auf 1650, evangelischerseits auf 6850 Thlr. Unterschied **5200** Thlr.

Im Herbste 1855 trat Helmholtz mit 1200 Thlr., Busch mit 800 Thlr. Besoldung in die Fakultät ein. Budge wurde Ordinarius mit 400 Thlr. Besoldungszulage. Die Summe vermehrte sich dadurch evangelischerseits bis zu 9250, der Unterschied bis zu **7600** Thlr.

Im Jahre 1856 folgte Budge dem Rufe nach Greifswald. Schaaffhausen wurde außerordentlicher Professor ohne Besoldung. Mithin stellte sich die Summe evangelischerseits auf 8650 Thlr., der Unterschied auf **7000** Thlr.

Im Jahre 1857 empfing Helmholtz eine Besoldungszulage von 400 Thlr. C. O. Weber wurde Extraordinarius mit 200 Thlr. Besoldung. So betrug die Summe wieder 9250 Thlr., der Unterschied **7600** Thlr.

Im Jahre 1858 erhalten Busch und C. O. Weber je 100 Thlr. Besoldungszulage. Helmholtz folgte im Herbste dem Rufe nach Heidelberg. Es verminderte sich dadurch die Summe evangelischerseits auf 7850 Thlr., der Unterschied auf **6200** Thlr.

Dagegen wurde 1859 M. Schultze mit 1000 Thlr., Pflüger mit 800 Thlr. Besoldung berufen. Busch empfing neue 100 Thlr. Besoldungszulage. Die Summe stieg so evangelischerseits bis zu 9750 Thlr., der Unterschied betrug **8100** Thlr.

Im Jahre 1860 empfing M. J. Weber 1200 Thlr. Be=
foldung. Der Profektor Baron de la Balette erhielt eine Be=
foldung von 400 Thlr. Die Summe stellte sich also katholischer=
seits auf 2050, evangelischerseits auf 10,050 Thlr. Unter=
schied 8000 Thlr.

Als E. Bischoff starb, empfing 1861 Naumann 1400 Thlr.,
Busch 1100 Thlr. Besoldung. Die Summe betrug mithin
evangelischerseits 9000 Thlr., der Unterschied 6950 Thlr.

Im laufenden Jahre 1862 empfing Kilian 200 Thlr. Gehalts=
zulage, wodurch die Summe evangelischerseits auf 9200 Thlr.,
der Unterschied auf 7150 Thlr. stieg. Die Besoldungszulagen
der neuen Ordinarien C. O. Weber und Albers sind in den
Zahlen nicht schon mit einbegriffen.

Erwägt man auch diese Unterschiede, so tritt bei der medi=
cinischen Fakultät die Ungleichheit noch weit greller zu Tage, als
es bei der Juristenfakultät der Fall war. Die Wahrnehmung,
daß die Unterschiede zu Gunsten der evangelischen Confession im
Zunehmen begriffen sind, drängt auch hier sich auf.

Bei der philosophischen Fakultät endlich wird man kaum
Günstigeres erwarten. Im Jahre 1842 zählte die Fakultät 22
Ordinarien und 7 Extraordinarien Die katholischen Ordinarien
bezogen: Nöggerath 750 Thlr, Aschbach 900 Thlr., die
Extraordinarien Ritter 600 Thlr., Kaufmann 200 Thlr.;
Schopen war ohne Besoldung. Katholischerseits also betrug
die Summe 2450 Thlr. Die evangelischen Ordinarien bezogen:
Hüllmann 1800 Thlr., Welcker 1875 inclusive 300 Thlr. als
Oberbibliothekar, Treviranus 1550 Thlr., von Schlegel 2000,
Arndt 1800, Goldfuß 1800, Delbrück 1224, Freytag 1800,
Brandis 1400, G. Bischof 1150, van Calker 1000, Argelander
1500 Thlr. nebst freier Dienstwohnung, Dahlmann 1800 Thlr.,
Diez 700 Thlr., Loebell 1000 Thlr., Plücker 1150 Thlr., Fr.
Ritschl 1175 Thlr., Fichte 1000 Thlr., Bergemann 600 Thlr.,
Lassen 700 Thlr., die Extraordinarien Breidenstein 400 Thlr.,
von Riese 200 Thlr.; der Extraordinarius Mendelsohn war ohne
Besoldung; der Extraordinarius Bernd hatte nur seine Besol=

bung als Bibliothekssekretair. Evangelischerseits also belief sich die Summe auf 27,624 Thlr. Der Unterschied betrug mithin **25,174 Thlr.** zu Gunsten der evangelischen Confession.

Im Herbste 1842 folgte Fichte dem Rufe nach Tübingen.

Im Jahre 1843 erhielt Lassen 300 Thlr. Besoldungszulage, der Extraordinarius S ch o p e n 100 Thlr. Besoldung. Die Summen stellten sich daher auf 2550 und 26,924 Thlr., der Unterschied auf **24,374 Thlr.**

Im Jahre 1844 wird S ch o p e n ordentlicher Professor ohne Besoldungszulage. Der zum außerordentlichen Professor ernannte U r l i ch s erhält 200 Thlr., Gildemeister und von Sybel werden außerordentliche Professoren ohne Besoldung. So stellt sich die Summe katholischerseits auf 2750 Thlr. Der Unterschied beträgt **24,174 Thlr.**

Im Jahre 1845 erhalten Loebell, van Calker und U r l i ch s je 100 Thlr. Besoldungszulage. K n o o d t wird als außerordentlicher Professor mit 400 Thlr. Besoldung berufen. A. W. von Schlegel stirbt. Die Summe wird so katholischerseits 3250 Thlr., evangelischerseits 25,124 Thlr. Unterschied **21,874 Thlr.**

Im Jahre 1846 stirbt Hüllmann. Dahlmann erhält 200 Thlr., Loebell 100 Thlr. Besoldungszulage. Der bisherige Privatdocent der evangelischen Theologie Kinkel tritt als Extraordinarius ohne Besoldung in die Fakultät ein. So stellt sich die Summe evangelischerseits auf 23,624 Thlr. Unterschied **20,374 Thlr.**

Im Jahre 1847 trat Monnard mit 1000 Thlr. Besoldung in die Fakultät. U r l i ch s folgte dem Rufe nach Greifswald. K n o o d t wird Ordinarius und empfängt 300 Thlr. Besoldungszulage; Kaufmann erhält 600 Thlr. Besoldungszulage, Kinkel 400 Thlr. Besoldung. Radicke wird außerordentlicher Professor ohne Besoldung. Die Summen werden so 3850 und 25,024 Thlr. Unterschied **21,174 Thlr.**

Im Jahre 1848 starben Delbrück und Goldfuß. Fr. Ritschl erhält 200, Lassen, von Riese, Breidenstein, R i t t e r, N ö g g e r a t h, Aschbach je 100 Thlr. Besoldungszulage. Radicke empfängt 200 Thlr. Besoldung. Mendelssohn wird Ordinarius ohne Besoldung; Heine, Lersch und H e i m s o e t h werden Extraordinarien, ebenfalls ohne Besoldung. Mithin stellen sich die Summen auf 4150 und 22,700 Thlr. Unterschied **18,550 Thlr.**

Im Frühling 1849 trat Troschel mit 850 Thlr. Besoldung in die Fakultät ein. Fr. Ritschl erhielt neue 200, Nöggerath, Loebell, Plücker, Bischof, Diez je 100 Thlr. Besoldungszulage. Kinkel scheidet aus. Lersch stirbt. Mithin stellen sich die Zahlen auf 4250 und 23,750 Thlr. Unterschied **19,500 Thlr.**

Es bleibt so in den Jahren 1850 und 1851. Dort wird K. Simrock außerordentlicher Professor ohne Besoldung, im Jahre 1851 Troschel ordentlicher Professor.

Im Jahre 1852 wird K. Simrock Ordinarius mit 400 Thlr. Besoldung. Der Extraordinarius Heine empfängt 200 Thlr. Besoldung. Die Beträge sind also 4650 und 23,950 Thlr. Unterschied **19,300 Thlr.**

Im Jahre 1853 geht Aschbach nach Wien. Argelander hat fortan 1700 Thlr. nebst Dienstwohnung, Troschel bezieht 1050 Thlr. So betragen die Summen 3650 und 24,350 Thlr. Unterschied **20,700 Thlr.**

Im Frühjahr 1854 tritt Fr. Ritschl an Welcker's Stelle als Oberbibliothekar und bezieht fortan den Gehalt von 1875 Thlr. Simrock erhält 200 Thlr. Besoldungszulage, Heimsoeth 200 Thlr., der außerordentliche Professor Baumert 300 Thlr. Besoldung. So betragen die Summen 4050 und 24,650 Thlr. Unterschied **20,600 Thlr.**

Zu Ostern 1855 treten Cornelius und O. Jahn mit je 800 Thlr. in die Fakultät. Mounard erhält 200 Thlr. Besoldungszulage. Delius wird außerordentlicher Professor mit 200 Thlr., Beer außerordentlicher Professor ohne Besoldung. Mithin stellen sich die Summen auf 4850 und 25,850 Thlr. Unterschied **21,000 Thlr.**

Im Herbste 1856 scheiden Cornelius und Heine aus. Fr. Ritschl empfängt 400 Thlr, Jahn 100 Thlr. Besoldungszulage. Beer wird Ordinarius mit 600 Thlr. Besoldung. Demnach stellen sich die Summen auf 4650 und 26,150 Thlr. Unterschied **21,500 Thlr.**

Im Jahre 1857 steigt O. Jahn von 900 auf 1600 Thlr.

Befoldung. Argelander empfängt 200 Thlr. Befoldungszulage.
Landolt tritt als außerordentlicher Profeſſor mit 300 Thlr. Befoldung an die Stelle des ausſcheidenden Baumert. L. Schmidt
wird Extraordinarius ohne Befoldung. So ſtellen ſich die Summen auf 4650 und 27,050 Thlr. Unterſchied **22,400** Thlr.

Im Jahre 1858 erhalten Laſſen, Diez, Knoodt, Simrock,
Beer je 100 Thlr., Radicke 150 Thlr. Befoldungszulage. Kampſchulte wird im Herbſt außerordentlicher Profeſſor mit 400 Thlr.
Befoldung. Die beiderſeitigen Summen betragen daher 5350
und 27,400 Thlr. Unterſchied **22,050** Thlr.

Im Jahre 1859 wird Gildemeiſter mit 1500 Thlr. Befoldung
berufen. Springer wird außerordentlicher Profeſſor ohne Befoldung. Die Zahlen ſtellen ſich mithin auf 5350 und 28,900 Thlr.
Unterſchied **23,550** Thlr.

Im Januar 1860 ſtirbt E. M. Arndt. Schacht und E. Naſſe
werden mit je 1000 Thlr. berufen. Springer wird Ordinarius mit
500 Thlr. Befoldung. Die Zahlen ſind 5350 und 29,600 Thlr.
Unterſchied **24,250** Thlr.

Im Jahre 1861 ſtirbt Dahlmann und von Sybel tritt mit
2100 Thlr. Befoldung an ſeine Stelle. Brandis, Loebell, Plücker,
Diez, Laſſen empfangen je 200 Thlr., Ritſchl und Springer je
300 Thlr., O. Jahn 375 Thlr., von Rieſe 200 Thlr., Schacht
50 Thlr., Knoodt und Beer je 100 Thlr. Befoldungszulage.
Kampſchulte wird Ordinarius mit 400 Thlr. Befoldungszulage. Freytag ſtirbt. Die Summen ſtellen ſich daher auf
5950 und 30,125 Thlr. Unterſchied **24,175** Thlr.

Da 1862 Ritter 100 Thlr. Befoldungszulage erhielt, ſtellt
ſich die Summe katholiſcherſeits auf 6050, der Unterſchied auf
24,075 Thlr.

Die Befoldung des außerordentlichen Profeſſor und Bibliothekſekretair Bernd, der 1854 ſtarb, im Betrage von 1000,
ſeit 1847 im Betrage von 1050 Thlr., haben wir ebenſo wie
die Befoldung des gegenwärtigen außerordentlichen Profeſſor
und Bibliothekſekretair Schaarschmidt, auch die Penſion des frühern Oberbibliothekar Welcker, in obige Rechnung nicht mit einbegriffen. Auch blieben die angegebenen Emolumente verſchiedener
evangeliſcher Profeſſoren der Fakultät außer Rechnung.

Ueberblickt man obige Unterschiede bei der philosophischen
Fakultät, so fällt das Mißverhältniß dort noch ungleich stärker in'ö
Auge, als es bei den beiden andern Fakultäten der Fall war.

Ziehen wir schließlich das Endergebniß für die beiden Confessionen in allen drei Fakultäten, der juristischen, medicinischen
und philosophischen, so ist es für die letzten zwanzig Jahre
folgendes:

Total
bei den drei Fakultäten.

Jahr.	Besoldungssumme der kathol. Professoren	der evangel. Professoren	Differenz.	Jahr.	Besoldungssumme der kathol. Professoren	der evangel. Professoren	Differenz.
	Thlr.	Thlr.	Thlr.		Thlr.	Thlr.	Thlr.
1842	7100	39574	32474	1853	9800	36400	26600
1843	7200	40874	33674	1854	9300	37800	28500
1844	8400	40274	31874	1855	10100	41400	31300
1845	8900	38674	29774	1856	9900	41400	31500
1846	8900	37974	29074	1857	9900	42900	33000
1847	9500	39174	29674	1858	10900	42450	31550
1848	10000	37050	27050	1859	10900	45850	34950
1849	10100	38300	28200	1860	11300	46850	35550
1850	10300	38700	28400	1861	11200	47825	36125
1851	10300	37050	26750	1862	11300	47525	36225
1852	10800	37550	26750				

VI.
Erlebnisse katholischer Privatdocenten.

In den Zahlen, die wir brachten, sind die Honorare der
Vorlesungen, auch die Gratificationen und Remunerationen nicht
mit veranschlagt. Wer examinirt, rechnet mit Sicherheit auf
ein gefülltes Auditorium und auf reichliches Honorar. Wie für
die Katholiken sich die Zahlen in den Prüfungscommissionen
stellen, soll später erörtert werden.

Möge verstattet sein, bevor wir von den drei Fakultäten
scheiden, etliche katholische Lehrer in Erinnerung zu bringen, die
der Bonner Hochschule ihre Kräfte widmeten ohne irgend einen
Erfolg oder Lohn für ihre Bemühungen.

Wir schlagen eine Saite an, welche in den Herzen Vieler
wiederklingen wird, wenn wir des verstorbenen Prof. L. Lersch

gebenken Sohn eines Aachener Kaufmanns, hatte er aus
Neigung sich der philologischen Wissenschaft und dem akade=
mischen Lehrberufe gewidmet. Er ward einziger Privatdocent
der klassischen Philologie im Juni 1836. Schon bei der Mel=
dung schreibt ihm der außerordentliche Regierungsbevollmächtigte
von Rehfues unterm 11. April: "Ich kann jedoch nicht umhin,
Sie auf die geringen Aussichten aufmerksam zu machen, welche
die von Ihnen beabsichtigte Laufbahn einer fixirten Anstellung
und Besoldung selbst bei ausgezeichneten Leistungen eröffnet,
indem auf sämmtlichen vaterländischen Universitäten alle Lehr=
stühle der Philologie zwei-, drei- und zum Theil vierfach be=
setzt sind." Und doch hatte Bonn keinen katholischen Ordinarius
in der philologischen Section, hat außer dem Gymnasialdirector
Schopen bis zur Stunde nie einen solchen gehabt. Mehrere
anerkennungswerthe größere Schriften des unermüdet fleißigen
Privatdocenten, darunter seine „Sprachphilosophie der
Alten" 3 Theile und sein „Centralmuseum Rheinischer
Inschriften" 3 Theile, hatten zu erscheinen begonnen. Minister
von Altenstein hatte unterm 31. August 1838 und 28. Januar
1840 die zwei ersten Hefte der Sprachphilosophie als „einen
verdienstlichen Beitrag zur Geschichte der Grammatik bei den
Griechen und Römern" belobt und unterm 1. März 1839 über
das erste Heft des Centralmuseum dem Herausgeber geschrie=
ben: "Aufrichtig wünscht das Ministerium, daß Ihr verdienst=
liches Unternehmen, welches Sie durch das anliegende erste Heft
zweckmäßig und auf eine auch den wissenschaftlichen Anforder=
ungen entsprechende Weise eingeleitet haben, einen glücklichen
Fortgang gewinnen möge." Der Referent im Ministerium Dr.
Johannes Schulze hatte das erstere Werk "trefflich" und "sehr
lehrreich", die Besprechung der Aechtheit des 20. Capitels der
Aristotelischen Poëtik „wohl gelungen und überzeugend" befunden.
Lersch wagte nach vierjähriger Wirksamkeit unterm 13. Juli
1840, die Fakultät um ihre Empfehlung für eine außerordent=
liche Professur zu ersuchen. In der Fakultät hatte Näke's Nach=
folger als ordentlicher Professor der klassischen Philologie und Exa=
minator damals eben angefangen, seinen Einfluß geltend zu machen.

Dem Rheinischen Privatdocenten erwiederte unterm 11. August im Auftrage der Fakultät der Dekan: »Es thue ihm leid, auf die Eingabe erwiedern zu müssen, daß die Fakultät sich einstimmig gegen die Ernennung eines neuen Extraordinarius für die philologischen Fächer ausgesprochen habe und daher, nicht ohne Bedauern und nicht ohne das Verdienstliche in seinen bisherigen Leistungen und Bestrebungen anzuerkennen, sein desfalliges Gesuch höhern Orts nicht unterstützen könne.« Lersch wandte sich an das Ministerium. Altenstein, der seinen Schriften eine wohlwollende beifällige Anerkennung hatte angedeihen lassen, war gestorben. Unterm 10. September eröffnete dem Privatdocenten auf sein Gesuch der erwähnte Referent der Unterrichtsabtheilung, „daß es nicht thunlich sei, die bereits vorhandene Zahl der ordentlichen und außerordentlichen Professoren für das Fach der klassischen Philologie in Bonn noch zu vermehren. Das Ministerium sehe sich daher schon aus diesem Grunde außer Stande, seinem Gesuche um Beförderung zum außerordentlichen Professor zu willfahren.« Dann beschied ihn Minister Eichhorn unterm 25. März 1841 ablehnend, „weil sowohl für das Bedürfniß als für die Vollständigkeit des Unterrichts im Fache der klassischen Philologie durch die vorhandenen Lehrer bereits hinlänglich gesorgt und es nicht thunlich sei, die Zahl der Lehrer für die genannte Disciplin ohne dringende Gründe noch zu vermehren.« Der außerordentliche Regierungsbevollmächtigte, der den Bescheid ihm unterm 6. April 1841 meldete, fügte bei: „Ew. Wohlgeboren werden nach dieser Erklärung selbst ermessen, wie gering unter den hier obwaltenden Verhältnissen die Aussichten auf eine Beförderung sind. Ich muß daher, in wohlgemeinter Theilnahme an Ihrem Lebensschicksale, Ihrer reiflichen Erwägung anheimstellen, ob Sie, um Ihre nächste Zukunft zu sichern, nicht wohl thun, eine Stelle im höhern Schulfach in's Auge zu fassen. Das hohe Ministerium hat sich schon früher, bei einer ähnlichen Veranlassung, dahin ausgesprochen, daß eine Gymnasiallehrerstelle ganz wohl geeignet scheine, für diejenigen, welche nach einer Professur der klassischen Philologie strebten, als Vorbereitungs = und Durchgangsstufe zu dienen, wie denn auch in früherer Zeit die Professuren für die klassische Philologie mit dem glücklichsten Erfolge durch Männer besetzt worden seien, welche sich im gelehrten Schulfache schon mehrere Jahre als Lehrer versucht und bewährt hätten. Nach einer vorläufigen Aeußerung des hohen Ministeriums ist von dieser Seite alle Geneigtheit vorhanden, Ew. Wohlgeboren für eine Anstellung im Gymnasiallehrfache zu berücksichtigen, wenn Sie zu einer solchen von dem betreffenden Provincial-Schulcollegium in Vorschlag gebracht werden. Sollten Sie daher auf den desfallsigen Gedanken eingehen wollen, so ist es nothwendig, daß Sie Sich unmittelbar an diejenige der genannten Behörden wenden, bei der Sie die nächste Aussicht zur Erfüllung Ihrer Wünsche zu finden hoffen." Lersch folgte und bewarb sich beim Provinzial-Schulcollegium um die erledigte Directorstelle am Königlichen Friedrich-Wilhelms-Gymnasium in Köln. Am 18. September erfolgte die Antwort, "daß, während das Schulcollegium ihn unter den Candidaten zu der erledigten Directorstelle in seinem Berichte verzeichnet habe, vom Königlichen Ministerium jene Stelle nunmehr dem N. N. verliehen worden sei." Inzwischen hatte der Herr Minister durch Rescript vom 9. September den dritten Theil der Sprachphilosophie "als einen erfreulichen Beweis seines fleißigen und ersten wissenschaftlichen Strebens gerne" entgegengenommen. Auch der Referent im Ministerium belobte unterm 14. September den Schluß des "verdienstlichen Werkes" und fügte bei: "Aufrichtig wünsche ich, daß sich mir eine günstige Gelegenheit darbieten möge, Sie in eine Ihren Fähigkeiten und Neigungen entsprechende Lage zu bringen. Auf meinen guten Willen, Ihnen förderlich zu sein, können Sie mit Sicherheit rechnen; aber unbemerkt kann ich nicht lassen, daß ich im Universitätslehrfache für jetzt keine nahe Aussicht für Sie auffinden kann; überall sind bereits für das Fach der klassischen Philologie mehr Professoren angestellt, als der Normal-Etat erlaubt." Auch der Schluß des Centralmuseum fand beim Herrn Minister unterm 8. Oktober als ein "beachtenswerther Beitrag sowohl zur römischen Epigraphik als auch zur Geschichte der Rheinprovinz," beim Referenten als ein "recht verdienstlicher Beitrag zur Geschichte der Rheinprovinz sowie

zur Epigraphik" beifällige Aufnahme. So richtete Lersch nochmals am 13. December an seine Fakultät die Bitte, ihn zur
außerordentlichen Professur geneigtest vorschlagen zu wollen. Der
Dekan Fr. Ritschl erwiederte unterm 31. December also: „Mit
aufrichtigem Bedauern sieht sich die Fakultät in die Nothwendigkeit versetzt, Ew. Wohlgeboren Antrag vom 13. b. nach ein-
stimmigem Beschluß dahin zu beantworten, daß sie, obwohl den
Eifer Ihrer Bestrebungen anerkennend und an Ihrer persön-
lichen Lage theilnehmend, es doch in reiflicher Erwägung aller
vorliegenden Verhältnisse mit ihrer gewissenhaften Ueberzeugung
nicht vereinigen könne, Einem hohen Königlichen Ministerium
Sie zu einer außerordentlichen Professur an hiesiger Universität vorzuschlagen, zu einer Empfehlung für eine andere Universität aber sich amtlich nicht berechtigt halten dürfe. Gern erklärt
Ihnen jedoch die Fakultät ihre Bereitwilligkeit, der hohen Behörde, auf geschehene Veranlassung, Sie zu einer Ihren Wünschen entsprechenden Gymnasialanstellung auf's Beste zu empfehlen, und hält es zugleich für Pflicht, Sie wohlwollend auf das
Mißliche einer Laufbahn aufmerksam zu machen, welche, selbst
äußerlich betrachtet, nur in Folge sehr großer Veränderungen
in den bestehenden Verhältnissen Ihnen überhaupt eine günstige
Aussicht bieten könnte." Lersch mochte wenig Lust empfinden,
den Weg der Bitte um Beförderung weiter zu verfolgen; er
wandte sich unterm 25. Juni 1842 an das Provinzial-Schulcollegium um die inzwischen vacant gewordene Directorstelle
am Königlichen Gymnasium zu Düsseldorf, blieb aber fast zwei
Jahre bis zum 19. April 1844 ohne Antwort. Unterm 30. August
1842 überraschte ihn ein Schreiben der Fakultät, das aus Anlaß einer philosophischen Doctorpromotion, bei der er als Oppo-
nent auftrat, ihm erklärte, daß die Fakultät „bei etwa wieder
vorkommender ähnlicher Ungebühr von seiner
Seite von dem ihr statutenmäßig zustehenden
Rechte temporeller Interdiction der Vorlesungen
unfehlbar Gebrauch machen werde." Er sei, hieß
es in dem Schreiben, bei Doctorpromotionen schon "mehrere
Male in einer Art aufgetreten, welche der Fakultät Grund zu

großem Mißfallen gegeben." Sein Ton sei „gereizt und leiden-
schaftlich", seine „Angriffe nicht bloß gegen den Doctoranden
gerichtet" gewesen; vielmehr habe er über die Dissertationen sich
„so ausgesprochen, als wollte er eine Epikrisis darüber üben,
die Fakultät gleichsam zur Rechenschaft ziehen, daß sie dieselben
für genügend zur Erlangung der Doctorwürde erklärt habe."
Die Fakultät habe gehofft, er werde selbst „das durchaus Un-
gebührliche seines Benehmens einsehen und sich künftig in den
Schranken des Anstandes und der Bescheidenheit halten." Bei der
Promotion am 12. August sei sein „Ton so gehässig und hef-
tig geworden, daß die Studenten zu scharren angefangen", und
als der Dekan am folgenden Tage ihm gesagt, daß sein „Betragen die Indignation der Fakultät erregt", habe er „sich so
weit vergessen, ihm zu antworten, daß ihm dies lieb sei." Die
Fakultät könne „hierin freilich nichts anderes sehen, als den
unüberlegtesten Ausbruch einer Zornesaufwallung, halte es aber
doch für angemessen, ihn zu erinnern, daß sie ihrer Indignation Folge zu geben vermöge"; daher sie ihm Obiges erkläre.
Der sechsjährige Privatdocent erwiederte am 21. September
würdig: „Die freie wissenschaftliche Opposition auf der Aula
gehöre nicht in das Gebiet der akademischen Wirksamkeit, sondern der einem Jeden, der sich dazu berufen glaube, von alten
Zeiten her zugestandenen öffentlichen Rechte." Es sei auf keiner
Promotion je „von seiner Seite irgend etwas den Anstand oder
gar die Bescheidenheit Verletzendes, viel weniger „„Ungebühr-
liches"" gesagt worden." Die angebliche Epikrisis anlangend,
„müsse jeder Tadel der Dissertation seiner Natur nach einen
indirecten der Fakultät enthalten, ohne darum von dem, der ihn
ausspreche, beabsichtigt zu sein; dem Promovendus stehe es zu,
den Tadel zu widerlegen und die Ehre der Fakultät zu retten."
Das Scharren der Studirenden betreffend „habe er die Genugthuung, bemerken zu können, daß, als der Herr Dekan sein
Recht und seine Pflicht verabsäumte, die Herren Studirenden
zur Ruhe zu ermahnen, der einzige von ihm ausgesprochene
Satz: Dignitas loci postulat, ut auditores non solum ore lin-
guisque, verum etiam pedibus faveant, den ganzen unerheblichen

Sturm beschwichtigt habe." Das Zusammentreffen mit
dem Herrn Dekan am folgenden Tage sei geschehen auf dem
Zwischenzimmer zwischen dem Sekretariat und der Aula vicaria
in der Nähe von drei Herrn Studirenden resp. Doctoranden;
er habe geglaubt „der Heftigkeit des Herrn Dekan nur durch
eine kurze, abbrechende Antwort begegnen zu müssen, die weder
als officieller Ausdruck seiner Gedanken noch Empfindungen
gelten könne." Was „die Drohung", so schließt die Antwort,
„temporeller Interdiction meiner Vorlesungen betrifft, so sehe ich
derselben mit Rücksicht auf die Statuten, denen gemäß zuerst
die Beistimmung des Herrn Außerordentlichen Königlichen Regierungsbevollmächtigten, so wie eines hohen Ministeriums erfolgen muß, mit voller Ruhe und Zuversicht entgegen. Schließlich beschwere ich mich mit allem Nachdruck einestheils
über die Aeußerungen und Anzüglichkeiten, zu denen sich seine
Spektabilität der Herr Dekan während des feierlichen Akts am
12. August gegen mich hat hinreißen lassen, anderntheils über
die durchaus inhumane Form, mit welcher mich das Schreiben
einer hochverehrlichen Fakultät vom 30. August nach mehr als
sechsjährigen wissenschaftlichen Leistungen und Bestrebungen,
deren Verdienstliches Sie selbst anerkannt hat, behandelt." Die
Fakultät fand unterm 10. November den Ton der Antwort
„unziemlich" und erklärte, von ihr „keine Notiz nehmen zu können und derselben aus Schonung keine Folge geben zu wollen."
Unterdeß hatte Lersch die Gründung des „Vereins der Alter-
thumsfreunde in den Rheinlanden" thätig gefördert. Das erste
Heft der „Jahrbücher" des Vereins bot ihm Gelegenheit, am
18. Juli 1842 seine Angelegenheit beim Herrn Minister wiederum anzuregen, der unterm 6. October erwiederte: „Da die
Verhältnisse in Bonn der Art sind, daß sie Ihre Beförderung unmöglich machen, auch zu Ihrer Anstellung an einer
andern Universität eine Aussicht nicht vorhanden ist, so kann
ich Sie nur auffordern, sich für Ihre Zukunft einen bestimmten Plan zu bilden und zu dem Behufe diejenigen Schritte zu
thun, welche zum Ziele führen können. Insofern Sie in ein
Schulamt überzugehen wünschen, haben Sie sich zunächst an die

4

betreffenden Provinzial-Behörden, denen die Vorschläge zur Besetzung der Lehrstellen an den Gymnasien gesetzlich zustehen, zu
wenden. Sollten von denselben für Sie günstige Anträge
eingehen, so werde ich sie gerne genehmigen." Lersch,
der an seinem akademischen Lehrberufe mit ganzem Herzen
hing, mag dem Minister dies nicht verhehlt haben, als
er bald darauf seine Abhandlung "Römische Diorthosen"
übersandte. Der Herr Minister dankt unterm 25. Februar 1843
für die gefällige Mittheilung der Schrift, fügt aber bei: "Indem
ich hinsichtlich Ihrer Erklärung in Ihrer Eingabe nur auf die
Ihnen unter dem 6. October v. J. gemachte Eröffnung Bezug
nehmen kann, muß ich Ihnen lediglich überlassen, ob Sie nichts
destoweniger die einmal betretene Bahn weiter verfolgen wollen."
Gleicherweise nahm der Herr Minister von dem inzwischen erschienenen "Niederrheinischen Jahrbuch für Geschichte, Kunst
und Poesie", dessen Herausgabe Lersch zum Besten des der
Restauration bedürftigen Bonner Münsters unternommen hatte,
mit "einem besondern Interesse" und dem Beifügen Kenntniß:
"Aufrichtig wünsche ich, daß der dortigen Münsterkirche, zu deren
Besten Sie sich der Herausgabe des Jahrbuchs unterzogen haben,
aus demselben ein reicher Ertrag erwachsen und somit Ihre
gemeinnützige Absicht erreicht werden möge." Als Lersch seine
"Antiquitates Virgilianae" übersandte, erkannte der Herr Minister unterm 4. December "den wissenschaftlichen Werth dieser
sorgfältig abgefaßten und zur Erklärung der Virgilischen Gedichte
beachtenswerthe Beiträge liefernden Schrift gerne an, bedauerte
aber zugleich, daß die Verhältnisse der Bonner Universität ihm
nicht gestatteten, bei aller Anerkennung seines Fleißes und ehren-
werthen Characters seine Wünsche hinsichtlich einer außerordentlichen Professur zu erfüllen." Der Referent im Ministerium
nannte unterm 2. December die Schrift einen "sehr beachtens-
werthen Beitrag zur Erklärung der Aeneide und der Eclogen,"
der "gewiß bei allen Sachverständigen eine günstige Aufnahme
finden werde." "Ihre Arbeit," fährt er fort, "trägt das Ge-
präge sorgfältigen Fleißes und gründlicher Forschung; wohl
wünschte ich, daß uns über die Homerischen Gedichte ein ähn-

liches Werk, welches dem gegenwärtigen Standpunkte der griechischen Philologie entspräche, zu Theil würde. Aufrichtig be-
rauere ich, daß meine bisherigen Bemühungen, Ihre Zukunft
in etwas zu sichern, erfolglos geblieben sind. Meines guten
Willens, Ihre bisherigen verdienstlichen Leistungen, wo und wie
ich nur kann, geltend zu machen, dürfen Sie Sich unter allen
Umständen versichert halten. Mit vorzüglicher Hochachtung und
aufrichtiger Theilnahme" ꝛc. Der katholische Referent schrieb
unter dem nämlichen Datum: „Durch die gefällige Uebersendung
Ihrer schätzbaren Antiquitates Virgilianæ haben Sie, mein
verehrter Herr Doctor, mich zu dem verbindlichsten Danke verpflichtet. Ihre baldige Beförderung wünsche ich von Herzen,
wenngleich ich nicht sehe, wie dieselbe dort oder anderswo in so
kurzer Zeit zu bewirken sein wird, da es überall mehr Bewerber
als vakante Stellen gibt. Ich kann daher nur auf die Zukunft
und das, was sie bringen wird, verweisen." Auch die Ausgabe
des „Fulgentius Planciades" empfing unterm 21. März 1844
der Herr Minister „als einen neuen Beweis seiner literarischen
Thätigkeit gern", fügte aber bei: „Zu Ihrer Beförderung zum
außerordentlichen Professor bietet sich bei der Universität Breslau
eben so wenig als bei der dortigen gegenwärtig eine Gelegenheit
dar, so daß ich zu meinem Bedauern außer Stande bin, Ihrem
desfallsigen Wunsche zu entsprechen." Auf eine Eingabe vom
18. Februar hatte die Fakultät „keinen Anstand genommen, die
gewünschte Empfehlung zu einer außerordentlichen Professur an
einer andern inländischen Universität dem Herrn Minister auszusprechen." Daher theilte der Herr Minister jenen Bescheid
auch der Fakultät mit, die den Privatdocenten durch ihren Dekan
unterm 2. Mai zu ihrem Bedauern benachrichtigte, wie laut
Ministerialrescript „für jetzt bei keiner der preußischen Landesuniversitäten Gelegenheit zu einer für ihn passenden Anstellung
vorhanden sei und der Herr Minister sich daher bei aller ihm
gewidmeten Theilnahme außer Stande sehe, seinem Gesuche zu
willfahren." Die Ausgabe und Beurtheilung des Fulgentius
hatte auch den vollsten Beifall des Referenten, der am 25. Juni
schreibt: „Sie haben, wie mir scheint, durch Ihre gründliche

4*

Unterſuchung das endliche Urtheil über dieſe ſchon längſt ver-
dächtige Schrift außer Zweifel geſtellt. Je bereitwilliger ich
Ihre verdienſtlichen ſchriftſtelleriſchen Leiſtungen anerkenne, um
ſo ſchmerzlicher iſt es mir, daß meine bisherigen Bemühungen,
Ihnen einen geſicherten öffentlichen Wirkungskreis zu verſchaffen,
ohne Erfolg geblieben ſind. Auf der Univerſität Breslau iſt
es für den Augenblick unmöglich, Ihnen eine angemeſſene Stellung mit einer Beſoldung zu geben, da dort für die klaſſiſche
Philologie drei Profeſſoren angeſtellt ſind. Sollte ſich nur
irgend eine günſtige Gelegenheit darbieten, in Ihrem Intereſſe
handeln zu können, ſo werde ich ſie gewiß nicht unbenutzt vor-
übergehen laſſen, indem ich lebhaft wünſche, Ihnen meine auf-
richtige Hochachtung zu bethätigen.« Und doch hatte Breslau
damals keinen katholiſchen Extraordinarius für das Fach der
klaſſiſchen Philologie. Unterdeß war denn auch die Antwort
des Provinzial-Schulcollegiums auf das vor nahe zwei Jahren
eingereichte Geſuch um die Directorſtelle in Düſſeldorf unterm
19. April 1844 eingelaufen, ſie lautete: „Euer Wohlgeboren
erwiedern wir auf die Eingabe vom 25. Juni 1842, daß Ihrem
Geſuche um Verleihung der Directorſtelle am Gymnaſium zu
Düſſeldorf nicht entſprochen werden konnte, da bei der Beſetzung derſelben außer der gelehrten Bildung, welche wir bei
Ihnen gerne anerkennen, auch erprobte Befähigung im prak-
tiſchen Schulfache gefordert wurde.« Der zweite Jahrgang des
»Niederrheiniſchen Jahrbuchs für Geſchichte, Kunſt und Poeſie«,
den Lerſch einſandte, veranlaßte das Miniſterium, ihm unterm
9. Auguſt zu erwiedern: „Was Ihr Geſuch um Anſtellung
betrifft, ſo kann das Miniſterium Sie nur auf die Ihnen
desfalls früher gemachten Eröffnungen verweiſen, da ſich für
jetzt noch nicht Gelegenheit darbietet, Ihnen eine Stelle mit
einem angemeſſenen Wirkungskreiſe anzuweiſen.« Dann ließ
der Herr Miniſter am 9. März 1845 ihm durch das Curatorium vertraulich eröffnen, er ſei geneigt, die außerordentliche Profeſſur der alten Literatur am Lyceum zu Braunsberg mit einer Beſoldung von etwa 4 bis 500 Thaler ihm zu
übertragen. Lerſch war damals in ſeine rheiniſch-archäologiſchen

Studien vertieft. Die „Jahrbücher des Vereins von Alterthumsfreunden im Rheinlande" wurden durch ihn redigirt und
ruhten fast ganz in seiner Hand. Ein Entschluß mag ihm
schwer geworden sein. Dennoch ging er anfangs auf den
Antrag ein. Dann aber bewog ihn die Rücksicht auf die Wünsche
seiner Familie und die Unterbrechung, welche durch die Anstellung in Braunsberg in seinen archäologischen Studien eintreten
mußte, die ihn ganz an die Rheinprovinz knüpften, unterm
20. März und darauf durch eine persönliche Gegenwart in Berlin
den in Aussicht gegebenen Ruf abzulehnen. »Möge dieser Schritt«,
schrieb er, „zu dem ich mich genöthigt sehe, mich in den Augen
Euer Excellenz, deren Wohlwollen zu erhalten ich mich bestreben
werde, einer anderweitigen Professur nicht unwürdig machen.«
Unterdessen hatten die beiden außerordentlichen Professoren Gildemeister und von Sybel den Ruf nach Marburg erhalten und
angenommen. Persch bewarb sich unterm 8. Juli und 22. September mit der Bitte, wo jetzt „zwei Stellen in Bonn offen
seien, und der Herr Minister ihn einer Beförderung nicht für
unwürdig erklärt habe, ihn zur außerordentlichen Professur
wenn auch ohne Gehalt befördern zu wollen.« Unterm
12. October erfolgte die Antwort, über sein Gesuch „sowie von
andern Docenten vorgetragene ähnlichen Wünsche« sei zunächst
der Bericht des Herrn Curators erfordert worden, vor dessen
Eingang ein weiterer Beschluß in der Sache nicht gefaßt
werden könne. Dann fährt das Ministerialrescript fort: »Da
Sie indessen in Ihrer letzten Eingabe von „offenen Stellen
in der philosophischen Fakultät"" reden, so bemerke ich Ihnen
schon jetzt, daß die normalmäßig festgesetzten außerordentlichen
Professuren in der genannten Fakultät sämmtlich besetzt sind,
daher von eröffneten Stellen nicht die Rede sein kann.« Persch
hatte unterm 9. Juli gleichfalls die Fakultät um ihre Empfehlung ersucht. Sie eröffnete ihm unterm 2. December durch
den Dekan: »Euer Wohlgeboren habe ich die Ehre, im Auftrage der philosophischen Fakultät auf Ihre geehrte Zuschrift
vom 9. Juli d. J., in welcher Sie dieselbe ersuchten, Sie zu
der vacant gewordenen außerordentlichen Professur bei dem hohen

Ministerio zu empfehlen, zu erwidern, daß so sehr auch die
Fakultät geneigt gewesen ist, Ihrer Bitte zu entsprechen, sie
jetzt in Folge der ohne ihr Zuthun inzwischen eingetretenen Ergänzung der etatsmäßigen außerordentlichen Professuren sich
außer Stande sehe, auf Ihr Gesuch einzugehen." Und welche
war denn diese ohne Zuthun der Fakultät inzwischen eingetretene
Ergänzung? Knoodt war als katholischer außerordentlicher Professor der Philosophie im Herbste des genannten Jahres 1845
angestellt worden. Die statutenmäßige katholische ordentliche Professur der Philosophie war seit Frühjahr 1839 durch mehr als
sechs Jahre unbesetzt gewesen. [1] Zwei katholische Privatdocenten
Dr. Volkmuth und Dr. Clemens hatten die Zeit über jene Professur ohne Besoldung versehen. Indem man sie überging
und einen außerordentlichen Professor mit einer Besoldung von
400 Thlr. statt des etatsmäßigen ordentlichen katholischen Professors der Philosophie berief: wie hierin
eine Ergänzung der etatsmäßigen außerordentlichen
Professuren bei der Fakultät erblickt werden konnte, das er-
rathe, wer es vermag. Unterm 4. Februar 1846 erfolgte denn
auch die definitive ministerielle Antwort also: "Ich eröffne
Ihnen, nachdem auch die betreffende Fakultät in ihrem Gut-
achten gehört worden ist, daß ich Ihrem Gesuche nicht entsprechen kann, da die normalmäßige Zahl der außerordentlichen
Professoren dieser Fakultät bereits überschritten ist, eine weitere
Vermehrung derselben daher nur durch ein vorhandenes Bedürfniß, dessen Berücksichtigung als nothwendig oder wünschenswerth
anerkannt wird, motivirt sein würde, ein solches in Betreff des
Vortrages der philosophischen Disciplinen aber nach der wohl-
begründeten Ansicht der Fakultät in keiner Beziehung vorliegt,
vielmehr dieses Fach seinem ganzen Umfange, wie den verschiedenen Richtungen nach, in mehr als ausreichender Weise vertreten ist." Und doch waren durch den Abgang der Herrn
Gildemeister und von Sybel in Bonn zwei außerordentliche Professoren weniger geworden; denn Knoodt vertrat eine officielle

---

[1] Vgl. oben S. 22 fg.

ordentliche Profeſſur und konnte nicht mitzählen. Warum findet
gerade diesmal der Herr Miniſter, daß die normalmäßige Zahl
der außerordentlichen Profeſſoren der Fakultät bereits über-
ſchritten iſt? Im Jahre 1843, als er jene beiden Herren an-
ſtellte, hatte kein ſolches Bedenken ihn zurückgehalten. Man zählte
damals wie jetzt ſieben außerordentliche Profeſſoren; denn Prof.
Knoodt und ein von 1845 ab durch neun Semeſter als »ab-
weſend« aufgeführter außerordentlicher Profeſſor der Chemie,
Hofmann, durften doch unmöglich die etatsmäßige Zahl der
außerordentlichen Profeſſoren bei der Fakultät füllen helfen, zumal der letztere nie nach Bonn gekommen zu ſein ſcheint.
Sieht nicht die normalmäßige Zahl der außerordentlichen Profeſſoren, auf die ſich der Herr Miniſter bezieht, ſehr dem Schie-
ber ähnlich, mit dem man öffnet oder ſchließt, je nachdem man
herein laſſen oder ferne halten will? Lerſch wirkte als Lehrer
und Schriftſteller unverdroſſen fort. Als er dem katholiſchen
Referenten im Miniſterium eine Sammlung archäologiſcher Aufſätze überſandt hatte, ſchrieb ihm dieſer am 8. April 1846:
»Sie haben, verehrter Herr Doctor, durch Mittheilung Ihrer
intereſſanten archäologiſchen Aufſätze mich abermals zu Dank verpflichtet. Möchte ich ſo leicht Ihren anderweit geäußerten Wün-
ſchen entſprechen können, als ich gern der Pflicht der Dankbarkeit
insbeſondere durch fortgeſetzte Theilnahme, welche ich Ihren litera-
riſchen Productionen widme, mich entledige. Was Sie für die Erfüllung Ihres Wunſches anführen, iſt hier nicht unbekannt und
nicht unerwähnt geblieben; allein bei dem beſtimmten Vorſatze,
die Zahl der Profeſſoren der Philologie nicht weiter in Bonn
zu vermehren, kann ich Ihnen eine Erfüllung Ihres Wunſches
nicht in Ausſicht ſtellen.« Auch der Herr Curator von Bethmann-Hollweg dankte ihm am 21. Februar verbindlichſt für das
Geſchenk ſeiner archäologiſchen Aufſätze und fügte bei: »Ich
bedauere es aufrichtig, daß es mir bis jetzt nicht möglich war,
zur Erreichung Ihrer Wünſche etwas beizutragen. In Bonn
iſt durch die letzte Aeußerung der Fakultät jede Ausſicht ver-
ſchloſſen; in anderer Hinſicht werde ich gern jede Gelegenheit ergreifen, Ihnen zu dienen.« Und dennoch konnte gleich-

zeitig trotz der bereits überschrittenen normalmäßigen Zahl der
außerordentlichen Professoren bei der philosophischen Fakultät
der bisherige Privatdocent der evangelischen Theologie, Gottfried
Kinkel, als außerordentlicher Professor in die philosophische Fakultät
übertragen und ihm gleich nachher 1847 eine Besoldung von
400 Thlr. verliehen worden. Zwei Jahre später lohnte er die
ihm bewiesene Gunst durch offenen Uebertritt in das Lager der
Demokratie. Lersch beschloß, schon im Interesse seiner ange-
griffenen Gesundheit, sich den trostlosen Verhältnissen wenigstens
auf kurze Zeit zu entwinden. Eine wissenschaftliche Reise nach
Italien sollte ihn die Zurücksetzungen in der Heimath zeitweilig
vergessen lassen. Er ersuchte das Curatorium, da er während
einer zehnjährigen akademischen und schriftstellerischen Wirksamkeit fast gar nicht durch Remunerationen bedacht worden sei,
vom Ministerium ihm eine einigermaßen ausreichende Unterstützung für die Reise erwirken zu wollen. Das Curatorium
und ebenso sein Lehrer, Professor Welcker, unterstützten das Gesuch auf's Lebhafteste. Die Antwort vom 17. Juli lautete, der
Herr Minister »bedaure, wegen Erschöpfung der eben dazu geeigneten Fonds eine Reise-Unterstützung zu dem angedeuteten
Betrage nicht gewähren zu können, habe jedoch, um seine wissenschaftliche Thätigkeit einigermaßen zu fördern, aus dem Bonner
Universitätsfonds ihm die Summe von zweihundert Thalern zu
bewilligen die Gewogenheit gehabt und überlasse es ihm, diese
Summe zum Zwecke einer wissenschaftlichen Reise zu verwenden.«
Ein mehr als achtmonatlicher Aufenthalt in Italien vom August
1846 bis April 1847 gewährte Lersch die längst sehnsüchtig gewünschte Anschauung dieses kunstgesegneten Landes. Inzwischen
war Professor Urlichs 1847 nach Greifswald gegangen. Der
Oberbibliothekar Welcker schlug Lersch zu seinem Adjuncten beim
Rheinischen Museum vaterländischer Alterthümer vor. Der Herr
Minister geruhte unterm 24. Juli 1847 ihn zum »Gehülfen des
Direktors, Professor Dr. Welcker, bei der Verwaltung und Beauf-
sichtigung des Rheinischen Museums vaterländischer Alterthümer«
zu ernennen und behielt sich vor, ihn »für seine Mühewaltung in
den Angelegenheiten des Museums von Zeit zu Zeit durch an-

gemeffene außerordentliche Remunerationen zu entschädigen." Dann empfing der Herr Minister unterm 11. August mit verbindlichstem Danke das nach dem Altdeutschen des Rudolph von Ems bearbeitete Gedicht: "Der gute Gerhard aus Cöln." Seinen Wunsch um Beförderung anlangend wurde ihm unterm 28. Januar 1848 durch den Curator eröffnet: "Ew. Wohlgeboren Gesuch um Beförderung zum außerordentlichen Professor bei der philosophischen Fakultät hierselbst habe ich nebst dem von der Fakultät darüber erstatteten gutachtlichen Berichte dem hohen Ministerium der geistlichen, Unterrichts- und Medicinalangelegenheiten vorgelegt. Des Herrn Geheimen Staatsministers Eichhorn Excellenz haben mir hierauf mittelst hohen Rescripts vom 21. d. zu eröffnen geruht, daß Hochdieselben nach Einsicht der gutachtlichen Aeußerungen der Fakultät für jetzt um so weniger sich veranlaßt fänden, Ihrem Gesuche um Beförderung zum Extraordinariate weitere Folgen zu geben, als bei der Fakultät kein Bedürfniß vorhanden sei, welches durch Ew. Wohlgeboren befriedigt werden könnte. Indem ich des hohen Auftrags, Ew. Wohlgeboren hiervon in Kenntniß zu setzen, mich entledige, kann ich nur bedauern, daß die Verhältnisse der Lehranstalt für jetzt eine günstigere Entscheidung nicht möglich gemacht haben." Unterm 1. April dann schreibt ihm der Curator von Bethmann-Hollweg zum letzten Male: "Ich habe nicht ermangelt, dem von Ew. Wohlgeboren ausgedrückten Wunsche zu entsprechen und Ihre Vorstellung vom 26. Februar d. J. dem vorgeordneten Königlichen Ministerio der geistlichen, Unterrichts- und Medicinalangelegenheiten in Urschrift einzureichen. Diese hohe Staatsbehörde hat mir hierauf unter dem 29. v. M. erwiedert, daß sie nur auf ihre frühere Verfügung vom 21. Januar c., deren Inhalt ich Ihnen am 28. nämlichen Monats mitgetheilt habe, verweisen könne und mir anheimgestellt, Sie hiernach zu bescheiden. Indem ich mich dieses Auftrags entledige, kann ich nur wiederholt mein Bedauern darüber ausdrücken, daß es mir nicht vergönnt ist, Ew. Wohlgeboren eine günstigere Eröffnung zu machen." Endlich unterm 15. October des folgenschweren Jahres 1848 das auch für seine katholischen Collegen Ritter

und Heimsoeth Früchte trug, erfolgte Lersch's Ernennung zum
außerordentlichen Professor ohne Besoldung. Unterm 15. Juni
hatte man ihm für seine Dienstleistungen als Adjunct des Rheinischen Museums vaterländischer Alterthümer eine Remuneration
von 100 Thalern bewilligt. 1842 hatte er 75 Thlr., 1840
50 Thlr. Gratification erhalten: also, wenn man die 200 Thlr.
hinzurechnet, die ihm in Anlaß der italienischen Reise zu Theil
wurden, zusammen 425 Thlr. für eine dreizehnjährige Wirksamkeit an der Hochschule. Lersch starb in Bonn am 12. Mai
1849 tief betrauert. Die Abtheilung der schönen Künste der
Académie royale de Belgique feierte in ihrer Sitzung am
14. Juni sein Andenken mit der ehrenvollsten Erwähnung seines
tugendhaften, der Wissenschaft ganz geweihten Lebens. Der
Vorstand des Vereins von Alterthumsfreunden im Rheinlande
sagte, indem er am Winkelmannsfeste seines Todes gedachte:
„Es ist nur eine Stimme darüber, daß sein Verlust für uns,
für die Alterthumskunde des Rheinlandes schwer zu ersetzen ist.
Er hatte sich den Studien unseres Vereins mit ganzer Seele,
mit hoher Begeisterung gewidmet. Er schwärmte für sie, seine
Schwärmerei war eine Schwärmerei der edelsten Art. Wir
können heute sein Andenken nicht angemessener ehren, als wenn
wir seinen Namen neben dem Namen des Fürsten und glor-
reichen Ahnherrn der Archäologen nennen." Die Bürgerschaft
von Bonn ehrt in Lersch fortwährend den werkthätigen edeln
Förderer des Baues des Bürgerhospitals, das in den Jahren
1846 und 1847 durch freiwillige Gaben errichtet wurde. Die
Inschrift, die als Chronikon das Portal ziert und kurz vor
seinem Tode von ihm verfaßt wurde, sollte leider auch das
Chronikon seines Todesjahres sein.

Lersch's Schicksalsgenosse seit Herbst 1837 war H. Dünzer
aus Cöln. Er hatte sich einer zahlreichen Zuhörerschaft zu erfreuen, welche der der übrigen Privatdocenten der philosophischen
Fakultät wenigstens gleichkam. Schon damals waren seine hora-
zischen Arbeiten trotz manchen Widerspruchs als bedeutend anerkannt worden. Seine Vorlesungen über diesen Dichter hatten
Manchen lebhaft angeregt. Eine Vorlesung über Göthe's Iphi-

genie wurde ihm untersagt, nachdem er über Faust bei 140 Zu-
hörern mit größtem Beifall gelesen hatte. In Bonn erzählte
man sich von wunderlichen Berichten, die über die Faustvorle-
sung nach Berlin gegangen seien. Seine Vorstellung beim Königlichen Ministerium, es möchten ihm die Beschuldigungen mitgetheilt werden, die gegen ihn und seine Vorlesung über Göthe
erhoben worden, blieben ohne Erfolg. Dann sah die Fakultät
sich später bewogen, ihm zu eröffnen, daß sie ihn zu keiner
Professur empfehlen könne. Sie rieth ebenfalls ihm an, zu einem
Gymnasium überzugehen, worauf jedoch auch er nicht einging.
Er las über verschiedene römische und griechische Schriftsteller,
Homer, Sophokles, Demosthenes, Horaz, Persius und Juvenal,
über griechische und lateinische Grammatik, über griechische Mytho-
logie. Als ihm jede Aussicht verkümmert wurde, und er fast
neun Jahre Privatdocent gewesen war, entschloß er sich Ostern
1846, eine Bibliothekarstelle in Cöln anzutreten, in der Hoffnung, später zur akademischen Laufbahn zurückzukehren. Nachdem
er auf's Neue sich durch andere Schriften als Philologe sowohl
in der griechischen als in der deutschen Literatur wohl bewährt
hatte, bewarb er sich 1849 in Bonn um die Stelle für Litera-
turgeschichte und Aesthetik, die Professor Delbrück und nachher
Kinkel versehen hatte. Die Fakultät erwiederte, auffällig genug
bei dem Stande der Dinge, eine Stelle sei nicht vacant und
so wurde er abgewiesen. Die Stelle ist nachher glänzend durch
Karl Simrock zunächst ohne Gehalt besetzt worden. Als Düntzer
sich 1852 auf's Neue um eine Professur bewarb, gab eine kleine
Majorität den Ausschlag gegen ihn. Damals hatte er den
Commentar zum Faust geschrieben, den alle Kenner als ein Werk
großer Gelehrsamkeit und vielen Scharfsinnes anerkannten. Alle
Versuche Düntzers beim Königlichen Ministerium, ihm eine seiner wissenschaftlichen Tüchtigkeit und seinem ganzen Streben
entsprechende akademische Stellung zu verleihen, sind fruchtlos
bis zur Stunde, obgleich man ihm in keiner Weise einen Vorwurf machen, weder seine Lehrgabe, die er in allgemein gehal-
tenen Vorträgen bewährt, noch seine wissenschaftliche Befähigung
bezweifeln kann. Hervorragende wissenschaftliche Autoritäten stehen

als entschiedenste Zeugen seiner philologischen Befähigung da, seine Studien über Horaz und Homer erfreuen sich allgemeiner Anerkennung, und in Deutschland haben Wenige für die neuere teutsche Literatur so vielseitig und erfolgreich gewirkt als er. Trotzdem wurde ihm nie die geringste Aussicht auf eine Anstellung im akademischen Lehrfache eröffnet. Der Referent im Ministerium hat auch ihm jederzeit die glänzendste Anerkennung seiner Schriften ausgesprochen und seine Bereitwilligkeit betheuert, Alles für ihn thun zu wollen; nur wenn die Gelegenheit sich bot, war davon niemals etwas zu bemerken. Was Düntzer allein für Göthe, dann aber auch für Klopstock, Herder u. a. geleistet, ist bekannt. Wäre es wahr, daß das Rheinland so wenig wissenschaftliche Capacitäten hervorbringe, um so mehr wäre das Königliche Ministerium gehalten, diese hervorzuziehen, wo sie sich finden, nicht aber sie keiner Berücksichtigung werth zu halten. Kann man es verdenken, wenn da schließlich Manchem gegen seinen Willen sich die Annahme aufdrängt, es könnte benn doch an maßgebender Stelle eben an dem guten Willen fehlen?

Max Enger aus Düren, seit 1852 Privatdocent, konnte Niemand Talent, Lehrtüchtigkeit und Gelehrsamkeit absprechen. Er lehrte die Orientalischen Sprachen. Als seine Mittel erschöpft waren, mußte er zurücktreten. Was er stets geahnt hatte, geschah: Gildemeister wurde für das Fach der Orientalischen Sprachen nach Bonn berufen. Bereitwillig mag er, der jüngere, dem ältern Lehrer den Platz geräumt haben. Allein auch in Breslau war die Professur der Orientalischen Sprachen in festen Händen. Es war ihm jede Aussicht abgeschnitten. Nur mit Wehmuth blickt der Freund auf die spätern Lebensschicksale des einst hoffnungsvollen Mannes.

Sollen wir noch von dem dreizehnjährigen Privatdocenten J. C. Clemens aus Coblenz, des nun ebenfalls verstorbenen, berichten? Wir würden ausführlicher als bei Lersch sein müssen. Auch dürfen wir die wenig erfreulichen Beispiele nicht häufen: mögen dieses Mal die drei aus Aachen, Köln und Düren hier genügen. Wir kehren zur Darstellung der Universitätsverhältnisse zurück.

VII.
Die katholisch-theologische Fakultät.

„Die beiden theologischen Fakultäten haben selbstverständlich ihre confessionellen Lehrkörper" sagt der Herr Curator gegenüber den Studirenden. Das ist allerdings richtig. Gleichwohl ist die Lage der beiden theologischen Fakultäten in mancher Hinsicht nicht unwesentlich verschieden.

Es liegt in der Natur einer katholisch-theologischen Fakultät, daß bei ihrer Errichtung die geistliche Oberbehörde in rechtliche Betheiligung tritt. Diese Oberbehörde war 1818 für Bonn der verdiente Generalvicar Fonck in Aachen.

Kaum hatte Seine Majestät der König unterm 18. October 1818 die Rheinuniversität gestiftet, als der Staatskanzler von Hardenberg und Minister Altenstein vom Generalvicar Fonck Vorschläge für die Professuren der Theologie und des kanonischen Rechts begehrten. Fonck schreibt hocherfreut am 27. October einem Freunde: „Wie sehr wünschte ich, daß Männer in Bonn angestellt werden möchten, die sich durch Wissenschaft und Wandel auszeichneten! Unsere Zeit fordert, daß, wer jugendliche Kraft und Wissenschaft besitzt, das schöne Amt übernehme, zumal solche, die während der Stürme und Unbill der Zeit ihre Rechtgläubigkeit unversehrt bewahrt haben, auf daß nicht, wenn sie zurücktreten, Lehrer eindringen, deren Gesinnung minder bewährt oder völlig unbekannt ist, und den Samen gefährlicher Lehre ausstreuen. Die Besoldung, die mit den Lehrstühlen verbunden ist, hält Nahrungssorgen fern, sie wird je nach der Arbeit 1000, 1200 bis 1500 Berliner Thaler betragen. Wo also auch für das Zeitliche gesorgt ist, wer dürfte zum Nutzen der Kirche und zum Frommen unseres heiligen katholischen Glaubens den Apostolischen Ruf: Ite docete ablehnen wollen."

Die gleichen Wünsche beseelten den Generalvicar des rechtsrheinischen Antheils der Erzdiöcese von Caspers, der am 15. November 1818 in vertraulichem Briefe sich äußert: „Die katholische Jugend, die sich dem theologischen Studium widmet, kann daraus nur den größten Vortheil ziehen und die segensreichen Folgen für unser liebes Vaterland sind unabsehbar, wenn die Zöglinge von rechtschaffenen, vom Geiste unserer heiligen Religion ganz durchdrungenen Männern geleitet und gebildet werden. Laut der Königlichen Errichtungsurkunde der Bonner Universität wird für die Herren Professoren mit königlicher Freigebigkeit gesorgt werden."

Doch die freudigen Hoffnungen gingen nicht in Erfüllung. Die Statuten weisen der katholisch-theologischen Fakultät sechs ordentliche Professuren zu, zwei für die exegetische, zwei für die systematische, eine für die historische und eine für die praktische Theologie. Die Professur des Kirchenrechts ist der Juristenfakultät zugetheilt. Für die sechs theologischen Lehrstühle hatte Fonck die verlangten Vorschläge alsbald eingesandt. Seine Wahl war auf sechs Theologen gefallen, die dem Rheinlande angehörig und noch rüstigen Alters, hinsichtlich ihrer theologischen Bildung wie ihrer kirchlichen Gesinnung vom besten Klange waren. Er gab sich der frohen Hoffnung hin, seine Vorschläge würden verwirklicht werden. Aber auch nicht einer der Vorgeschlagenen ist je in Bonn angestellt worden. Noch am 22. Juni 1823 schreibt Fonck: "Von meinen bei Errichtung der Universität auf den Antrag des Ministers selber vorgeschlagenen Professoren ist keiner befördert worden."

Bei der Eröffnung der Universität im Frühjahr 1819 zählte die Fakultät erst einen Professor, F. G. Seber, aus Baden, Schulmann zu Aschaffenburg, seit 1815 Director des katholischen Gymnasiums zu Cöln; er war für Dogmatik und Moraltheologie berufen und las beide Fächer. Im Herbste trat Aloys Gratz, Würtemberger, seit 1812 in Ellwangen und in Folge der Uebertragung der Ellwanger Fakultät seit 1817 in Tübingen Professor, als professor primarius hinzu, er las vorzugsweise über Neutestamentliche Exegese. Außerdem versah ein Consistorialrath der Regierung in Coblenz P. Schwarz als solcher seit Herbst 1819 zwei Jahre interimistisch den Lehrstuhl des kanonischen Rechts und der Kirchengeschichte, er kehrte Herbst 1821 nach Coblenz zurück. Zu Ostern 1820 folgte der Westphale G. Hermes dem Rufe als Professor der Dog-

matik nach Bonn. Im Sommer 1822 trat der Schlesier
Augustin Scholz, eben von einer siebenjährigen wissenschaftlichen Reise durch Deutschland, Frankreich, Italien und den
Orient heimgekehrt, als außerordentlicher Professor für das Fach
der biblischen Exegese und Kirchengeschichte ein. Er las wirklich
Kirchengeschichte, und wurde Herbst 1823 Ordinarius der biblischen Exegese. Im Frühjahr 1823 ward J. J. Ritter
aus Schlesien, Hofmeister dann Kaplan in Berlin, als ordentlicher
Professor für das Fach der Kirchengeschichte und Patri-
stik bestimmt. Der Minister zeigte seine Berufung mit den
Worten an: Des Königs Majestät haben »den bisherigen
Kapellan und Prediger bei der katholischen Sanct Hedwigs-
kirche« zu der Professur ernannt. Die Professur der praktischen
Theologie blieb unbesetzt. Erst vor drei Jahren fand sie einen
eigenen Vertreter in dem außerordentlichen Professor und In-
spektor Convictorii A. Buse.

Die Berufungen waren, soviel bekannt, ohne den Consens
der geistlichen Behörde in Aachen erfolgt; nur bei Ritter, scheint
es, fand eine Ausnahme Statt. Schon zu Ostern 1820 klagen
weltliche Professoren der Universität, die katholisch-theologischen
Professoren hätten „von der geistlichen Behörde noch keine Sendung und wäre mithin die katholisch-theologische Fakultät noch
nicht gesetzlich constituirt." Im März des folgenden Jahres
1821 schreibt Fonck über die Fakultät sehr verstimmt: »Ich
bin sicher, daß beim Concordat die Universität Bonn zur Sprache
kommen wird. Ich meine doch, daß unsere künftigen Bischöfe
nicht ohne allen Einfluß auf die Fakultät sollen gelassen werden,
und sind diese Männer, die von Gott berufen sind, so werden
sie auch auf orthodoxe Lehrer bedacht sein.« Mit dem Beginne
des Jahres erschien Gratz's Commentar zum Matthäus-Evan-
gelium, dessen rationalistisch-unkirchliche Haltung selbst von Dereser
hart getadelt wurde und nach langen Unterhandlungen endlich
Ostern 1823 die Inhibition der Vorlesungen des Verfassers
nach sich zog, während derselbe auf dem Etat der Fakultät noch
fünf Jahre bis 1828 blieb. Tief bekümmert meldet Fonck
damals: „Ich habe darauf angetragen, daß die katholisch-theo-

logische Fakultät von Bonn nach Cöln möge verlegt werden, ähnlich etwa wie es sich mit Braunsberg und Königsberg verhält, ich weiß nicht, ob ich durchbringen werde." Wie bittere Enttäuschungen mochten über den wackern Mann seit 1818 gekommen sein, wenn seine frühern freudigen Hoffnungen dem Wunsche hatten weichen müssen, der Universität Bonn in Beziehung auf die katholisch-theologische Fakultät die Stellung von Königsberg in den Ostprovinzen zugewiesen zu sehen! Im April 1822 schreibt Fonck: „Der ewige Kampf, den ich täglich mit den Königlichen Regierungen und dem Ministerium bestehen muß, macht mir mehr Arbeit, als die Verwaltung der ganzen Diöces. Und doch muß ich alles mit zwei Secretairen bestreiten."

Als Ritter nach Bonn berufen ward, schreibt Fonck am 26. Mai 1823: „Ritter hat mir geschrieben und seine Mission angezeigt mit der Bitte ihm zu erlauben, an der Hauptkirche dem Pfarrer bei der Seelsorge auszuhelfen. Es soll auch ein katholischer akademischer Gottesdienst daselbst errichtet werden, wobei Herr Ritter das Predigtamt übernommen hat." Der zum ordentlichen Professor beförderte Scholz machte dem Generalvicar und geistlichen Obern seine Aufwartung; dieser war hoch erfreut, zum ersten Male einen seiner Bonner Professoren von Angesicht bei sich zu sehen. Am 19. Juli 1824 meldet Fonck: „Professor Sebers Schrift über die Nichtantheilnahme des Katholicismus an der gepriesenen Perfectibilität des Christenthums habe ich NB. gedruckt erhalten mit dem Wunsche, meine Meinung darüber zu äußern, die ich aber ohne besondere Kritik mit wenigem sagen werde, da die Schrift schon in der weiten Welt herumspazirt." Noch am 2. August 1824 schreibt er: „Würde mein Vorschlag, die katholisch-theologische Fakultät von Bonn nach Cöln zu verlegen, verwirklicht, dann wollte ich sagen: Nunc dimittis servum tuum, Domine; aber hiegegen wehren sich die Herren Professores selber, vermuthlich aus dem Grunde: Procul a Jove, procul a fulmine."

Es war an sich ein sehr beklagenswerther Gedanke, die katholisch-theologische Fakultät von der Landesuniversität abtrennen und nach Cöln verlegen zu wollen. Wurde er verwirklicht,

so war die bis dahin paritätische Universität Bonn in eine
evangelische, in ein Rheinisches Königsberg verwandelt. Wir
zweifeln sehr, ob je eine Kirchenbehörde sich ohne die dring-
lichsten Gründe ein so zweifelhaftes Verdienst erwerben wolle.
Allein die Kirchenbehörde hat, wo es die Erziehung ihrer Theologen gilt, höhere Pflichten. Sie muß vor allem über Lehre
und Wandel der Candidaten wachen, damit sie weiß, wem sie
die Hände auflegen läßt und wem sie den Kirchendienst anvertraut. Die Fakultät aber war ohne Zuthun der Kirchenbehörde
von allen Winden zusammengeweht. Was über die Vorträge
einzelner Lehrer verlautete, konnte zur Beruhigung der Kirchen-
obern wenig beitragen. Der Commentar von Gratz zeigte, wie
es mit der Lehre bestellt war.

Die Ordinariate zu Münster und zu Osnabrück hatten im
Februar 1820 einzelnen Studirenden die Erlaubniß verweigert,
die Universität Bonn zu besuchen. Der General vicar zu
Münster, Clemens August Droste zu Bischering schlug
in der Akademie folgende Verfügung an: „Wir finden uns veranlaßt, den Theologen hiesiger Diöcese in Erinnerung zu bringen,
was sich freilich von selbst versteht, daß nämlich kein Studirender
der Theologie ohne unsere Erlaubniß anderswo als hier
einen Zweig der Theologie hören darf, und dabei zu bemerken, daß
wir Keinem, der solches ohne unsere schriftliche Erlaubniß thun
würde, die heiligen Weihen ertheilen lassen werden." Der Oberpräsident von Vincke ließ die Verordnung durch den Pedellen
abnehmen und erklärte sie in einer Curatorialverfügung an den
Dekan, die er gleichzeitig den Studirenden zur Kenntniß brachte,
für nichtig. Minister Altenstein genehmigte unterm 1. März die
Maßnahmen des Oberpräsidenten, doch solle man vorbersamst
dabei stehen bleiben. „Es scheint," schreibt der Staatsmann,
„dieser Vorschritt des Generalvicars der dem Vernehmen nach
von dem Professor Hermes gehegten und geäußerten Hoffnung
entgegengesetzt, einen großen Theil der hiesigen Theologiestudirenden mit sich nach Bonn ziehen zu können. Dies mindert das
Unrecht der ergriffenen Maßregel nicht; es würde aber auch
nicht gut sein, wenn vielleicht durch zu lebhafte Aeußerungen

5

dort eine Eiferſucht zwiſchen Münſter und Bonn rege gemacht
würde. Sehr wichtig aber iſt, daß vermieden werde, zwe
ſchweſterliche Lehranſtalten zu vereinigen.« An den Generalvicar Clemens Auguſt ſchrieb unter dem nämlichen Datum der
Staatsminiſter geſtrenge: Selbſt nach den Grundſätzen des gemeinen kanoniſchen Rechts ſei der Generalvicar zu ſolcher Verordnung nicht berechtigt. Er ſtelle darin gleichſam eine neue
Art von Irregularität willkührlich auf. Die Verordnung ſei
neu und darum ſchon nach Th. II. Tit. 11. §. 117 des allgemeinen Landrechts ohne Genehmigung des Staats ganz unzu-
läſſig. In der Form des Verfahrens liege eine nicht zu recht-
fertigende Anmaßung, indem die philoſophiſche und theologiſche
Fakultät dem Generalvicariate nicht untergeordnet ſei, ſondern
in dem Oberpräſidenten ihr beſonderes amtliches Curatorium
habe, ohne deſſen Vorwiſſen und Beſtimmung weder an die
Dekane noch an die Studirenden ſelbſt unmittelbar etwas verfügt werden dürfe. »Ein ſolches Verfahren,« fährt der Miniſter
fort, »darf nicht ungeahndet bleiben. Ich fordere Ew. Hochwürden daher auf, mir unverzüglich anzuzeigen, was Sie zur
Entſchuldigung Ihres Verfahrens anführen können und behalte
mir hiernach das Weitere bevor. Es verſteht ſich übrigens von
ſelbſt, daß Ew. Hochwürden erlaſſenes Verbot als nicht beſtehend
angeſehen und behandelt werden muß. Indem ich den Herrn
Oberpräſidenten von Vincke hiernach mit der erforderlichen
Anweiſung verſehe, erwarte ich, daß Sie den von Ihnen ergriffenen
Maßregeln nicht nur durchaus keine weitere Folgen geben, ſondern
auch die allenfalls an einzelne bereits erlaſſenen Ihre Befugniſſe überſchreitenden Verfügungen ohne Weiteres zurücknehmen.
Im Falle Ew. Hochwürden dieſem nicht genügen und wider
Verhoffen ſogar verſuchen ſollten, einen übrigens unbeſcholtenen
und fähigen Candidaten blos wegen Ueberſchreitung des von
Ihnen ganz unzuläßig ausgeſprochenen Verbots vom geiſtlichen
Stande auszuſchließen, wird es dem Staate nicht an Mitteln
fehlen, einer ſolchen Ueberſchreitung der Befugniſſe Ihres Amtes
gebührende Schranken zu ſetzen, ſein Anſehen aufrecht zu er-
hälten, Nachtheil abzuwenden und Verſuche, ſeine Rechte zu

verletzen, ernstlich zu ahnden. Ich werde die strengsten Maßregeln ergreifen und mache Ew. Hochwürden auf die Folgen
aufmerksam, welche solches durchaus nach sich ziehen muß."
Das Ordinariat zu Osnabrück hatte inzwischen durch
vorläufige Verfügung vom 3. März seine in Münster
studirenden Theologen angewiesen: "einstweilen ihr Studium in
Münster fortzusetzen, bis man hinreichende Erkundigung über
den Geist der Lehrer und Schüler auf den übrigen Universitäten
eingezogen und sich dadurch in Stand gesetzt habe, gehörig zu
beurtheilen, in wie weit dem Gesuche, eine andere Universität zu
beziehen, ohne Gefahr mittelst ausdrücklich vorbehaltener speciellen
Erlaubniß nachgegeben werden könne." Clemens August gab
dem Herrn Minister unterm 21. März die bekannte Antwort,
welche mit den Worten schließt: "Ew. Excellenz wollen aus dem
Gesagten entnehmen, daß ich nach Pflicht und Gewissen meiner
fraglichen Verfügung allerdings Folge geben muß, und die an
einzelne Theologen ertheilte negative Bescheidung auf ihr Gesuch,
in Bonn zu studiren, keineswegs zurücknehmen darf. Uebrigens
muß es Ew. Excellenz aus den frühern Verhandlungen bekannt
sein, daß ich mich nicht durch Drohungen von dem pflichtmäßigen
Benehmen ableiten lasse. Was aber die Folgen betrifft, so werde
ich, da ich nach Pflicht und Gewissen handle, solche zu verantworten haben."[1]) Eine Kabinetsordre vom 6. April hierauf
genehmigte die Nichtigkeitserklärung der Ordinariatsverfügung.
Der Oberpräsident von Vincke wurde unterm 10. April beauftragt,
"bis auf weitere Verfügung jede Thätigkeit der theologischen Fakultät zu Münster zu suspendiren, den bei ihr angestellten Lehrern
jede Eröffnung oder Fortsetzung ihrer Vorlesungen bis auf Weiteres zu untersagen, diese Verfügung durch Anschlag in den
Hörsälen der theologischen Fakultät den Studirenden bekannt zu
machen und ihnen dabei zu eröffnen, daß von Staatswegen das
von dem Generalvicar an sie erlassene ganz unbefugte Verbot,
andere Lehranstalten zu besuchen, aufgehoben worden sei." Als das

---

[1]) Allgemeine Zeitung 1838 Außerord. Beil. No. 16 u. 17 vom 9. Jan.
S. 63. fg.

Münster'sche Intelligenzblatt (No. 32. Freitag den 21. April) den bezüglichen Erlaß vom 19. April gebracht hatte, erließ das Ordinariat sein Circular an die sämmtliche Geistlichkeit vom 24. April, worin Clemens August sagt: »Mein Beweggrund ist klar. Ich kann nämlich solchen, deren Lebenswandel ich nicht beobachten und wo ich nicht die Lehre, daß sie rein und vollständig sei, beaufsichtigen kann, nicht mit pflichtmäßiger Beruhigung das Lehr- und Seelsorgeramt anvertrauen. Allerdings können Ausnahmen eintreten, deßhalb habe ich mir das Ertheilen der schriftlichen Erlaubniß für die einzelnen Fälle vorbehalten. Als ich meine Verfügung und die einigen Theologen auf ihr Gesuch ertheilten abschlägigen Bescheide zurücknehmen sollte, mußte ich Amts- und Gewissenshalber das Recht der katholischen Kirchenobrigkeit festhalten, sich alle mögliche Sicherheit zu verschaffen, daß die künftigen Lehrer und Seelsorger, die künftigen Gehülfen der geistlichen Obrigkeit durch Wort und That nur das Wahre und Gute lehren und treu in ihrem überwichtigen Amte sein werden. Durch solches Festhalten aber gewinnen die Kirche und die Staaten. Keiner kann mehr als ich die häufigen bei der Ausübung der Kirchen- und Staatsgewalt stattfindenden Reibungen bedauern, keiner kann mehr als ich dabei leiden; indeß habe ich bei keiner dieser Reibungen etwas Anderes gethan, als daß ich festgehalten habe auf die Rechte, auf die Unabhängigkeit der von unserm Heilande gestifteten und eben deßhalb wesentlich unabhängigen katholischen Kirche, eine Unabhängigkeit, der nur solche Gesellschaften sich erfreuen können, deren Obere völlige Freiheit haben, sowohl in Hinsicht der Personen als der Sachen, insbesondere hinsichtlich dessen, was zum Bestande der Gesellschaft nöthig und heilsam ist, gemäß der Verfassung der Gesellschaft und den in ihr gültigen Gesetzen zu walten. Ich kann bei dieser Gelegenheit nicht umhin, die Geistlichen der Diöcese zu erinnern und zu ermahnen, daß sie, wie bisher, festhalten an der Wahrheit, festhalten auf den Gehorsam gegen die Kirchengewalt im Kirchlichen, gegen die bürgerliche Gewalt im Bürgerlichen, daß sie dem göttlichen Bräutigam seine Braut, die katholische Kirche, oft

und dringend empfehlen und durch Heiligkeit des Wandels zugleich die Schönheit derselben verkünden und sich als wahre
Diener derselben zu erkennen geben; daß sie oft für das sicht-
bare Oberhaupt der Kirche zu Gott flehen, daß sie endlich die
weltliche Obrigkeit dem Allmächtigen empfehlen und von der
unendlichen Barmherzigkeit Gottes für mich den Beistand der
göttlichen Weisheit erflehen, damit ich jederzeit wisse und thue,
was wohlgefällig ist vor Gott.«

Die »mit so viel Umsicht ausgewählte« katholisch-theologische
Fakultät in Bonn, wie sie der Oberpräsident v. Solms-Laubach
unterm 18. März bezeichnet, Gratz, Schwarz und Seber
— Hermes traf erst nach Ostern ein — hatte auf die Kunde, in
Münster sei Studirenden nicht erlaubt worden, in Bonn Theologie
zu hören, unterm 26. Februar an den protestantischen Regierungsbevollmächtigten von Rehfues also geschrieben: »Die Opposition,
die der Fakultät gegenübersteht, ist mächtig, entschlossen und strenge
durchgreifend; setzt sich eine hohe Regierung nicht ernstlich entgegen, so bleibt der Sieg nicht lange zweifelhaft. Ein rascher
Gegner fordert rasche Gegenwehr. Man hat mit einem Gegner
zu thun, der mit einem Streiche tödten will; dieser Todesstreich
muß mit aller Kraft abgehalten werden. Es ist eine durch die
Geschichte allgemein bestätigte Erfahrung, daß keine Nachstellungen
so kräftige Gegenwehr erfordern als die der Hierarchie, und daß
man solchen nur durch rasche und kräftige Entgegenwirkung mit
Erfolg begegnet. Dies war Venedigs Grundsatz, und durch ihn
erhielt sich die Republik frei vom kirchlichen Despotismus. Groß
und mächtig stand sie da, wenn gegnerischerseits auch Alles auf-
geboten wurde. Der hierarchische Despotismus ist immer an
der Standhaftigkeit der Regierungen gescheitert. Wenn die Fakultät in ihrer alleruntertänigsten Eingabe an Ein hohes Ministerium den lebhaften Wunsch äußert, daß es Hochdemselben
gefallen möge, recht bald eine feste Organisation des katholisch-
theologischen Studienwesens zu geben, so nahm sie bei diesem
ihrem Wunsche auch in etwa auf die neuesten organischen Gesetze der Universität Tübingen Rücksicht, in welchen unter Anderm
besonders das Verhältniß der theologischen Professoren zu dem

bischöflichen Ordinariate ganz der Sache gemäß bestimmt und
die Lehrfreiheit vollkommen gesichert ist." Beim Herrn Minister
verband die Fakultät mit dem Antrage "daß es einem hohen
Ministerium gefallen möge, vor Allem dem katholisch-theologischen
Studienwesen eine feste Organisation zu geben," unter dem nämlichen 26. Februar folgende Vorstellung: "Wenn nun gleich die
Fakultät nicht verstehen kann, in wie fern sich das Münster'sche
Ordinariat für befugt halten konnte, eine solche Verordnung zu
erlassen, indem es von jeher einem katholischen Theologen frei
stand, seine Theologie, wo er nur immer wollte zu studiren,
und in der ganzen Geschichte kein Fall bekannt ist, daß je ein
Ordinariat sich anmaßte, als dürfe man ohne seine Erlaubniß
nirgend anders als am Sitze des Ordinariats die Theologie
hören, folglich diese Anordnung als unbefugt und in ihrer Nich-
tigkeit erscheinen muß, so erblickt doch die Fakultät darin eine
sichere Andeutung von noch weiter zu erwartenden Ereignissen,
die für die Fakultät von den traurigsten Folgen sein werden.
Und so werden denn die großen reinen Absichten einer hohen
Regierung, die Höchstdieselbe durch Errichtung einer katholisch-
theologischen Fakultät zu erreichen suchte, gleich im Beginne des
Werkes auf einmal vernichtet.   Deutschland, das auf dieses
große Werk seine Augen heftet und den Preußischen Landen zu
solchem glückwünschte, wird seinen Augen nicht trauen, wenn
es sich in seinen Erwartungen getäuscht findet. Ew. Excellenz
und einem hohen Ministerium kann es nicht verborgen sein, wie
in der Aachener Diöcese auf allerlei geheimen Wegen gegen die
hiesige Anstalt, seitdem sie da ist, gewirkt wird. Man kann
hieraus leicht errathen, zu welchen Maßregeln nach und nach
geschritten werden wird. Die Operationen gegen die hiesige Anstalt müssen auch in dieser Diöcese um so leichter werden, als
die einstige Versorgung der Geistlichen ganz in den Händen des
Ordinariates liegt", und schließt: "Das künftige Schicksal der
Fakultät liegt ganz in den Händen eines hohen Ministerii. Der
gegenwärtige Moment entscheidet über ihr Leben oder über
ihren Tod." Wenn die Fakultät wirklich im Februar 1820
also schreiben konnte, wie es wortgetreue Abschriften melden,

ist dann das früher erwähnte Procul a Jove, procul a fulmine auf ihrer Seite und das Nunc dimittis ihres geistlichen Obern Fonck unerklärlich für den Fall, daß er hoffen dürfe, ten gebührenden Einfluß auf die Bildungsanstalt seines Clerus wieder zu erhalten?

Unterdeß war der milde und welterfahrene Graf Spiegel 1825 Erzbischof von Cöln geworden. An ihn wandte sich die Fakultät mit der Bitte: „er möge ihr mit dem Vertrauen, das für den Zweck ihrer Existenz so wesentlich nothwendig sei, hulbreich entgegenkommen." Der Erzbischof antwortete von Münster aus: „Die Erfüllung der ausgesprochenen Hoffnung der hochgeehrten Herrn werde fortwährend eine Herzensangelegenheit für ihn sein und werde er ernstlich streben, das Vertrauen der hochwürdigen Herrn Professoren sich anzueignen." So war das Verständniß zwischen der Fakultät und der geistlichen Oberbehörde angebahnt. Der Erzbischof kannte Hermes von Münster her und schätzte ihn. Seber, der begünstigten hermesischen Lehrweise abhold, sollte entfernt und in's Capitel nach Cöln versetzt werden. Die Universität machte erfolglos Vorstellungen gegen die unfreiwillige Versetzung eines definitiv berufenen Collegen beim Staatsminister; Seber indeß zog vor, Herbst 1825 einem Rufe als Lehrer der Philosophie nach Löwen zu folgen, wo er 1827 starb. An seine Stelle trat im Herbste 1826 Achterfeldt aus Wesel, bisher Professor der Theologie am Hosianum zu Braunsberg, für Moraltheologie und Homiletik. Graß, auf seinen Landsmann den Regierungsbevollmächtigten von Rehfues gestützt einst die Seele des Widerstandes gegen die Ordinariate, dann in Folge seines Commentars seit Ostern 1823 der Vorlesungen enthoben, nahm fortwährend als Mitglied der Fakultät an deren Acten Theil. Es scheint, als dachte man darauf, seit er als Docent sich unmöglich gemacht hatte, ihn in andere einflußreiche geistliche Stellungen zu bringen. Domcapitular Franz Freiherr von Droste in Münster schreibt im Februar 1824: „Wenn Dr. Graß Domherr in Trier wird, so ist dies ein nicht kleiner Scandal. Sollte es auf Vorschlag des Herrn von Hommer sein, so würde ein solches Benehmen große Sorge für die Zukunft erregen. Sollte aber gar das Gerücht, daß jener Doctor Generalvicar zu Trier werden solle, Grund haben, so halte ich einen solchen Scandal für so überaus groß und folgenreich, daß Jeder, so viel er kann, allenfalls auch durch schnellen Bericht nach Rom beitragen möchte, dem Uebel vorzubeugen.« Der neue Erzbischof von Cöln lehnte im August 1825 die Beibehaltung des Gratz als Professor in Bonn definitiv ab. So schied denn Gratz 1826 aus der Fakultät. Er wurde 1828 Schul- und Regierungsrath in Trier. Damals schrieb Altenstein etwas ungnädig: »So wird nun den Spannungen und Reibungen, welche seine Schriften in Bonn herbeigeführt haben, hoffentlich ein Ziel gesetzt sein.« Zu Anfang des Jahres 1839 auf sein Ansuchen pensionirt, lebte Gratz in Darmstadt und an der Bergstraße, wie er selbst im December 1841 schreibt, »in sehr gemüthlicher Stimmung, weder durch theologische noch philosophische Spitzfindigkeiten und Grübeleien gestört.« Seine Professur in Bonn blieb unbesetzt, obgleich Hermes, als er im Mai 1825 Domherr wurde, von seinem Gehalte, der 1400 Thlr. betrug, 600 Thlr. abgab, und durch die Versetzung des Gratz 1828 der Etat der theologischen Fakultät um fernere 1100 Thlr. erleichtert war. Von Ostern 1823 bis Herbst 1829 zählte die Fakultät statt sechs nur vier active Ordinarien, während ihre Frequenz seit 1826 die Zahl von 300 Studirenden nahe erreichte und oft überstieg.

Im Herbste 1827 war ein katholisch-theologisches Convictorium in Bonn errichtet worden, dessen Leitung Achterfeldt übernahm.

Im Sommer 1828 erhielt die Fakultät in J. Braun, aus der Cölner Diöcese, ihren ersten Privatdocenten; er wurde im Sommer 1829 außerordentlicher Professor ohne Gehalt. Herbst 1829 trat H. J. Vogelsang, Westphale, als Privatdocent ein. Im Juli 1829 schrieb der Erzbischof nach Berlin: Seit Hermes Domherr geworden, habe die Universitätskasse 800 Thlr. weniger herzugeben. Seit Gratz Regierungsrath geworden, seien weitere 1100 Thlr. frei. Und doch weigere man ihm für den Extraordinarius Braun jede Besoldung wegen „Mangel an Fonds.“ „Das setzt mich,“ fährt er fort, „in

peinliche Verlegenheit, wie ich, der Erzbischof, vor
dem katholischen Publikum und der katholischen
Geistlichkeit mein bisheriges Benehmen gegen die
Fakultät zu rechtfertigen vermöchte." Er wurde indeß nur auf zukünftig frei werdende Fonds vertröstet. Im Herbste
1829 wurde auch H. Klee aus Münster-Maifeld bei Coblenz,
bisher Professor am Seminar zu Mainz, als Ordinarius „haupt-
sächlich für die Fächer der exegetischen und dogmatischen Theologie" mit einer Besoldung von 800 Thlr. gewonnen. Als
Ritter Ostern 1830 als Domcapitular und Professor der Kirchengeschichte nach Breslau versetzt worden war, erhielt Braun
500 Thlr. Besoldung. Die vacante Professur blieb bis Ostern
1833, also volle drei Jahre unbesetzt, wo dann Braun Ordinarius ohne Gehaltserhöhung wurde. Da auch Hermes
Frühling 1831 starb, zählte die Fakulät zwei Jahre nur drei
Ordinarien. Doch wurde gleich nach Hermes Tode Vogelsang
im Sommer 1831 außerordentlicher Professor. Gleichzeitig kam
B. J. Hilgers, aus der Cölner Diöcese, als Privatdocent
hinzu. Auf die Anzeige der Ernennung des Herrn Vogelsang
schrieb der Erzbischof offenbar ungnädig: „Die Beförderung ist
meinem Antrage gemäß, aber von Gehalt finde ich keine Bestimmung." Indeß meldete der Regierungsbevollmächtigte dem
Kirchenfürsten, daß dem ernannten Extraordinarius ähnlich wie
Braun 500 Thlr. Besoldung zugewiesen worden seien. Mit ihnen
hat sich Vogelsang dann zwölf Jahre bis 1843 in der theuren
Universitätsstadt begnügen müssen.

Erzbischof Spiegel starb im August 1835. Es erfolgte die
Verurtheilung des Hermesischen Lehrsystems in Rom und dadurch
auf's Neue eine oppositionelle Stellung der Fakultät zum erzbischöflichen Stuhl, seit 1836 Erzbischof Clemens August mit
fester Hand die Zügel der Regierung ergriffen hatte und durch
seine unerschütterliche Energie dem katholischen Leben neuen mächtigen Aufschwung verlieh. Zu Ostern 1837 sah sich Clemens
August veranlaßt, die Genehmigung der Vorlesungen der theologischen Professoren mit Ausnahme derer von Klee zu verweigern. Die Hörsäle der Professoren hermesischer Schule

verödeten. Die Gewaltthat endlich vom 20. November 1837 rief alle Gemüther wach. Wie ein Blitz durchzuckte sie die katholische Bevölkerung. Die klagende Stimme vom Vatican flog über ganz Europa hin und fand selbst jenseits des Oceans einen Wiederhall. Nur sehr allmälig füllten 1838 und 1839 unter der Verwaltung Hüsgens als Generalvicars sich die Hörsäle der Professoren wieder. Klee folgte im Herbste 1839 einem ehrenvollen Rufe an des verstorbenen Möhlers Stelle nach München. Gleichzeitig wurde Vogelsang im Frühjahr 1839 zum ordentlichen Professor ohne Gehaltserhöhung befördert und las Dogmatik. Hilgers, seit Anfang des Jahres 1840 außerordentlicher Professor ohne Besoldung, verband seit 1838 das Pfarramt an St. Remigius mit der Doction. Seit Ostern 1840 kam Privatdocent J. H. Friedlieb hinzu.

Im Beginne des Jahres 1842 erhielt Clemens August in dem Erzbischofe von Geißel einen Coadjutor. Dieser verweigerte Ostern 1843 den Vorlesungen der Professoren Achterfeldt und Braun die Genehmigung, worauf das Ministerium sie auf ihren Antrag von den Vorlesungen dispensirte. Gleichzeitig trat F. X. Dieringer aus Hohenzollern, in Tübingen gebildet, Lehrer am Seminar zu Freiburg, dann seit Herbst 1840 Professor am bischöflichen Seminar zu Speier, um Ostern 1843 als Ordinarius für das Fach der Dogmatik in die Fakultät ein und übernahm zugleich die Leitung des theologischen Convicts, wovon er jedoch im Herbste 1844 durch die Berufung des Herrn K. Martin, aus dem Eichsfelde, zum außerordentlichen Professor abgelöst wurde. Seit Ostern 1843 zählte die Fakultät wieder nur drei active Ordinarien fast vier Jahre, bis im Winter 1846/47 Hilgers zum Ordinarius für die Kirchengeschichte, Martin im Frühlinge 1848 zum Ordinarius für die Moraltheologie ernannt wurden. Jener legte nun das Pfarramt nieder, welches er neun Jahre mit der Doction verbunden hatte. Friedlieb war 1845 als Extraordinarius an die Universität Breslau versetzt worden. Dagegen hatte H. J. Floß, aus der Cölner Diöcese, sich 1847 als Privatdocent habilitirt. G. Velten, gleichfalls aus der Diöcese, trat 1850 als Privatdocent hinzu,

verlauschte aber 1854 die Doction mit der praktischen Seel-
forge. F. H. Reusch, aus Brilon, trat 1854 als Privatdocent
an seine Stelle.

Neue Lücken brachte in die Fakultät der Tod des Professor
Scholz im Herbste 1852 und die Wahl Martins zum
Bischofe von Paderborn 1856. Scholz hatte seit Graß's Rück-
tritt von der Doction 1823 die beiden statutenmäßigen Professuren der alttestamentlichen und neutestamentlichen Exegese zwanzig Jahre combinirt, von den erwähnten Privatdocenten und
Extraordinarien zeitweilig darin unterstützt. Dann hatte, seit
Dieringer für die Dogmatik berufen worden, Vogelsang die
neutestamentliche Exegese übernommen. Nun blieb aber nach
Scholz's Tode die Professur der alttestamentlichen Exegese bis
1861, wo sie Reusch, die durch Martins Abgang erledigte
Professur der Moraltheologie bis Herbst 1858, wo sie Floß
übertragen wurde, dort fast neun, hier volle zwei Jahre
unbesetzt. Diese zwei Jahre zählte die Fakultät nur drei active
Ordinarien, die drei Jahre vorher und fast drei Jahre nachher
nur vier. Erst seit Ostern 1861 sind wieder fünf wirksam.
Die statutenmäßige Professur der praktischen Theologie hatte
noch nie einen Ordinarius. Buse, Herbst 1858 als außerordentlicher Professor für das Fach der praktischen Theologie berufen, starb wenige Wochen nach dem Antritte seines Amtes.
Ihm folgte Ostern 1859 L. M. Roth als außerordentlicher
Professor und Inspector des Convicts. Wir wollen noch beifügen, daß Floß Frühjahr 1854, Reusch Herbst 1858 außerordentlicher Professor geworden war.

Und dennoch erklärte der Abgeordnete von Bethmann-Hollweg am 7. Mai 1853 in der Kammer [1]) also: „Die preußische
Regierung hat mit großartigem Aufwande bedeutender Mittel die
neue Universität Bonn als eine gemischte und paritätische gegründet. Sie hat insbesondere die katholisch-theologische Fakultät auf das Glänzendste ausgerüstet.
Und als durch die Schwankungen der Meinungen

Stenographische Berichte über die Verhandlungen der zweiten Kammer
in der 67. Sitzung vom 7. Mai 1853.

und durch innere Kämpfe der katholischen Kirche
diese Fakultät eine gefährliche Krise zu bestehen
hatte, hat sie mit zarter Schonung nach jeder Seite
sie zu erhalten gewußt, indem sie die Forderungen der Kirche zu erfüllen und den einzelnen zu
ihrem Schmerz betroffenen Personen gerecht zu
werden suchte. Es blüht diese Fakultät bis zur
Stunde als eine Zierde und als ein höchst heilsa-
mes Institut für die katholische Kirche." Herr von
Bethmann-Hollweg war Jahre lang Lehrer und durch fünf
Jahre Curator der Universität gewesen. Dachte er, als er
jene Worte sprach, an das was bestehen sollte oder was be-
stand? Erinnerte er sich an das, was der Stiftungsbrief und
die Statuten der Universität ausdrücklich versprochen und verordnet hatten? Nach den älteren Statuten der Universität vom
Jahre 1828 S. 16 und nach den neuern vom Jahre 1835
§. 35 und nach den Statuten der katholisch-theologischen Fakultät
§. 13 sollen in der Fakultät sechs ordentliche Professoren sein,
zwei für den systematischen Theil der Theologie a) Dogmatik,
b) Moraltheologie, zwei für den exegetischen Theil a) Alttesta-
mentliche, b) Neutestamentliche Exegese, einer für den historischen
Theil und einer für den praktischen Theil (Pastoraltheologie).
Nach §. 34 der Universitätsstatuten sollen außer den stehenden ordentlichen Professoren auch außerordentliche
Professoren zulässig sein. Diese sollen die ordentlichen nicht ersetzen oder vollzählig machen, sondern nach No. 3 des
§. 34 sie lediglich in einzelnen Lehrfächern „unterstützen und
ergänzen." Nach §. 34 des Stiftungsbriefes der Universität
d. d. Aachen den 18. October 1818 soll die Anzahl der ordentlichen und außerordentlichen Professoren immer besetzt erhalten werden. Der Erzbischöfliche Stuhl, sowohl Erzbischof
Spiegel als der gegenwärtige Erzbischof, hat daher immer auf
die stets versäumte Besetzung der vacanten Lehrstühle gedrungen.

Aber war inzwischen die evangelisch-theologische Fakultät
günstiger ausgestattet? Eine Nebeneinanderstellung beider Fakultäten und ihrer Lehrkräfte möge die Antwort an die Hand geben.

Wir bemerken, daß der Asteriscus in der Tabelle anzeigt, ein Lehrer der bezüglichen Categorien sei in dem betreffenden Semester, durch Abwesenheit verhindert, Vorlesungen zu halten.

	Frequenz.		Katholische Docenten.			Evangelische Docenten.		
	Kathol. Theol.	Evang. Theol.	Ordinarii.	Extra-Ordin.	Privat-Docent.	Ordinarii.	Extra-Ordin.	Privat-Docent.
Winter-Sem. 1818/19	?	?	"	"	"	2	"	"
Sommer-Sem. 1819	?	?	1	"	"	2	1	"
Winter-Sem. 1819/20	?	?	2	"	"	3	1	"
Sommer-Sem. 1820	?	?	3	"	"	3	1	"
Winter-Sem. 1820/21	?	?	3	"	"	3	1	"
Sommer-Sem. 1821	?	?	3	"	"	3	1	"
Winter-Sem. 1821/22	92	47	3	"	"	3	1	"
Sommer-Sem. 1822	100	51	3	1	"	3	1	"
Winter-Sem. 1822/23	107	53	3	1	"	4	1	"
Sommer-Sem. 1823	108	42	3	1	"	4	1	"
Winter-Sem. 1823/24	126	40	4	"	"	5	"	"
Sommer-Sem. 1824	151	48	4	"	"	5	"	"
Winter-Sem. 1824/25	155	66	4	"	"	5	"	"
Sommer-Sem. 1825	194	73	4	"	"	5	"	"
Winter-Sem. 1825/26	257	98	3	"	"	5	"	"
Sommer-Sem. 1826	267	89	3	"	"	5	"	"
Winter-Sem. 1826/27	291	75	4	"	"	5	"	"
Sommer-Sem. 1827	294	94	4	"	"	5	"	"
Winter-Sem. 1827/28	306	104	4	"	"	4	"	"
Sommer-Sem. 1828	284	103	4	"	1	4	"	"
Winter-Sem. 1828/29	321	76	4	"	1	4	"	"
Sommer-Sem. 1829	340	97	4	"	1	5	"	"
Winter-Sem. 1829/30	309	100	5	1	2	5	"	"
Sommer-Sem. 1830	304	105	4	1	2	5	"	"
Winter-Sem. 1830/31	271	116	4	1	1	5	"	"
Sommer-Sem. 1831	258	105	3	2	"	4	"	"
Winter-Sem. 1831/32	249	156	3	2	"	4	1	1
Sommer-Sem. 1832	239	144	3	2	"	4	1	3
Winter-Sem. 1832/33	224	107	3	2	"	4	1	2
Sommer-Sem. 1833	211	99	4	1	"	5	"	2
Winter-Sem. 1833/34	216	98	4	1	"	5	"	2
Sommer-Sem. 1834	196	110	4	1	"	5	"	2
Winter-Sem. 1834/35	180	97	4	1	"	5	"	1
Sommer-Sem. 1835	163	83	4	1	1	5	"	1
Winter-Sem. 1835/36	150	82	4	1	1	5	"	1
Sommer-Sem. 1836	114	65	4	1	1	5	1	"
Winter-Sem. 1836/37	113	69	4	1	1	5	1	"
Sommer-Sem. 1837	108	71	4*	1	1	5	1	1
Winter-Sem. 1837/38	108	76	4*	1	1	5*	1	2
Sommer-Sem. 1838	103	92	4*	1	1	5*	1	2
Winter-Sem. 1838/39	115	85	4	1	1	5*	1	2

	Frequenz.		Katholische Docenten.			Evangelische Docenten.		
	Kathol. Theol.	Evang. Theol.	Ordinarii.	Extra-Ordin.	Privat-Docent.	Ordinarii.	Extra-Ordin.	Privat-Docent.
Sommer-Sem. 1839	95	85	5	„	1	5*	„	2
Winter-Sem. 1839/40	87	80	4	„	1	5*	„	3
Sommer-Sem. 1840	84	88	4	1	1	5*	„	3
Winter-Sem. 1840/41	89	87	4	1	1	5*	„	3
Sommer-Sem. 1841	88	87	4	1	1	3	„	3
Winter-Sem. 1841/42	100	61	4	1	1	3	1	3
Sommer-Sem. 1842	99	67	4	1	1	3	1	2
Winter-Sem. 1842/43	98	65	4	1	1	4	1	2
Sommer-Sem. 1843	102	73	3	1	1	4	1	2
Winter-Sem. 1843/44	122	70	3	1	1	4	1	2
Sommer-Sem. 1844	120	76	3	1	1	4	1	2
Winter-Sem. 1844/45	136	66	3	2	1	4	1	2
Sommer-Sem. 1845	121	80	3	2	„	4	1	2
Winter-Sem. 1845/46	145	68	3	2	„	4	1	2
Sommer-Sem. 1846	132	60	3	2	„	4	2	2
Winter-Sem. 1846/47	135	53	3	2	„	4	2	4
Sommer-Sem. 1847	154	38	4	1	„	3	3	3
Winter-Sem. 1847 48	185	37	4	1	1	3	3	3
Sommer-Sem. 1848	174	32	5	„	1	4	2	3
Winter-Sem. 1848/49	191	32	5	„	1	4	2	3*
Sommer-Sem. 1849	196	39	5	„	1	4	2	3*
Winter-Sem. 1849/50	215	47	5	„	1	4	2	3*
Sommer-Sem. 1850	193	53	5	„	1	4	2	3*
Winter-Sem. 1850/51	204	58	5	„	2	4	1*	3*
Sommer-Sem. 1851	196	77	5	„	2	4	2*	3*
Winter-Sem. 1851/52	214	74	5	„	2	4	1	2
Sommer-Sem. 1852	196	71	5	„	2	4	1	2
Winter-Sem. 1852/53	212	63	4	„	2	4	1	2
Sommer-Sem. 1853	206	59	4	„	2	3	2	1
Winter-Sem. 1853,54	213	57	4	„	2	3	2	1
Sommer-Sem. 1854	196	48	4	1	2	4	2	1
Winter-Sem. 1854/55	209	51	4	1	2	4	2	1
Sommer-Sem. 1855	199	53	4	1	2	4	2	1
Winter-Sem. 1855/56	196	57	4	1	2	4	2	2*
Sommer-Sem. 1856	183	66	4	1	2	4	2	2*
Winter-Sem. 1856 57	211	61	3	1	2	4	2	1
Sommer-Sem. 1857	188	67	3	1	2	4	2	1
Winter-Sem. 1857/58	218	51	3	1	1	4	2	1
Sommer-Sem. 1858	209	52	3	1	1	4	3	„
Winter-Sem. 1858/59	230	54	4	2	„	3	3	1*
Sommer-Sem. 1859	218	46	4	2	„	2	3	1
Winter-Sem. 1859/60	235	51	4	2	„	5	1	1
Sommer-Sem. 1860	227	60	4	2	„	6	1	1
Winter-Sem. 1860/61	240	76	4	2	1	6	1	1
Sommer-Sem. 1861	216	78	5	1	1	6	1	1
Winter-Sem. 1861/62	217	77	5	1	2	6	1	1

Ueberblicken wir die Tabelle, so beträgt von Herbst 1821 bis Herbst 1835 die Frequenz der katholisch-theologischen Fakultät fast regelmäßig wenigstens das Doppelte, mitunter das Dreifache, einmal gar das Vierfache der Frequenz der evangelisch-theologischen Fakultät. Die Durchschnittszahl der erstern während der vierzehn Jahre ist 222, die der andern 88, das genaue Verhältniß 2,51 : 1. Gehen wir weiter, so vermindert seit Herbst 1835 sich die Zahl der katholische Theologie Studirenden, wird Herbst 1839 der Zahl der evangelischen Theologen fast gleich, sinkt gar Ostern 1840 um vier unter letztere hinab. Dann aber hebt sich die Zahl der katholischen Theologen wieder, bis sie im Herbste 1844 neuerdings das Doppelte der andern Fakultät erreicht. Die Durchschnittszahl der katholischen Theologen während der neun Jahre ist 105, die der evangelischen Theologen 77, das genaue Verhältniß 1,37 : 1. Seit Herbst 1844 nimmt die Zahl der katholische Theologie Studirenden fast stetig zu, die der evangelischen Theologen bald merklich ab. Seit Sommer 1847 ist die evangelische Theologie drei Jahre um das Vierfache, wiederholt mehr als um das Fünf- bis Sechsfache geringer besucht als die katholische. Die Durchschnittszahl der katholischen Theologen während der sechs Jahre bis Herbst 1850 ist 165, die der evangelischen 50, das genaue Verhältniß 3,27 : 1. Dann hebt sich die evangelisch-theologische Fakultät wieder, bleibt aber doch fast regelmäßig um das Drei- bis Vierfache hinter der Frequenz der katholisch-theologischen Fakultät zurück. Die Durchschnittszahl der katholischen Theologen während der eilf und ein halb Jahre ist 210, der evangelischen Theologen 61, das genaue Verhältniß 3,43 : 1.

Fragt man nach der Durchschnittszahl während der vierzig und ein halb Jahre seit Herbst 1821, so ist sie bei den katholischen Theologen 184, bei den evangelischen Theologen 72, das genaue Verhältniß 2,54 : 1.

Die Vergleichung der bei beiden Fakultäten wirksamen Lehrkräfte liefert folgendes Ergebniß. Im Winter 1818/19 hat die katholisch-theologische Fakultät noch keinen, die evangelisch-theologische zwei Ordinarien. Von Ostern 1819 ab hat die katholisch-theologische Fakultät ein Semester einen, ein Semester zwei, acht und zwanzig Semester drei, drei und vierzig Semester vier, dreizehn Semester fünf und nie sechs active Ordinarien. Dagegen zählt die evangelisch-theologische Fakultät seit Ostern 1819 zwei Semester zwei, vierzehn Semester drei, vier und vierzig Semester vier, zwei und zwanzig Semester fünf und vier Semester sechs active Ordinarien. Das genaue Verhältniß der katholischen und evangelischen activen Ordinarien der Theologie ist wie 0,9 : 1.

Zählen wir die bei beiden Fakultäten thätigen außerordentlichen Professoren, so hat die katholisch-theologische Fakultät vierzehn Semester zwei, vierzig Semester einen, drei und dreißig Semester keinen außerordentlichen Professor. Dagegen besitzt die evangelisch-theologische Fakultät fünf Semester drei, siebzehn Semester zwei, sechs und dreißig Semester einen und neun und zwanzig Semester keinen activen außerordentlichen Professor. Das genaue Verhältniß der katholischen und evangelischen Extraordinarien der Theologie ist wie 0,8 : 1.

Ueber die Privatdocenten beider Fakultäten fassen wir uns kurz, da sie nicht vom Staate angestellt sind. Die katholisch-theologische Fakultät hat siebenzehn Semester zwei, vier und dreißig Semester einen, zwei und dreißig Semester keinen Privatdocenten, aber noch vier Semester den interimistischen Docenten Consistorialrath Schwarz. Hingegen zählt die evangelisch-theologische Fakultät ein Semester vier, neun Semester drei, sechs und zwanzig Semester zwei, ein und zwanzig Semester einen und dreißig Semester keinen activen Privatdocenten. Das genaue Verhältniß der katholischen und evangelischen activen Privatdocenten der Theologie stellt sich, wenn man dort den Consistorialrath Schwarz mitrechnet, wie 0,7 : 1.

Fragt man nach dem genauen Verhältniß der beiderseitigen Ordinarien und Extraordinarien zusammen, so stellt es sich wie 0,88 : 1. Stellt man die sämmtlichen activen Lehrkräfte mit Einschluß der Privatdocenten in Vergleich, so ergibt sich das genaue Verhältniß auf katholischer und evangelischer Seite wie 0,85 : 1.

Die Ungleichheit der activen Lehrkräfte an den beiden theologischen Fakultäten fällt nicht unbedeutsam ins Gewicht, wenn
man den großen Unterschied in der Frequenz der Studirenden
an diesen Fakultäten daneben hält.

Greller tritt die Ungleichheit bei den Besoldungen hervor.
Finanzielle Fragen ziehen wir nicht gerne in die Verhandlung.
Doch können sie, wo Parallelen nöthig sind, nicht umgangen
werden.

Wir wählen bezüglich der Besoldungen auch hier den Zeitraum der letzten zwanzig Jahre und bemerken nur, daß in den
vorhergegangenen anderen zwanzig das Verhältniß sich noch ungünstiger für die Katholiken stellt.

Im Jahre 1842 bezog bei der katholisch-theologischen Fakultät Scholz 400 Thlr., Achterfeldt 1000 Thlr., Braun 900 Thlr.,
Vogelfang 500 Thlr.; der außerordentliche Professor Hilgers war
ohne Besoldung: also zusammen **2800 Thlr.** Die Präbende in
Cöln, die Scholz besaß (900 Thlr.), tritt nicht in Rechnung, da
sie nicht aus Universitätsfonds bestritten wird. Achterfeldt hatte
als Inspector des Convicts weitere 500 Thlr. nebst freier
Station und Wohnung; doch auch diese Besoldung fließt nicht
aus Universitätsfonds.

Dahingegen bezog in der evangelisch-theologischen Fakultät
Nitzsch 1800 Thlr., Sack 1300 Thlr., Bleek 1300 Thlr., Kling
1000 Thlr., der außerordentliche Professor Hasse 600 Thlr..
zusammen **6000 Thlr.** Wie dort bei Scholz, so treten hier bei
Nitzsch seine Bezüge als Consistorialrath in Coblenz (feste Besoldung 200 Thlr.) und was Sack als ehemaliger Pfarrer der
evangelischen Gemeinde in Bonn aus Staatsfonds erhielt
(200 Thlr.), nicht mit in die Veranschlagung. Man versichert
uns, daß in den angegebenen Gehältern die 500 Thlr. nicht
einbegriffen seien, welche die evangelisch-theologische Fakultät
als Remuneration für die Verwaltung des akademischen Gottesdienstes bezog. Mithin hatte im Jahre 1842 die evangelisch-
theologische Fakultät an Lehrgehältern m e h r a l s d o p p e l t soviel als die katholisch-theologische Fakultät.

Im Jahre 1843 stellte sich das Verhältniß für die katholisch=
6

theologische Fakultät nur scheinbar anders. Dieringer wurde mit 1200 Thlr. berufen, Vogelsang endlich zu 800 Thlr. er- höht, der außerordentliche Professor Hilgers mit 400 Thlr. bedacht. So wurde der Etat der katholisch-theologischen Fakultät um 1900 Thlr. vermehrt. Allein gleichzeitig schieden die Pro- fessoren Achterfeldt und Braun, von welchen jener 1000 Thlr., dieser 900 Thlr., beide zusammen also 1900 Thlr. Besoldung bezogen, aus der Reihe der activen Lehrer aus und blieb mit- hin reell das Verhältniß das nämliche. In der evangelisch-theo- logischen Fakultät war eine Veränderung nicht vorgegangen.

Martin, als außerordentlicher Professor im Herbst 1844 be- rufen, bezog den Inspectorgehalt des Convicts von 500 Thlr. nebst freier Station und Wohnung. Seit Januar 1845 eine Remuneration für den akademischen Gottesdienst im Betrage von 500 Thlr. bestimmt worden war, fielen diese Dieringer und Martin zu gleichen Theilen zu. Als Universitätslehrer bezog Martin keine Besoldung. Hält die Versicherung Probe, daß in den Zahlen der Besoldungen bei der evangelisch - theologischen Fakultät die Remuneration des Universitätspredigers nicht einbegriffen ist, so darf sie auch hier nicht zugezählt werden.

Das Verhältniß blieb im Jahre 1845 das nämliche.

Im Frühling 1846 kam in der evangelisch - theologischen Fakultät der außerordentliche Professor Staib mit 800 Thlr. Besoldung hinzu. So stieg der evangelisch-theologische Etat für die activen Lehrkräfte auf **6800** Thlr., der katholisch-theologische blieb auf **2800** Thlr.

Mit dem Beginne des Jahres 1847 erfolgte insofern eine Aenderung, als der zum Ordinarius beförderte Hilgers auf 800 Thlr. erhöht wurde. So betrug denn der katholisch - theo- logische Etat **3200** Thlr. Dahingegen schieden im Frühjahr Nitzsch und Sack aus und trat Dorner mit der Besoldung von 1750 Thlr. in die evangelisch - theologische Fakultät ein. Seine weitere feste Besoldung als Mitglied des Consistoriums (250 Thlr.) tritt nicht in Rechnung. Also sank der evangelisch- theologische Etat auf **5450** Thlr.

Das Verhältniß blieb im Jahre 1848.

Im Jahre 1849 empfing Martin 150 Thlr. Besoldung als Universitätslehrer. Der katholisch-theologische Etat stieg so auf 3350 Thlr. Bei der evangelisch-theologischen Fakultät schied Kling aus und trat Rothe mit 1700 Thlr. Besoldung ein. Bleek wurde auf 1500, Hasse auf 700 Thlr. erhöht. Der außerordentliche Professor Sommer erhielt 400 Thlr. So stieg die Summe der evangelisch-theologischen Lehrgehälter auf 6850 Thlr.

Die Dinge blieben so im Jahre 1850. Als bei der evangelisch-theologischen Fakultät Sommer dem Rufe nach Königsberg folgte, trat Krafft als Extraordinarius mit der nämlichen Besoldung von 400 Thlr. an seine Stelle.

Im Herbste 1851 erhielt der Extraordinarius Staib die erbetene Entlassung. Dagegen ward Hasse auf 800 Thlr., Dorner auf 2000 Thlr. erhöht, 1852 der zum außerordentlichen Professor beförderte A. Ritschl mit 400 Thlr. bedacht. Die evangelisch-theologische Besoldungssumme kam so auf 6800 Thlr. Katholischerseits dagegen starb Scholz im Herbste 1852 und sank hier der Etat zu 2950 Thlr. herab.

Im Frühling 1853 schied Dorner aus. Dagegen empfingen die außerordentlichen Professoren Krafft und Ritschl jeder 600 Thlr. Andererseits wurde Dieringer Domcapitular und gab 600 Thlr. von seiner Besoldung ab. Der evangelisch-theologische Etat betrug mithin 5200, der katholisch-theologische 2350 Thlr.

Ostern 1854 schied auch Rothe aus der evangelisch-theologischen Fakultät und traten sofort die Ordinarien Steinmeyer mit 1500 Thlr., Lange mit 1200 Thlr. Besoldung ein. Hasse's Ernennung zum Mitgliede des Consistoriums in Coblenz (Besoldung 200 Thlr.) war mit einer Gehaltserhöhung für ihn als Lehrer nicht verbunden. Auch Bleek's Remuneration (300 Thlr.) für seine Thätigkeit beim Consistorium in Münster bleibt ebenso außer Veranschlagung; er war Consistorialrath seit 1843 bis zu seinem Tode 1859. Auf katholischer Seite war zu Ostern Floß außerordentlicher Professor mit 500 Thlr. Besoldung geworden. Vogelsang und Hilgers wurden beide auf 900 Thlr. erhöht. So betrug denn der evangelisch-theologische Etat wieder 6200 Thlr., der katholisch-theologische 3050 Thlr.

6*

Im Herbste 1854 war auch ein evangelisch-theologisches Stift — ähnlich dem katholisch-theologischen Convictorium — eingerichtet worden, dessen Leitung der Privatdocent Diestel als Inspector mit einer Besoldung von 200 Thaler nebst freier Wohnung übernahm.

Für das Jahr 1855 blieb das Verhältniß bei beiden Fakultäten dasselbe.

1856 schied bei der katholisch-theologischen Fakultät Martin aus. Durch den Heimfall seiner 150 Thlr. Besoldung kam der katholisch-theologische Etat wieder auf **2900** Thlr., der evangelisch-theologische betrug fortwährend **6200** Thlr.

Aus dem Jahre 1857 ist eine Aenderung nicht bekannt.

Herbst 1858 verließ Steinmeyer Bonn. Katholischerseits wurde Floß Ordinarius mit 900 Thlr., Reusch Extraordinarius mit 600 Thlr. Besoldung. Die Summe der Gehälter betrug also evangelischerseits wieder nur **4700** Thlr., katholischerseits **3900** Thlr.

Zu Anfang des Jahres 1859 starb Bleek. Statt seiner ward Schlottmann mit 1500 Thlr. Besoldung berufen. Krafft und Ritschl wurden zu Ordinarien mit je 800 Thlr. befördert. Der evangelisch-theologische Etat der Lehrerbesoldung stieg so wieder zu **5100** Thlr.

Ostern 1860 trat zu den vorgenannten Lehrern der evangelischen Theologie noch ein sechster Ordinarius Plitt mit der Besoldung von 1500 Thlr. hinzu. So hob sich der evangelisch-theologische Etat wieder auf **6600** Thlr. und blieb so bis zur Stunde.

Katholischerseits empfing Reusch, als er 1861 die seit 1852 vacante ordentliche Professur der alttestamentlichen Exegese erhielt, keine Gehaltserhöhung. Doch wurde Herbst 1861 Hilgers auf 1100, zu Neujahr 1862 auch Vogelsang auf 1100 Thlr. erhöht. Hier beträgt somit der Etat wieder **4300** Thlr.

Gegenwärtig beziehen aus der Universitätskasse Hasse 800 Thlr., Lange 1200 Thlr., Krafft 800 Thlr., Ritschl 800 Thlr., Schlottmann 1500 Thlr., Plitt 1500 Thlr., zusammen, wie angegeben wurde, **6600** Thlr. Dahingegen beziehen katholischerseits Vogelsang 1100 Thlr., Dieringer 600 Thlr., Hilgers 1100 Thlr., Floß 900 Thlr., Reusch 600 Thlr.; Roth ist als Professor ohne Besoldung: zusammen die angebenen **4300 Thlr.** ¹) Der Unterschied beträgt also **2300 Thlr.**

Da es sich um die Besoldungssumme der activen Lehrkräfte allein handeln kann, wurden Achterfeldt und Braun seit 1842, wo sie Vorlesungen zu halten aufhörten, nicht mit veranschlagt. Auch rechneten wir die Besoldung der Inspectoren des katholischen Convicts und des evangelischen Stifts nicht mit. Der katholische Inspector bezieht, wie bemerkt, 500 Thlr. Besoldung, die, wie wir weiter unten sehen werden, nicht aus Universitätsfonds fließen; der evangelische Inspector 200 Thlr. Besoldung. Dieringer's Dompräbende (900 Thlr.) blieb ebenso außer Veranschlagung wie die festen Besoldungen und die Remunerationen der Consistorialräthe. Schließlich ist in unsern Zahlen die Richtigkeit der Versicherung vorausgesetzt, daß in den angeführten Besoldungen der Professoren der evangelischen Theologie die 500 Thlr. nicht einbegriffen sind, welche für die Verwaltung des akademischen Predigtamtes entrichtet werden. Bestätigte sie sich nicht, was uns indeß nicht wahrscheinlich ist, so müßte für die Jahre, wo sie nicht zuträfe, der evangelisch-theologische Etat der Lehrerbesoldungen um 500 Thlr. niedriger angesetzt werden. Von der Remuneration für den katholischen Universitätsgottesdienst fließen seit Dieringer's Rücktritt im Anfange des laufenden Jahres 300 Thaler den drei Repetenten im Convictorium zu, welche den Inspector Roth in der Abhaltung des Gottesdienstes unterstützen.

Ueber diesen Gottesdienst bemerken wir Folgendes. Des

---

¹) Seltsamer Weise weist der eben erschienene Staatshaushaltsetat für das Jahr 1862 Bd. III. S. 262 der katholisch-theologischen Fakultät sechs Ordinarien mit Gehältssätzen von 1100—600 Thlr. im Betrage von 6600 (sic!) Thlr., einen außerordentlichen Professor mit 600 Thlr. und einen außerordentlichen Professor ohne Besoldung zu. Demnach betrüge der Etat 7200 Thlr. Faktisch aber beträgt er nur obige 4300 Thlr. Tritt zu ihnen die Besoldung der beiden inaktiven Lehrer, so ergeben sich 6200 Thlr., nicht 7200 Thlr. Dagegen setzt der Etat für die evangelisch-theologische Fakultät 6100 Thlr., d. i. 500 Thlr. zu wenig, an.

daß der Kostenpunkt das Hinderniß sein sollte, welches die statutarisch verheißene Befriedigung eines so wichtigen und heiligen
Bedürfnisses auch ferner noch könnte im Wege stehen. Daher
beantragte der Erzbischof, daß für die katholischen Akademiker
ein eigener katholischer Gottesdienst definitiv angeordnet und zu
dessen Abhaltung die gleiche Summe von 500 Thlr. wie für den
protestantischen Gottesdienst angewiesen werde. Minister Eichhorn verfügte im Januar 1845 wegen Erfüllung des ihm ausgesprochenen Wunsches das Erforderliche, „da gegenwärtig
weder der Mangel geeigneter Personen noch die
erforderlichen Fonds sich der Ausführung der desfallsigen Einrichtung entgegenstellten." Die Remuneration von 500 Thlr. wurde vom 1. Januar 1845 ab bewilligt.

VIII.

Curator. Rektorat. Senat. Beamte.

Bei Staatsinstituten, wie die Universitäten sind, fällt naturgemäß dem Curator ein weit reichender Einfluß zu. Die
Curatoren der Universitäten vermitteln deren Verkehr mit dem
Minister. Sie sind gleichsam die Augen und die Ohren des
letztern, zugleich aber auch seine einflußreichen Vertreter. Der
Curator hält die Wage in der Hand und wägt die Lehrer und
die Bedürfnisse. Er prüft und beurtheilt alle Vorkommnisse und
entfernt die Mißstände, sei es nun durch seinen directen Verkehr mit Rector und Senat, sei es durch seine Berichte an den
Minister. Die Blüthe und das Gedeihen der Anstalt liegt
wesentlich mit in seiner Hand. Alle Meldungen und Berichte
der Universität und ihrer einzelnen Mitglieder wandern durch
sein Bureau an die hohe Staatsbehörde und die Entscheidungen
der Staatsbehörde fließen wieder durch ihn den Betheiligten zu.
Er tritt in die Hörsäle der Professoren und überzeugt sich von
ihrem Wirken. Er ist die administrative Behörde für die Uni-
versitätsanstalten; auch das katholisch-theologische Convictorium
ist ihm untergeben, dessen Vorstand ebenso wie die katholisch-

theologische Fakultät gesetzlich nur durch ihn mit der geistlichen
Oberbehörde correspondirt. Ist gleich der Rector das Haupt,
so bildet der Curator doch die Spitze der Universität. Sämmtliche Fäden der Administration laufen schließlich in seiner Hand
zusammen. Niemand kann die Tragweite des Einflusses verkennen wollen, der sich an die Person des Mannes knüpft, den
die Staatsregierung als Curator einer Universität verordnet.
Und nun hat die Staatsregierung die Curatoren an den preußischen Universitäten ohne alle Rücksicht darauf, ob sie Gott
nach dem evangelischen Lehrbegriff verehren, ausschließlich in
Anbetracht ihrer natürlichen Fähigkeit, gründlichen Erfahrungen
und vorzüglichen Geistesgaben und überzeugt, daß auf der gewissenhaften Wahl solcher Männer vor Allem der Flor und
die segensreiche Wirksamkeit der Universitäten beruhe, bisher
immer und ohne jede Ausnahme dergestalt gewählt, daß noch
nie ein Katholik Curator einer preußischen Universität geworden ist. Der Zufall hat ohne oder wohl gar gegen den Willen der Staatsbehörden es bisher immer so gewollt, daß an
den preußischen Landesuniversitäten, die keine geringere Aufgabe haben als eine Pflanzschule deutscher Wissenschaft zu sein
und die wissenschaftliche Bildung der Jugend zu leiten, die gewissenhafte Wahl noch nie das Curatorium in die Hände eines
Katholiken gelegt hat. An der Rheinuniversität Bonn war seit
1819 bis zum Wintersemester 1842 der Würtemberger und ehemalige Zögling des evangelisch-theologischen Stifts in Tübingen
von Rehfues Regierungsbevollmächtigter und Curator. Dann
folgte Wintersemester 1842/43 bis Frühjahr 1848 der Frankfurter
von Bethmann-Hollweg, der 1829 ordentlicher Professor
der Rechte an der Hochschule geworden war und durch seine
entschieden evangelisch-kirchliche Gesinnung unter die hervorragendsten Mitglieder seiner Confession gezählt wurde. Seit Neujahr 1861 besitzt die Rheinuniversität in dem Schleswiger, ehemaligen Mitgliede der Staathalterschaft, Beseler ihren dritten
Curator. Manchmal ist die Frage laut geworden, ob es denn
nicht wenigstens einmal dem launigen Zufalle belieben dürfte,
einen Katholiken oder gar einen katholischen Rheinländer ohne

Rücksicht darauf, daß er Gott nach dem katholischen Lehrbegriffe
aufrichtig verehre, aus der von der Regierung gewissenhaft
gerüttelten Wahlurne für die ruhmreiche Rheinische Hochschule
hervorgehen zu lassen. Man hat auf die Rheinischen adeligen
Geschlechter, auf die Rheinischen Staatsmänner und Gelehrten,
auf die durch Königliche und Fürstliche Huld ausgezeichneten,
durch natürliche Fähigkeiten, gründliche Welt- und Lebenserfah-
rungen und vorzügliche Treue gegen König und Vaterland hervorragenden Männer katholischen Bekenntnisses im preußischen
Staate hingewiesen und geglaubt, daß wenigstens einmal einer
von ihnen als qualificirt befunden und an die Spitze einer der
beiden als paritätisch proklamirten Hochschulen berufen werden
dürfe. Allein das Glück hat den Rheinlanden bisher nie ge-
lächelt. Jahre lang hat ein junger Assessor, nach kaum be-
standenen Prüfungen gleichsam sprungweise zum Universitätsrichter an der Rheinuniversität befördert, Herr Willdenow als
ständiges Mitglied des Curatoriums neben dem alle Jahre
wechselnden Rector die wichtigen und weittragenden Curatorial-
geschäfte als Vertreter besorgt, und als nun die Rheinuniversität für die jahrelangen Entbehrungen durch die Wiederbesetzung
der Curatorialstelle vor mehr denn einem Jahre überrascht
wurde, war die gewissenhafte Wahl der Staatsregierung auf
den dritten evangelischen Curator Beseler gefallen. Wir
sind weit entfernt, hiermit über die wählenden oder gewählten
Personen einen Tadel aussprechen zu wollen; aber auffallen muß
es denn doch und mit vollstem Rechte einer Aufklärung bedürf-
tig scheinen, daß, soweit Menschengedenken reichen, nie ein
Katholik für die Stelle eines Universitätscurators in Preußen
würdig, fähig oder geeignet befunden worden ist, daß diese wich-
tige und einflußreichste Universitätsstelle, dazu die Zwischenbe-
hörde zwischen der katholisch-theologischen Fakultät nebst dem
katholisch-theologischen Convictorium und der geistlichen Oberbehörde, in ganz Preußen in den Händen der andern Confession immer gewesen und geblieben ist bis auf den heutigen Tag.
Sage man was man wolle, eine Unangemessenheit zum Mindesten ist es und eine Rücksichtslosigkeit, wenn in einem Staate,

deſſen Verfaſſung die Gleichberechtigung der Confeſſionen zu
ihrer Grundlage hat, der das ehrenvolle „Suum cuique" auf
ſeine Fahne ſchreibt, die eine Confeſſion von der einflußreichſten
Stelle an den die wiſſenſchaftliche Bildung leitenden Inſtituten
gänzlich nicht ein, nicht zwei Decennien, ſondern gleichſam grund-
ſätzlich ſeit unvordenklicher Zeit ausgeſchloſſen erſcheint. Sage
man was man wolle, ein ſo handgreifliches Verfahren kann den
Frieden und die Eintracht der Confeſſionen und die wahre
Wohlfahrt unſeres Staates nimmermehr fördern. Selbſt der
Fall iſt an der Rheiniſchen Hochſchule niemals vorgekommen,
daß irgend ein katholiſcher Profeſſor mit der Stellvertretung
des abweſenden Curators betraut worden wäre.

Wir kommen zu dem Amte des Rectorats. Es wechſelt
alle Jahre. Das Amt iſt eine Ehrenſtelle, dabei iſt es mit
vielen Geſchäften, auch mit entſprechenden Emolumenten verbunden. Den Rector wählt die Körperſchaft der ordentlichen
Profeſſoren durch einfache Stimmenmehrheit. Die Wahl iſt zugleich ein Beweis des Vertrauens. Nun verhalten ſich die Stimmen der ordentlichen Profeſſoren nach den Confeſſionen, wenn
wir die ſtimmberechtigten Ordinarien der beiden theologiſchen
Fakultäten zuzählen, wie 14 : 41. Man wird es erklärlich finden,
wenn unter den bisherigen 44 Rectoren der Rheinuniverſität
ſich 12 Katholiken befinden. Seit der Vereinigung der Frankfurter
Univerſität mit der Leopoldina 1811 waren an der andern
paritätiſchen Univerſität Breslau unter den 50 Rektoren ebenfalls
12 Katholiken. In Bonn wurde auf katholiſcher Seite die Ehre
den Theologen Gratz 1821/22 und Hilgers zweimal 1852/53
und 1861/62 [Achterfeldt 1842 gewählt, lehnte ab]; den Juriſten
Mittermaier 1820/21, Droſte-Hülshoff 1829/30, Walter 1832/33, Deiters zweimal 1845/46 und 1856/57,
Bauerband 1851/52; dem Mediciner Mayer 1838/39;
den Philoſophen Nöggerath 1826/27 und Knoodt 1859/60
zu Theil. Evangeliſcherſeits genoß die Ehre des Rectorats die
evangeliſch-theologiſche Fakultät fünfmal: Auguſti zweimal
1819/20 und 1823/24, Nitzſch 1827/28, Gieſeler 1830/31,
Bleek 1843/44; die Juriſtenfakultät fünfmal: Haſſe 1825/26,

Heffter 1828/29, Bluhme 1849/50, Sell 1853/54, Hälsch=
ner 1857/58; die medicinische Fakultät dreimal: Wuzer zweimal
1836/37 und 1854/55, Naumann 1842/43; die philosophische
Fakultät neunzehnmal: Hüllmann 1818/19, von Münchow
1822/23, A. W. von Schlegel 1824/25, Diesterweg 1831/32,
Brandis 1833/34, Näke 1834/35, Freytag 1835/36, Wel-
cker 1837/38, Goldfuß 1839/40, Arndt 1840/41, Gustav
Bischof 1841/42, Plücker zweimal 1844/45 und 1855/56, Fr.
Ritschl 1846/47, van Calker 1847/48, Loebell 1848/49,
Argelander 1850/51, Jahn 1858/59, Troschel 1860/61.

Nächst dem Rector kommt der akademische Senat in
Betracht. Das Amt des akademischen Senators ist ebenfalls
eine Ehre und mit Emolumenten nicht verknüpft. Der Rector
führt den Vorsitz. Nächst ihm haben der Prorector und dann
die fünf Dekane der Fakultäten Sitz und Stimme in dem
Senate. Außerdem wählt die Versammlung der ordentlichen
Professoren aus ihrer Mitte vier andere Senatoren auf zwei
Jahre, so zwar, daß jedes Jahr zwei von den Gewählten aus-
scheiden. Endlich ist der Universitätsrichter ständiges Mitglied.
Der Senat besteht also aus zwölf Mitgliedern. Zwei derselben
haben ihre gewiesene Confession, nämlich die Dekane der beiden
theologischen Fakultäten. Die zehn übrigen fallen in den Be-
reich der in Frage befindlichen Parität. Man dürfte glauben,
es werde wenig Gewicht darauf gelegt werden, ob die Senatoren
der einen oder der andern Confession angehörten, man werde
die katholischen Professoren für andere Zurücksetzungen vielleicht
gerne durch eine Senatorenwahl entschädigen. Allein zur Cognition
des akademischen Senats gehören nicht blos die Disciplinar=
Angelegenheiten, sondern zugleich alle innern und manche äußere
Fragen der Corporation selber. Es ist keineswegs ganz gleichgültig, auf welche Seite dort die Mehrheit der Stimmen neigt.
Lassen wir nun die Dekane der beiden theologischen Fakultäten
außer Betracht, so verhält sich in dem Senate seit 1832 d. i.
während der letzten dreißig Jahre die katholische und die evangelische Confession vier Jahre 1842/43, 1845/46, 1847/48 und
1852/53 wie 5 : 5, sieben Jahre 1834/35, 1840/41, 1846/47,

1849/50, 1851/52, 1853/54 und 1856/57 wie 4 : 6, zwölf Jahre 1833/34, 1835/36, 1836/37, 1838/39, 1839/40, 1841/42, 1844/45, 1848/49, 1855/56, 1859/60, 1860/61 und 1861/62, wie 3 : 7, fünf Jahre 1832/33, 1837/38, 1843/44, 1850/51 und 1857/58 wie 2 : 8, und zwei Jahre 1854/55 und 1858/59 wie 1 : 9. In den vier Jahren, wo die Stimmen sich auf beiden Seiten die Wage hielten, war allerdings zweimal 1845/46 und 1852/53 zugleich der Rector Katholik, welchem bei Stimmengleichheit die Entscheidung zusteht. In allen übrigen Jahren war hinlänglich dafür gesorgt, daß sich eine katholische Stimmenmehrheit im Senate nie bilden konnte. Daß aber bei einer Corporation wie die Universität sich Fragen erheben können, die auch eine confessionelle Tragweite haben, wird wohl nicht bezweifelt werden. Schlössen die Verhandlungen des akademischen Senats nicht die Oeffentlichkeit aus, so würden Beispiele diese Behauptung beleuchten.

Die Stelle des Universitätsrichters bekleidete bis Winter 1834/35 der evangelische Bergmann, dann folgte der katholische von Salomon bis 1853 und, nachdem Bauerband interimistisch bis Ostern 1854 die Stelle versehen hatte, der gegenwärtige evangelische Herr Willbenow. Nach dem Rücktritt des von Salomon hat dem Vernehmen nach eine große Anzahl ausgezeichneter rheinischer Juristen um die ehrenvolle Stellung sich beworben, alle mußten dem jungen Assessor Willbenow, Schwiegersohn des Berliner Geheimeraths im Ministerium von Kühlenthal, weichen. von Salomon und Willbenow verwalteten für die Jahre der Vacatur der Curatorstelle in Gemeinschaft mit dem jedesmaligen Rector das Universitätscuratorium. Breslau hatte nie einen katholischen Universitätsrichter.

Fragt man nach den übrigen Beamten, so war der Universitätsquästor Spitz, geborner Bonner und in vorpreußischer Zeit Beamter seiner Vaterstadt, von Anbeginn der Universität in der Stelle und katholisch. Als er 1861 starb, folgte ihm der bisherige Rechnungsrath beim Curatorium Thiel, evangelischer Confession. Der Universitätsecretär Oppenhoff, gleichfalls Bonner von Geburt, katholischen Bekenntnisses, auch in französischer Zeit Beamter, trat bei Errichtung der Universität in seine gegenwärtige Stellung und wünschen gewiß Alle dem würdigen Greise Nestorische Jahre. Die Stelle des Rechnungs= rathes Thiel beim Curatorium ist noch nicht wieder besetzt. Die übrigen Beamten des Curatoriums und der Universität theilen sich so ziemlich nach der Confession, zumal die untersten durch= gängig katholisch sind.

Rücksichtlich der Besoldungen während der letzten zwanzig Jahre bemerken wir Folgendes. Im Jahre 1842 bezog der Curator von Rehfues 2800 Thlr. Besoldung, Universitätsrichter von Salomon 1200 Thlr., Rechuungsrath Thiel 1000 Thlr., Universitätssecretär Oppenhoff 500 Thlr. und c. 750 Thlr. Emo= lumente, Universitätsquästor Spitz 700 Thlr. und c. 600 Thlr. Emolumente nach Abzug der Kosten für sein Bureau. Die Be= soldungen und Emolumente der übrigen Beamten des Curatoriums und der Universität betrugen katholischerseits c. 1350 Thlr., evangelischerseits c. 1500. Mithin ergibt sich für das Jahr 1842 an Besoldungen für Curatorial= und Universitätsbeamte nur ein geringer Vortheil für die evangelische Confession.

Als Bethmann=Hollweg im Herbste 1842 an die Stelle des Herrn von Rehfues trat, bezog er als Curator 2000 Thlr. nebst freier Curatorialwohnung. Seit er 1848 sein Amt niedergelegt hatte, traten Remunerationen für die Verwaltung an Stelle der Cu= ratorialbesoldung. Beseler bezieht als Curator ebenso 2000 Thlr. nebst freier Curatorialwohnung.

Die übrigen Veränderungen berühren fast nur die Personen ohne wesentlichen Einfluß auf den Etat. Als von Salomon den erbetenen Abschied mit einer Pension von 750 Thlr. er= langt hatte, empfing Willdenow 1200 Thlr. Die Emolumente des Universitätsquästors stiegen nicht unwesentlich. Während der Vacatur der Curatorstelle übertraf die Summe der Be= soldungen der katholischen Beamten die der evangelischen. Seit der evangelische Universitätsrichter folgte und wieder ein Curator hinzutrat, kehrte das umgekehrte Verhältniß wieder.

Die gegenwärtigen Besoldungen sind: Curator Beseler 2000 Thlr. nebst freier Wohnung, Universitätsrichter Will=

benow 1200 Thlr., Universitätssecretair Oppenhoff 500 und
c. 950 Thlr. Emolumente, Universitätsquästor Thiel 600 und
c. 1000 Thlr. Emolumente. Die Besoldungen der übrigen
Beamten belaufen sich katholischerseits auf 1300 Thlr, evange=
lischerseits auf 1645 Thlr. Mithin beträgt die Summe der
Beamtenbesoldungen für die katholische Confession **2750** Thlr.,
für die evangelische **6445** Thlr. Der Unterschied ist **3695** Thlr.
Die beiden Hausknechte der Universität beziehen zusammen
410 Thlr., der Conservator im Poppelsdorfer Schloß 450 Thlr.
Sie wurden begreiflicherweise hier nicht mit in Rechnung ge=
bracht. Will man dies jedoch, so möge man, da sie katholisch
sind, den Unterschied um 860 Thlr. geringer ansetzen.

IX.
Institute. Die wissenschaftliche Prüfungs=Commission.

Das landwirthschaftliche Institut zu Poppels=
dorf steht mit der Universität in Verbindung. Seine Zöglinge
werden bei der Universität immatrikulirt und genießen die Rechte
und Freiheiten der Akademiker. Bei der Wichtigkeit, die das In=
stitut anspricht, handeln wir von ihm an erster Stelle.

Die Staatsregierung hatte 1837 die Leitung des agrono=
mischen Landgutes in Poppelsdorf dem außerordentlichen Pro=
fessor Kaufmann übertragen. Der von ihm gestiftete land=
wirthschaftliche Verein stellte 1844 den Antrag, es möge in
Poppelsdorf eine höhere landwirthschaftliche Lehranstalt für die
Rheinuniversität gleich oder ähnlich der Akademie von Hohenheim
gegründet werden. Als die Anstalt eingerichtet wurde, schlug
die Generalversammlung des landwirthschaftlichen Vereins zu
Coblenz im October 1845 auf Anlaß des Landesökonomie-Col=
legiums den bisherigen Director Kaufmann und zwei andere
Herrn zu Directoren vor. Gleichwohl ist Keiner von ihnen er=
koren worden, sondern Schweitzer aus Sachsen wurde mit
der überraschend hohen Besoldung von 2500 Thlr. nebst Dienst=
wohnung als Director berufen. Welche pecuniären Gesichts=

punkte das mit der Wahl betraute Mitglied des Landesöconomie-
Collegiums bei der vortheilhaften Anstellung Schweitzer's geleitet
hatten, erzählte bald die böse Fama allzu geschäftig. Schweitzer
war alt und kaum mehr im Stande seinem Amte vorzustehen;
er mußte nach drei Jahren 1851 mit 750 Thlr. Pension in
Ruhestand versetzt werden und starb bald. Sein Nachfolger,
Landesökonomierath Weyhe, seit Herbst 1851 erhielt 2000 Thlr.
Besoldung nebst Dienstwohnung, trat jedoch schon nach viertehalb
Jahren gleichfalls mit einer Pension von 500 Thlr. zurück,
worauf der bisherige zweite Fachlehrer Hartstein als Director
folgte. Auch er bezieht 2000 Thlr. Besoldung nebst schöner
Dienstwohnung. Sämmtliche drei Directoren gehören der evangelischen Confession an. Kaufmann, der Stifter der landwirthschaftlichen Vereine der Rheinprovinz, die er viele Jahre
geleitet und welche große Erfolge aufzuweisen haben, ist Rhein-
preuße und katholisch. Er hält Vorträge an der Anstalt
über Nationalökonomie und bezieht dafür eine Remuneration
von 200 Thlr. Außerdem bekleidet er, wie früher erwähnt
wurde, seit 1830 eine Nominalprofessur bei der Universität
für die Staatswissenschaften, ohne daß er es zum ordentlichen
Professor an ihr bisher hätte bringen können. Die Rheinprovinz verdankt ihm die mannigfachsten, verdienstlichsten An-
regungen. Die Universität erkennt seine Leistungen an und
schätzt sie nicht gering, nur entbehrt sie fortwährend die Mittel,
die auf solchem Gebiete liegenden Verdienste lohnend anzuerkennen.
Außer Kaufmann beziehen die beiden andern katholischen Lehrer
der Anstalt Schubert 600 Thlr., Schell 400 Thlr., die Lehrer
evangelischer Confession Eichhorn 800 Thlr., Sachs 800 Thlr.,
Wentz 800 Thlr., der Privatdocent der Juristenfakultät Achenbach
300 Thlr. [1]), Bonhausen 400 Thlr., Sinning zugleich Gartenin-
spector 600 Thlr. und außerdem 180 Thlr. Emolumente, die wir indeß außer Rechnung lassen. Das landwirthschaftliche Institut zählt
so außer dem evangelischen Director noch sechs Lehrer evangelischen und drei Lehrer katholischen Bekenntnisses. Von den Besoldungen fallen **1200** Thlr. auf die katholische, dagegen **5700**,

---

[1]) S. oben S. 27.

mit Einschluß der Pension des Herrn Weyhe **6200** Thlr. auf
die evangelische Confession. Der Unterschied ist also **4500** Thlr.
rücksichtlich **5000** Thlr. zu Gunsten des evangelischen Bekenntnisses.

Gehen wir zu den wissenschaftlichen Anstalten der
Rheinuniversität über. Sollen wir von dem philologischen, von
dem im verwichenen Jahre gegründeten historischen Seminare
reden? Beim philologischen Seminar war früher ein Director und ein Inspector thätig. So war Heinrich Director,
Näke Inspector. Ostern 1838 traten zwei Directoren Welcker
und Näke an die Spitze des Seminars. Seit dem Frühjahre
1839 sind Welcker und Fr. Ritschl Directoren. Ostern 1861
wurde O. Jahn an Welcker's Stelle Director neben Ritschl.
Seit drei und vierzig Jahren, von der Gründung der Universität an bis heute, ist die Direction und Inspection des philologischen Seminars bei der evangelischen Confession. Woher die
seltsame Erscheinung? Wäre es doch ein zu sonderbarer Zufall, der seit Anbeginn der Universität Bonn katholische Philologen von der Direction und Inspection des Seminars fern
hielte! Selbst der Fall ist in der langen Reihe von Jahren nie
vorgekommen, daß bei Abwesenheit oder in Verhinderung des
Directors oder Inspectors ein katholischer Philologe interimistisch
mit der Direction oder Inspection betraut worden wäre; zweimal,
als solche Verhinderung eintrat, ward ein jüngerer evangelischer
Philologe dem weit älteren und erfahreneren katholischen vorgezogen.
Die Studirenden sind vorzugsweise Söhne der Provinz, katholisch und in Zukunft Lehrer meist an katholischen Gymnasien
und höhern Lehranstalten. Die Directoren des Seminars dagegen sind ausschließlich evangelisch. Nur einen katholischen
Ordinarius, den Gymnasialdirector Schopen mit der Universitäts-
besoldung von 100 Thlr., zählt die philologische Section und
hatte nie einen andern. All überall, wie man sieht, waltet die
nämliche Tücke des launigen, die Katholiken benachtheiligenden
Zufalls. Daß bei der Berufung des zweiten nunmehrigen
Directors die Erwägung schwer in die Wagschale gefallen,
man würde dadurch katholische Bewerber von der Direction des

7

Seminars fern halten, glauben wir nicht, aber Manche glaubten
es und wer möchte sie des Aberglaubens beschuldigen?

Bei der Wichtigkeit des Seminars — beiläufig sei bemerkt,
daß es den ordentlichen Mitgliedern auch halbjährliche Remunerationen gewährt — darf man billig fordern, daß wenigstens
einer der Directoren der katholischen Confession angehöre. Da
die Studirenden der Philologie, großentheils katholisch, keine
geringere Aufgabe haben, als sich für die Bildung und Erziehung unserer Jugend an den meist katholischen Gymnasien
zu befähigen, klingt es da nicht wie Hohn und Spott, wenn
im paritätischen Staate, an paritätischen Hochschulen, in unserm
preußischen Vaterlande, katholische Lehrer, als wären sie bloß
die geduldeten, von der Leitung und von dem Einflusse auf die
wissenschaftlichen Seminare, wenn sie von den philologischen
ordentlichen Professuren nicht ein, nicht zwei Decennien, sondern
gleichsam planmäßig durch den ganzen Staat ausgeschlossen,
gleichsam als inhabil und unfähig auf die Seite geschoben
werden?

Und wäre selbst augenblicklich der billigsten Forderung unter
den billigen zu entsprechen nicht möglich, weil man bei den bisherigen Besetzungen an der betreffenden Stelle nie an thatsächliche Parität gedacht hat, so erfülle man endlich wenigstens die
Anforderung und verbinde mit dem bisher nur kritischen Seminare
ein pädagogisches, dessen Direction man in katholische Hände lege.

Wie man den katholischen Docenten der Philologie seit den
dreißiger Jahren, Dank den fast rein evangelischen Fakultäten
und den im Ministerium herrschenden Mächten, die Wege
verlegte, ist notorisch; es bedurfte ganz besonderer Gründe,
sollte ein Katholik mit einer Besoldung angestellt werden. Mit
der Beförderung selbst ohne Besoldung hielt man Jahrzehnte
zurück. Als nach Heinrich's und Näke's Tod Fr. Ritschl berufen worden war, ernannte man im folgenden Jahre den katholischen Gymnasialdirector Schopen zum außerordentlichen, dann
zum ordentlichen Professor, welcher der Universität nur Neben-
stunden zuwenden konnte. Von den katholischen Docenten, die
sich ganz der Universität widmeten, wurde keiner befördert.

Wem ist nicht aus den vierziger Jahren die Verfügung des Ministers Eichhorn erinnerlich, wonach es nur eine bestimmte Anzahl außerordentlicher Professoren in Zukunft geben sollte? Diese Anzahl aber war derart beschränkt, daß die meisten Fakultäten sich bereits einer Ueberzahl erfreuten und die längere Jahre docirenden jüngeren Lehrer jeder Hoffnung sich entschlagen mußten. Für die katholischen Privatdocenten war fortan vortrefflich gesorgt: ein starr evangelischer Minister, ein hegelisch-evangelischer Referent, überwiegend evangelische Fakultäten und nun schließlich die Meduse der neuen ministeriellen Bestimmung, welche viele, nur nicht alle Bewerber versteinerte. Denn wollte der Minister einen von einflußreicher Seite empfohlenen Privatdocenten evangelischer Confession anstellen, so bat er Seine Majestät den König ihm befehlen zu wollen, daß eine Ausnahme eintrete und der Privatdocent über die Zahl zum außerordentlichen Professor befördert werde. Sybel, dessen Zuhörerzahl, wie man versichert, beschränkter war als die katholischer älterer Privatdocenten, der auch damals noch keine irgend namhafte Leistung aufzuweisen hatte, wurde so 1844 außerordentlicher Professor. Bewarben sich aber katholische Privatdocenten, so antworteten Minister und Referent, man könne keine Aussicht gewähren, sie sollten austreten, möchten sich um andere Stellen bewerben, wobei man ihnen nicht entgegen sein wolle, wenn die Behörden sie vorschlagen würden; bei der Fakultät sei die vorschriftsmäßige Zahl der außerordentlichen Professuren besetzt oder gar überschritten. Daß dies nicht blos bei dem verstorbenen Lersch der Fall war, werden wir, sollte Widerspruch erfolgen, beweisen. Einem katholischen Docenten auf dem angegebenen Wege zu einer Stellung zu verhelfen, dieser Gedanke ist, wie es scheint, dem Minister niemals in den Sinn gekommen. Gelang es auch, den Widerwillen der überwiegend evangelischen Fakultät zu überwinden, so hielten Ministerium und Referent den Riegel dieser Verordnung mit dem obligaten „Bedauern" entgegen, welches, wie aufrichtig es immer sein mochte, doch in den Katholiken die Empfindung zurücklassen mußte, sie könnten an ihrer Landesuniversität sich

7*

Jahrzehnte abmühen, ohne ihre Bestrebungen und jahrelangen Opfer durch die bescheidenste Professur anerkannt zu sehen. Der Eichhorn'sche Riegel ist zwar unterdeß verschwunden oder unbrauchbar geworden: doch das Bedauern, daß keine Stellen vacant und die Fonds erschöpft seien, ist geblieben. Oeffnen dann aber Stellen sich plötzlich und scheint die Pandorabüchse der Fonds gleichsam ausgegossen über Einzelne, so sind das nie Katholiken.

Wir wiederholen hier: der Philologe Ritter docirt in Bonn drei und dreißig Jahre und ist neun und zwanzig Jahre außerordentlicher Professor; Heimsoeth docirt in Bonn fünf und zwanzig Jahre und ist vierzehn Jahre außerordentlicher Professor. Lersch war zwölf Jahre, Dünzer fast neun Jahre Privatdocent, jener brachte es zum außerordentlichen Professor ohne Besoldung und starb, letzterer brachte es zu — Nichts. Urlichs, Vahlen, Bücheler gingen nach Bayern, Oesterreich und Baden. Ritter, zumal in Beziehung auf stilistische Uebungen bei seiner feinen Kenntniß der lateinischen Sprache wohl geeignet, an der Leitung des philologischen Seminars Theil zu nehmen, wurde als solcher nach Heinrich's und nach Näke's Tode durch den Regierungsbevollmächtigten von Rehfues dem Minister bringend empfohlen; die Empfehlung hatte beide Male keinen Erfolg. Bei der Gründung der Rheinuniversität bewarb sich der seit 1817 am Cölnischen Gymnasium thätige Göller um eine Professur. Obgleich er als tüchtiger Philologe sich bewährt hatte, hielt man ihn von der paritätischen Hochschule fern, an der man drei evangelische Lehrer der Philologie anstellte. Und das geschah unter Altenstein, zu einer für katholische Docenten noch günstigeren Zeit. Der tüchtige katholische Lehrer fehlte nicht, aber man wollte evangelische. Später war man erbötig, ihn für Münster zu verwenden, wo ein evangelischer Lehrer nicht Zugang hatte; von Bonn hielt man den Katholiken fern, dessen vorzügliche Befähigung einstimmig anerkannt war. Hüllmann, sein bester Freund und erster Rector der Universität, hat die Berufung nicht durchsetzen können. Wollte man sich entschließen, das unrühmliche, grade

im Fache der Philologie mit eiserner Consequenz gehandhabte
System der Ausschließlichkeit, womit man katholische Capacitäten fern hält, entfernt oder zu den Todten wirft, zu verlassen
und den Capacitäten loyale und gerechte Anerkennung zuzuwenden, die ordentlichen Professuren der klassischen Philologie würden nicht mehr ausschließlich in den Händen der einen Confession, das Seminar nicht mehr ausschließlich in den Händen
evangelischer Directoren sich befinden. Die katholischen Studirenden der Philologie würden nicht mehr so häufig nach Münster
strömen, ein katholischer Candidat von der „Anzahl der Unbefangenen und guten Köpfe," die sich mit größerem oder geringe-
rem Bewußtsein des zu erstrebenden Zieles nach freier Geistes-
entwickelung sehnen", [1]), würde, über seine Confession befragt, nicht
mehr dem Prüfenden obligat antworten, „er wisse es selber nicht
genau, es werde aber wohl die katholische sein," und es würde
hoffentlich nicht mehr als Abnormität ein Gegenstand unverstän-
digen Tadels werden, daß „ein sonst sehr tüchtiger und aus einer
guten philologischen Schule stammender Gymnasialdirector" einer
großen Rheinischen Stadt dabei aufrichtig katholisch ist. [2])

Treten wir zu dem neugegründeten historischen Seminar.
Die oft erwähnte Kabinetsordre vom 26. September 1853 will,
daß bei jeder der beiden paritätischen Hochschulen des Staats
ein Lehrstuhl der Geschichte mit einem katholischen Historiker
besetzt werde. Der Sinn der Königlichen Kabinetsordre ist klar
und unzweifelhaft, es soll den katholischen Studirenden die Mög-
lichkeit geboten sein, ihre historischen Studien bei einem Lehrer
ihrer Confession zu machen. Und nun hat bei der Errichtung
des historischen Seminars der Herr Minister die Leitung dieses
Seminars den beiden notorisch und auf Grund ihrer Schriften
unläugbar katholikenfeindlichen evangelischen Professoren der Geschichte übertragen. So ist der katholische Studirende genöthigt,
entweder der Wohlthat des historischen Seminars für seine

---

[1]) Preußische Jahrbücher von Haym Bd. IX. Heft 3. (März 1862):
Stimmungen und Bestrebungen der Katholiken in Rheinpreußen. S. 258.

[2]) Ebend. S. 257.

Studien zu entbehren oder bei den beiden genannten Geschichts-
lehrern sich wissenschaftlich einschulen zu lassen. Obendrein hat
derselbe Herr Minister jenen beiden evangelischen Professoren
der Geschichte die Prüfung sämmtlicher Candidaten übertragen,
dem einen derselben gar, wie man vernimmt und öffentliche
Blätter, ohne daß widersprochen würde, melden, als Domäne
auf Lebenszeit. So ist die Königliche zu Gunsten der Katholiken erlassene Kabinetsordre durch den Minister in schreiendem
Widerspruche mit aller Gerechtigkeit durchlöchert, illusorisch gemacht worden. Diese ministerielle Durchlöcherung der Königlichen Kabinetsordre hat, als sie bekannt wurde, bei allen billig
denkenden evangelischen Lehrern der Universität Unwillen, bei
den katholischen laute Unzufriedenheit erregt. Die Parität ist
selbst da, wo sie gesetzlich auf Grund der Verfassung durch den
Königlichen Willen ausdrücklich befohlen ist, durch ministeriellen
Willen in's Gegentheil verkehrt worden. Man erwartet, der
neue Minister werde nicht säumen, den Unfug schleunigst zu
beseitigen.

Blicken wir auf das Institut der Bibliothek, so war
bis 1854 Welcker, von da an Fr. Ritschl Oberbibliothekar.
Beide gehören der evangelischen Confession an. Neben Welcker
hatte man gleich anfänglich einen bei der Akademie in Münster
durch grobrationalistische exegetische Schriften unmöglich gewordenen Docenten der Theologie Wecklein, dann einen zweiten
sogenannten liberalen Katholiken Schram als Bibliothekare und
den evangelischen Bernd als Bibliotheksecretair angestellt. Als
Wecklein abging und Schram gestorben war, kam der katholische
bisherige Bibliothekar zu Cöln Pape an die Stelle. Der Oberbibliothekar Fr. Ritschl hat als solcher 300 Thlr. Besoldung,
Welcker als ehemaliger Oberbibliothekar 175 Thlr. Pension. Vor
zwanzig Jahren hatte der außerordentliche Professor und Bibliotheksecretair Bernd 1000 Thlr., der erste Unterbibliothekar
Schram 850 Thlr., der zur Aushülfe beschäftigte katholische
Krosch 100 Thlr., der evangelische Bibliothekdiener 330 Thlr.
Gegenwärtig bezieht Pape 900 Thlr., der evangelische Bibliotheksecretair Schaarschmidt 700 Thlr., der evangelische Biblio-

theklusios Kette 300 Thlr. Mithin fallen von den gegenwärtigen Befoldungen des Perfonals der Bibliothek 900 Thlr. auf
die katholifche, 1475 auf die evangelifche Confeffion. Der
Unterfchied beträgt 575 Thlr. zu Gunften der letztern. Sollen
die Befoldungen der gegenwärtigen zwei katholifchen Bibliothekdiener im Betrage von c. 550 Thlr. mit in die Rechnung
geftellt werden, fo hält die Summe der Befoldungen auf beiden
Seiten fich die Wage. Eine Bibliothekscommiffion wie in
Königsberg, Greifswald, Göttingen, München, Leipzig, Freiburg, Erlangen, Gießen, fehlt in Bonn.

Die Prüfungen für das höhere Schulamt in der Rheinprovinz find in der Weife mit der Univerfität verbunden, daß fie
in Bonn von der wiffenfchaftlichen Prüfungscommiffion abgehalten werden, welche ausfchließlich aus Univer-
fitätsdocenten befteht. Man könnte zweifeln, ob diefe Zufam-
menfetzung überhaupt fich empfehle, jedenfalls kann fie auf die
Hörfreiheit der Studirenden von nachtheiligem Einfluß fein.
Denn die Studirenden find nun beinahe gezwungen, fich ganz
nach dem Mufter des Examinators zu bilden und vor Allem
feine Vorlefungen zu befuchen, befonders wenn, wie dies leider
der Fall ift, gegen Billigkeit und Recht ein und derfelbe Pro-
feffor die Stelle des Examinators Jahrzehnte oder wohl gar
kraft geheimer Zufage auf Lebenszeit befitzt. Auch follen, was
die philologifchen Prüfungen betrifft, nicht blos zur Zeit
des evangelifchen Heinrich, der die katholifchen Theologen ganz
befonders haßte und trotz feiner grimmigen Bitterkeit fo lange
Jahre in der Prüfungscommiffion faß, mancherlei traurige Colli-
fionen vorgekommen fein. Philologen find an und für fich befonders reizbarer Natur. Bei der Wahl der Examinatoren follte
man daher mit ganz befonderer Vorficht und Rückfichtnahme
verfahren. Das Zweckdienlichfte wäre vielleicht, die Prüfungscommiffion, wie es bei allen andern Staatsprüfungen der Fall
ift, von der Univerfität zu trennen. Die Prüfungen dürften
dann erfprießlichere Ergebniffe liefern, die ftarre Einfeitigkeit
der Bildung nach der Schablone eines Mannes würde fchwin-
den und auf das dem praktifchen Schulmanne Nothwendige auf

den Universitäten mehr geachtet werden, als es bisher geschehen ist.

Daß bei der Wahl der Commissionsmitglieder das confessionelle Verhältniß nicht unberücksichtigt bleiben darf, leuchtet ein. Nach den Universitätsstatuten soll von den zwei für das Fach der Philosophie gegründeten Professuren eine von einem katholischen, die andern aber von einem evangelischen Lehrer versehen werden. Durch Allerhöchste Kabinetsordre vom 26. September 1853 ist, wie wir hörten, für die beiden ordentlichen Professuren der Geschichte das Nämliche angeordnet. Die unabweisliche Consequenz jenes Statuts und dieser Allerhöchsten Verordnung verlangt, daß in der wissenschaftlichen Prüfungscommission für die Fächer der Philosophie und der Geschichte je zwei Mitglieder evangelischer und katholischer Confession für die betreffenden Religionsverwandten ernannt werden. Gehört der Examinator für die Fächer der Philosophie und der Geschichte der einen Confession an und gibt man diesem Examinator noch dazu die Leitung eines Seminars in die Hand, so wird dadurch das Statut und die Allerhöchste Kabinetsordre wesentlich entkräftet. Verheißt man dem Lehrer der Geschichte die Prüfung statutenwidrig auf Lebenszeit, und vereinigt dieser sich mit einem zweiten Lehrer der Geschichte der nämlichen Confession dahin, daß sie alljährlich wechseln und überträgt man diesen beiden Lehrern noch obendrein die Leitung des historischen Seminars, so zwar, daß der gesetzliche Lehrer der andern Confession von den Prüfungen und dem historischen Seminar ausgeschlossen wird, so ist das mit den Principien eines gesunden Staats- und Universitätslebens nicht vereinbarlich. Und stehen gar jene beiden mit den Prüfungen abwechselnd und mit der Leitung des Seminars gemeinsam betrauten Lehrer als ausgesprochene Gegner und als starr einseitige Vertreter confessionell-historischer und confessionell-politischer Principien der andern Confession gegenüber, so muß eine gänzliche Verkehrung alles dessen, was die Parität erfordert, die nothwendige Folge sein.

Mit der wissenschaftlichen Prüfungscommission in Bonn nun verhält es sich also. Seit 1841 ist Fr. Ritschl volle ein

und zwanzig Jahre ununterbrochen der Examinator
für das Fach der klassischen Philologie. Seit 1839 ist Loebell
Examinator für das Fach der Geschichte, mit der kurzen Unterbrechung von 1851—1853, während welcher Zeit Aschbach eintrat, volle zwanzig Jahre; statt des erkrankten von Sybel ist
er jüngst auch für das laufende Jahr eingetreten. In der
Philosophie prüfte seit 1842 der evangelische Brandis dreizehn
der katholische Knoodt sieben Jahre, für das laufende Jahr hat
man die Prüfung dem evangelischen Privatdocenten Ueberweg
übertragen. G. Bischof examinirt seit 1843 zwanzig Jahre
ununterbrochen die Naturwissenschaften. 1854 wurde die Commission um zwei Mitglieder für die Prüfung in den neuern
Sprachen vermehrt, die bezüglichen Examinatoren Monnard und
Delius prüfen gleichfalls ununterbrochen. Seit 1843 ist der
Theologe Hilgers mit der einen Unterbrechung, daß 1851 und
1852 zwei Jahre Martin das Amt bekleidete, der Examinator der
katholischen Religionswissenschaft achtzehn Jahre und seit 1855
zugleich Vorsitzender der Prüfungscommission. Nur selten findet
also Personenwechsel statt. Die wissenschaftliche Prüfungscommission zählte früher sieben, seit 1854 neun, seit 1862 hat sie zehn
Mitglieder. Die Examinatoren der Philosophie, der Geschichte,
der Philologie und der mathematischen Wissenschaften werden mit
je 160, die beiden Examinatoren der Religionswissenschaft und
der Examinator der Naturwissenschaften mit je 100, die beiden
Examinatoren der neuern Sprachen mit je 60 Thlr. vom Staate
remunerirt; dazu kommen die Prüfungsemolumente. Sehen wir
ab von den beiden Examinatoren der Religionswissenschaft, die
ihre gewiesene Confession haben, so sind die Confessionen in der
wissenschaftlichen Prüfungscommission während der beiden letzten
Decennien seit 1840 bis heute also vertreten: Neun Jahre
1841—1849 verhält sich die Zahl der katholischen Mitglieder
zu den evangelischen wie 0:5, drei Jahre 1840, 1850 und
1853 wie 1:4, zwei Jahre 1851 und 1852 wie 2:4, sieben
Jahre 1854, 1855 und 1857—1861 wie 1:6, ein Jahr
1856 wie 2:5, im laufenden Jahr wie 1:7. Für das
Fach der klassischen Philologie ist Fr. Ritschl, wie man vernimmt,

auf Lebenszeit die Prüfung zugesichert. Bei von Sybel gilt dasselbe, wie oben bemerkt, für das Fach der Geschichte. Vorgänger Ueberweg's für das Fach der Philosophie war der evangelische Brandis.

Was schließlich das Seminar für die gesammte Naturwissenschaft betrifft, so zählt es im Vorstande vier evangelische Professoren und einen katholischen. Die Emolumente wurden in den früher mitgetheilten Gehaltsätzen mit veranschlagt. So bezieht Troschel 1000 Thlr. Gehalt und 50 Thlr. vom naturwissenschaftlichen Seminar, Treviranus 1500 Thlr. Gehalt und 50 Thlr. vom naturwissenschaftlichen Seminar.

Außerdem wurde in jüngster Zeit, wie wir vernehmen, ohne Vorwissen der Fakultät, ein germanistisch-staatswirthschaftliches Seminar errichtet und zur Austheilung von Preisen aus Staatsmitteln berechtigt. Seine Leitung ist gleichfalls ausschließlich evangelischen Lehrern, den Professoren Hälschner und Nasse und dem Privatdocenten Achenbach übertragen.

Auch die übrigen akademischen Anstalten befinden sich unter der Leitung evangelischer Lehrer.

X.

Das katholisch-theologische Convictorium.

Man wird erwarten, daß wir des katholisch-theologischen Convictoriums gedenken. Scheint doch dies Institut glänzend ausgerüstet: ein stattliches Haus, 95 Convictoren, ein geistlicher Inspector mit drei geistlichen Repetenten, ein eigener geistlicher Hausmeister nebst eigenem vollständigen Hausstand, ist nicht dies Institut eine der katholischen Confession erwiesene unberechenbare Wohlthat, die vieles andere aufwiegt? Schon im Herbste 1819 entwarf Herr von Rehfues, damals noch Kreisdirector, den Plan für ein katholisch-theologisches Convict, das auf 40 Alumnen berechnet war. Im März 1820 gedenkt der Oberpräsident von Solms-Laubach „der Wohlthat, welche der katholischen Geistlichkeit durch die Errichtung eines Convictes zugedacht worden sei", und erblickt in dem Verbote des Ordinariats zu Münster, in Bonn die Theologie zu hören, die „Absicht", der katholischen Geistlichkeit „jene Wohlthat zu entziehen". Allein das gegenwärtige katholisch-theologische Convictorium ist keineswegs eine Universitätsanstalt im strikten Sinne des Wortes, sondern eine mit der Universität verbundene Diöcesananstalt, für die Theologiestudirenden der Erzdiöcese Cöln errichtet, und wesentlich „ein integrirender Theil des Erzbischöflichen Seminars in Cöln." Sowohl die Gründung des Convicts, durch den Erzbischof Spiegel betrieben, als die Bestimmung der Anstalt und ihre Fonds, auch die stete, wenigstens theoretische Anerkennung von Seiten der Behörden lassen über den angegebenen Charakter gar keinen Zweifel.

Die Idee des Convicts spricht Graf Spiegel in seinem Schreiben an Minister von Altenstein vom 31. October 1824 also aus: „Zum Zwecke der Anstalt rechne ich vorläufige, aber streng geregelte Vorbereitung zum geistlichen Stande a) durch Leitung gemeinschaftlicher Religionsübungen, b) durch Aufsicht über das Privatstudium der Theologiestudirenden außerhalb der Vorlesungen, c) durch eine zweckmäßig geordnete Lebensweise dieser vom Berufe zum geistlichen Stande angesprochenen jungen Männer. Dies Institut stehe gleichsam in der Mitte zwischen dem freien Universitätsleben und der strengern Zucht im Clerikalseminar." Dann conferirte Spiegel, zum Erzbischof ernannt, am 31. December 1824 als Subdelegirter des Fürstbischofs von Ermeland zur Ausführung der Bulle De salute animarum für die Errichtung des Erzbisthums Cöln mit Altenstein in Berlin. Damals wurde die Errichtung des Convictoriums als der Vorschule für das Seminar an der Universität Bonn beschlossen. Auf Grund der dort getroffenen Verabredungen schreibt der Minister an den Erzbischof unter dem 24. November 1826: „Für die Unterhaltung des Convictorii soll in dem Etat des dortigen Erzbischöflichen Seminars die Summe von 4000 Thlr. zur Verwendung bei dem Convicte in Bonn als einer mit dem Seminar genau verbundenen Anstalt in Ausgabe gestellt werden." Dann erklärt die Königliche Kabinetsordre vom 13. Juli 1827 an Minister von Altenstein

wörtlich: »Ich finde die Uebernahme der Summe von 4000 Thlr.
für das Convictorium zu Bonn in dem Etat des Erzbischöflichen
Seminars zu Cöln durch die vorgetragenen Umstände und besonders, weil das theologische Convict zu Bonn als ein integrirender Theil des bemerkten Seminars zu betrachten ist, gerechtfertigt und ertheile dazu, da auch diese
Ausgabe durch die Dotation des Erzbisthums Cöln gedeckt wird,
ebenfalls Meine Genehmigung.« Freudig meldete Erzbischof
Spiegel in einem Rundschreiben an die Diöcesanen vom
18. Februar 1828: »Unseres Königs Majestät haben in huld-
voller Berücksichtigung des Bedürfnisses Allerhöchst-Ihrer katholischen Unterthanen in den Rheinlanden an der neu errichteten
Universität in Bonn nun auch ein Convictorium für katholische
Theologiestudirende gegründet und als integrirenden Theil
unseres Erzbischöflichen Seminars Allermildest erklärt.« Der Regierungsbevollmächtigte von Rehfues nannte
gleich nach der beschlossenen Errichtung in seinem Schreiben
an den Erzbischof vom 14. April 1825 die Anstalt »ein von
dem Erzbischofe abhängiges Institut.«

Was unter dem Ausdruck »integrirender Theil des Erzbischöflichen Seminars« zu verstehen ist, erhellt aus den Conferenzen zwischen dem Erzbischofe und dem Minister von Altenstein vom 31. December 1824, einem Schreiben des Ministers
an den Erzbischof vom 18. August 1826 und einem Antwortschreiben des Erzbischofs an den Regierungsbevollmächtigten
von Rehfues vom 10. Februar 1828. Nach diesen Actenstücken
ist das Convict »ein Supplement des Seminars«, in
welchem man bei der Verlegung der theoretischen theologischen
Studien aus dem Seminar zu Cöln an die neuerrichtete Universität Bonn den Theologiestudirenden einerseits einen Ersatz
für die zu Cöln genossenen pekuniären Vortheile, anderseits
ein Mittel geben wollte, sich würdig auf den Eintritt in das
Priesterseminar und den geistlichen Stand vorzubereiten. »Es
sei«, schreibt am 8. April 1828 unter Anderm der Erzbischof
an den Regierungsbevollmächtigten, »durch die Errichtung des
Convicts gemäß der Kabinetsordre vom 13. April 1825

das Erzbischöfliche Seminar in Cöln wesentlich beschränkt und dessen Rechte theilweise an das Convict übertragen; es sei aber auch von Sr. K. Majestät in der Kabinetsorbre vom 13. Juli 1827 „als integrirender Theil des Seminars" erklärt worden." Auch leitete dies Princip den Erzbischöflichen Stuhl, wenn er bei der Schenkung von Büchern und andern Gegenständen auf den Beisatz der Bedingung drang, daß im Falle der Aufhebung des Convicts die Geschenke an das Clerikalseminar übergehen sollten. So verlieh Erzbischof Spiegel im Mai 1830 dem Convict ein ansehnliches Geschenk von Büchern unter der Bedingung, „daß dieselben an das Erzbischöfliche Clerikalseminar zurückfielen, wenn das Convictorium einst aufhören sollte", und das Ministerium genehmigte die vom Erzbischof gestellte Bedingung unterm 2. Juni 1830. Das Convictorium ist speciell für die Theologiestubirenden der Erzdiöcese Cöln errichtet, wie aus den Conferenzen zu Berlin vom 31. December 1824 und der Entwickelungsgeschichte des Convicts hervorgeht. Auch beweisen dies folgende Thatsachen. Als im Jahre 1828 der Gedanke auffam, auch Nichtdiöcesanen die Freistellen des Convicts zuzuwenden, widersprach Erzbischof Spiegel ausdrücklich unterm 6. October 1828, und der Minister von Altenstein erkannte in der Antwort vom 16. October 1829 an, daß das Convict ein Institut zur Bildung des Klerus der Erzdiöcese sei. Die gleichen Grundsätze wurden festgehalten und in Anwendung gebracht, als es in der Folge sich darum handelte, Theologen aus den Hohenzollerischen Landen in das Convict aufzunehmen. Das Convict ist eine Diöcesananstalt der Erzdiöcese Cöln, dazu bestimmt, den angehenden Klerus an der Universität zu Bonn auf den Eintritt in das Priesterseminar zu Cöln vorzubereiten.

Wie dieser Character des theologischen Convictoriums vom Erzbischöflichen Stuhl aufrecht erhalten und vom Königlichen Ministerium anerkannt wurde, ergibt sich besonders deutlich aus dem Briefwechsel, der zwischen dem Regierungsbevollmächtigten, dem Minister und dem Erzbischof Spiegel geführt wurde, als man nach dem Erscheinen der Kabinetsorbre vom 13. Juli 1827 und der Eröffnung der Anstalt zum ersten Male des Convicts in dem Lectionsverzeichnisse der Universität Erwähnung that. Das Convict war in der Reihe der übrigen Universitätsinstitute ohne weitere Auszeichnung aufgeführt. Der Erzbischof hebt sofort den wahren Character des Instituts als Diöcesan= anstalt in zwei Schreiben vom 23. März und 8. April 1828 an den Regierungsbevollmächtigten von Rehfues hervor. Und weil er dadurch das Rechtsverhältniß noch immer nicht gesichert glaubte, schrieb er unterm 6. October 1828 an den Minister: »Ich habe aber auch über Bestimmungen in Betreff des Convicts in Bonn Klage zu führen. Der Königliche Außerordentliche Regierungsbevollmächtigte äußert mir am 15. September l. J., das Königliche hohe Ministerium der geistlichen ꝛc. Angelegenheiten habe in seiner Verfügung vom 27. Juli c. entschieden, das Convictorium im Lectionsverzeichnisse zu stellen wie die übrigen Universitätsinstitute. Diese Aufstellung kann mir gleich= gültig sein, wiewohl ausgezeichnete, besondere Aufstellung der neuen Anstalt für geistliche katholische Studien vom katholischen Publikum würde wohlgefällig aufgenommen worden sein. Aber ich muß nun ganz gehorsamst anregen, dem Erzbischof, dem die Universitätsinstitute fremd bleiben, bei dem Convictorio der ka= tholischen Theologiestudirenden den erforderlichen Einfluß und die Leitung zu belassen. Ich beziehe mich in dieser Hin= sicht auf die Verhandlungen in Berlin vom Jahre 1824. Da= mals wurde die Nothwendigkeit eines für das Seminar supplirenden Convictorii anerkannt und die Gründung beschlos= sen. Es muß mir daher auffallen, wenn aus dieser speciellen, gleich= sam geistlichen Vorschule eine Universitätsanstalt in sensu stricto gemacht werden sollte.« Minister von Altenstein erwiederte dem Erzbischof Spiegel unterm vom 16. October 1829: „Auf die Beschwerde über die Art, wie das Convict im Lectionsverzeichnisse der Universität aufgeführt worden, ist veranlaßt, daß durch veränderte Fassung der betreffenden Stelle des Lectionsverzeichnisses dem Miß= verständnisse begegnet werde, welches über das Verhältniß dieses Instituts zu Ew. Erzbischöflichen Gnaden ent= stehen könnte." Seltsamer Weise ist eine solche Aenderung dennoch

nicht vorgenommen worden und erscheint das katholisch-theologische Convictorium bis zur Stunde unter den Universitätsinsti-
tuten in den Lectionsverzeichnissen¹). Wir constatiren indeß hier
nur, daß der Minister in jener Antwort die Gründe des Erzbischofs als rechtsgültig anerkennt. Der besondere Character
des Convicts als Diöcesaninstitut ist unbestritten. Weder in den
allgemeinen Universitätsstatuten, noch in den Statuten der
katholisch-theologischen Fakultät geschieht des katholisch-theologischen Convictoriums irgend Erwähnung, obgleich dasselbe mit
der Universität sowohl, als mit der Fakultät durch die Lehrzwecke verbunden ist. Es müßte das geschehen, wenn es eine
Universitäts-, nicht eine Diöcesananstalt wäre.

Aus der Bestimmung des Convicts, eine Anstalt zur geistlichen Erziehung des Klerus der Erzdiöcese Cöln zu sein, folgt
unwidersprechlich für den Erzbischof das Recht und die Pflicht
der obersten Aufsicht und Leitung der Anstalt. Auch ergibt sich
diese Folgerung aus den positiven rechtlichen Bestimmungen.
Da das Convict ein integrirender Theil des Seminars ist, so
fällt es auch unter die Gesetze, welche für die bischöflichen Seminarien, große und kleine, gelten. Die Bulle De salute
animarum bestimmt aber, daß die Seminarien, die in den
Diöcesen Preußens zu errichten seien, nach den Dekreten des
Concils von Trient gehalten werden, d. h. unter der Leitung
und Oberaufsicht des Bischofs stehen sollen. Als Erzbischof
Spiegel in dem am 17. October 1829 eingereichten status die
Einrichtung und Wirksamkeit der Unterrichtsanstalten der Diöcese
ausführlich beschrieben hatte, machte in dem Antwortschreiben
vom 11. August 1832 die Congregatio Concilii Tridentini
darauf besonders aufmerksam, daß sowohl das Seminarium (Collegium) in Bonn, als das zu Cöln nach der Form der Dekrete

---

¹) Im Lectionsverzeichnisse für das Sommersemester 1862 ist es unter
der Aufschrift „Disciplinarum apparatus et Instituta" oder
„Akademische Anstalten und Sammlungen" neben der Universitätsbibliothek, dem akademischen Leseverein, dem evangelisch-theologischen Stift,
den verschiedenen Museen, Kliniken, Kabineten, Laboratorien und Apparaten
und unmittelbar nach dem Institute für Landwirthschaft aufgeführt.

des Concils von Trient eingerichtet sein sollen.[1]) Seine materielle Begründung hat der Einfluß des Erzbischofs auf die Leitung des Convictoriums in dem bedeutenden Zuschusse, welchen er jährlich aus seiner Seminarkasse zur Unterhaltung des Convicts hergibt. Die Regierungsbehörden haben dies anerkannt. "Nicht nur", schreibt der Regierungsbevollmächtigte 1825 an den Erzbischof, "fließt die Hauptmasse der Einnahmen des Convicts aus dem Erzbischöflichen Seminare, sondern auch der Erzbischof selbst befaßt sich mit dessen Leitung und Aufsicht." Auch wurde das aus der Natur der Sache sich ergebende Rechtsverhältniß durch die betreffenden Regierungsbehörden jederzeit theoretisch anerkannt. Nachdem die nöthigsten Vorbereitungen zur Errichtung der Anstalt getroffen waren, "wies" der Minister von Altenstein, wie er in einem Schreiben an den Erzbischof vom 13. Januar 1825 sagt, "den Regierungsbevollmächtigten von Rehfues an, hiernächst wegen des für die Anstalt zu errichtenden Etats, sowie über das gegenseitige Verhältniß zu derselben mit dem Bischofe in nähere Communication zu treten." Sofort erkennt der Regierungsbevollmächtigte in seinem Schreiben an den Erzbischof vom 11. Februar 1825 an, "daß die Anstalt des Erzbischofs Weisheit und höchster Leitung bei ihrer ersten Einrichtung so wie bei ihrem Fortbestehen sehr bedürfen werde," und nachdem er einige Ansichten über die häusliche Einrichtung vorgetragen, erbittet er sich "des Erzbischofs Entscheidung" und sagt: "Ich bin damit weit entfernt, mich in das Innere dieser Einrichtung mischen zu wollen, sondern nehme mir nur darum die Freiheit, meine Gedanken über diesen Gegenstand zu äußern, weil ich viel darüber nachgedacht habe." Es hat daher der Erzbischof nicht nur Alles, was sich auf den Gottesdienst bezieht, zu bestimmen, wie dies der Stellvertreter des Regierungsbevollmächtigten, Hüllmann, an Erzbischof Spiegel im December 1826 zugesteht, sondern es sind auch alle Entwürfe zur Hausordnung, Etats u. s. w. auf ausdrückliche Verordnung des

---

[1]) regi cures ad eum modum, qui notissimo Concilii Tridentini decreto praescriptus habetur.

Ministers vom 27. September 1826 vom Regierungsbevollmächtigten resp. Curator unter beständiger Communication mit dem
Herrn Erzbischofe von Cöln gemacht worden und der Regierungsbevollmächtigte nannte daher mit Recht unterm 14. April
1825 das Convict im ganzen Sinne des Wortes »ein von
dem Erzbischofe abhängiges Institut.«

Es mußte hier der Character des katholisch-theologischen
Convictoriums als Diöcesananstalt und das Verhältniß des Erzbischöflichen Stuhles in Cöln zu demselben im Allgemeinen hervorgehoben werden zum Beweise, daß es als Universitätsinstitut
nicht gelten kann.

Fragen wir nun nach den Mitteln, aus welchen überhaupt
die Anstalt unterhalten wird, so hat der Staat von Vorne herein
den Grundsatz aufgestellt und im Verfolg auch bis auf einige
wenigen Ausnahmen durchgeführt, aus der Staatskasse
keinen Zuschuß zum Convictorium zu geben. Die
Mittel, aus denen das Institut unterhalten wird, sind folgende:
1) Die Fonds des Erzbischöflichen Klerikalseminars zu Cöln,
von dessen Einkünften, wie wir vernahmen, jährlich 4000 Thlr.
dem Convict überwiesen werden. 2) Einige Stipendienstiftungen,
die unter dem Verwaltungsrathe der Schul- und Stiftungsfonds zu Cöln stehen. Sie wurden erst seit 1840 und auch
dann nur in geringem Umfange flüssig. 3) Aus den jährlichen
katholischen Collectengeldern für dürftige Studirende an der Universität 1200 Thlr., die dem Convicte vorab zufließen. 4) Den
Rest zahlen die Alumnen, welche auf eigene Kosten
in der Anstalt wohnen oder halbe Freistellen genießen. Seit 1846, wo die Anstalt einen eigenen Haushalt
zu führen anfing, treten die Zinsen aus den Ersparnissen der
musterhaft geleiteten Oekonomie hinzu. Der Staat gibt keinerlei
Zuschuß aus seinen Fonds.

Ueberhaupt war die Frage der Fonds bei der Gründung
der Anstalt für den Erzbischof Spiegel eine der schwersten
Sorgen. Schon eine Verfügung vom 20. April 1826 bestimmte,
daß zur Dotation des Convicts in Bonn Zuschüsse aus der
Staatskasse nicht erfolgen sollten. Altenstein erklärt

8

unter Bezugnahme hierauf unterm 27. September 1826: »Der Fonds des Erzbischöflichen Seminars zu Cöln, die Unterstützungsfonds der Universität Bonn, der Ertrag der Collecten für hülfsbedürftige Studirende und diejenigen Stipendienfundationen der Stadt Cöln, welche für studirende katholische Theologen bestimmt sind und deren ursprüngliche Dispositionen dem Staate keine Grenzen vorschreiben, welche die Ueberweisung der Stipendien an das Convictorium hindern könnten, müssen ausreichen, das Convictorium zu unterhalten.« Ebenso schreibt Altenstein unterm 24. November 1826: »Von den 4000 Thlr., welche sonach auf den Etat des Seminars als Ausgabe an das Convictorium in Bonn zu bringen sind, werden alsdann in dem letztern die allgemeinen Verwaltungskosten und die Unterhaltung der Alumnen Erzbischöflicher Collation zu bestreiten sein. Was dann noch fehlt, ist mit Ueberweisung einer angemessenen Summe von den Königlichen Freitischen und den Collectengeldern, welche unter der Verwaltung des Außerordentlichen Regierungsbevollmächtigten bei der Universität Bonn stehen, zu decken, und die Ausgabe dem Umfange der disponibeln Mittel entsprechend zu reguliren. Die vom Verwaltungsrathe in Cöln administrirten Studienstiftungen, soweit sie für das Convict in Bonn zu benutzen sind, können dem letztern hinzutreten.« Die Verhandlungen zwischen dem Erzbischofe und dem Minister im December 1824 hatten mindestens fünfzig bis sechzig ganze Freistellen stipulirt. Auch schrieb unterm 13. Januar 1825 Altenstein, er habe wegen Errichtung der Anstalt das Erforderliche an den Außerordentlichen Regierungsbevollmächtigten verfügt, so daß »vorerst etwa 60 Alumnen« darin Aufnahme fänden. Nun wurden zwar 60 Stellen, aber nur 30 ganze und andere 30 halbe creirt. Der Erzbischof sollte, da der Etat auf 7600 Thlr. festgestellt war, das Seminar aber nur 4000 Thlr. beitrage, zwei Drittel, nämlich 20 ganze und 20 halbe, das Curatorium das übrige Drittel vergeben. Und doch war nicht abzusehen, weßhalb der Erzbischof von der Verleihung von Freistellen, welche aus den vom Diöcesanklerus zusammengebrachten Collectengeldern, oder aus frommen Stiftungen der Erzbiöcese ge=

bildet wurden, ausgeschlossen bleiben sollte. Erzbischof Spiegel, der am 12. December 1826 an Altenstein schrieb: „Wer den Zweck will, muß auch die Mittel wollen, und das Convict in Bonn wird mit einem geringen Zuschuß nicht auslangen können", mag dem Recht der Collation nicht den entscheidenden Werth beigelegt haben. Dagegen vergab er principiell statt 20 ganze und 20 halbe Freistellen stets 30 ganze, ungeachtet der steten Reclamationen des Regierungsbevollmächtigten, der Ueberschreitungen des Etats auf jene „von der Regel des Etats abweichenden" Vergabungen zurückführte. Noch unterm 12. October 1834 erklärte der Erzbischof seine entschiedene Abneigung gegen die Verleihung von halben Freistellen, wofür manche Studirenden den zu hohen Betrag [1]) nicht aufbringen könnten, mit dem Beifügen: „Wird inzwischen mehr auf die Form des Etats als auf den wirklichen Zustand und den Bedarf geachtet, so werde ich es als Nothwehr vorziehen, jene 20 Stellen ganz unbesetzt zu lassen." Als unterm 2. Februar 1828 der Regierungsbevollmächtigte aus dem Grunde, weil er ein Drittel der Stellen vergebe, und auch ein Theil der Einnahmen der Anstalt auf die Collectengelder angewiesen sei, „aus allgemeinerm Standpunkte" vorzugsweise Nichtdiöcesanen, „Kinder der drei Provinzen", für seine landesherrlichen Stellen erküren zu müssen allen Ernstes behauptete, dies auch theilweise wirklich ausführte und den Erzbischof um seine „Ansicht" darüber mit dem „aufrichtigen" Bemerken ersuchte, daß er „vielleicht noch mehr Studirende der westphälischen Provinzen aufgenommen haben würde, wenn er größere Auswahl gehabt hätte," auch das Ministerium selbst Schlesier der Anstalt aufdrang und sogar das Convict als den Vereinigungspunkt der katholisch-theologischen Fakultät zu Breslau mit der zu Bonn betrachtet wissen wollte, wies der Erzbischof die Anmaßung des Regierungsbevollmächtigten unterm 12. Februar gebührend zurück und schrieb unterm 6. October

---

[1]) Das Kostgeld betrug c. 70 Thlr. jährlich. Der Inhaber einer halben Freistelle dagegen hatte einen Pensionsbetrag von 50 Thlr. zu entrichten. Bei ihm bedurfte es also nur noch eines Zuschusses von 20 Thlr. aus der Convictscasse für die Fundirung einer Stelle.

8*

an den Minifter: »Es wurde am 31. December 1824 in Berlin beschloffen, das Convictorium so zu fundiren, daß mindestens fünfzig bis sechszig Freistellen für Theologiestudirende der Erzdiöcese Cöln vorhanden seien. Ich habe in der durch diese Bestimmung angeregten Hoffnung gern 4000 Thlr. aus dem Seminaretat dahin gewiesen und durfte vertrauensvoll auf Herbeischaffung des Fehlenden auf was immer für eine Art von Staatswegen hoffen. Nun sind statt der sechszig Freistellen nur dreißig ganze und dreißig halbe, mithin im Ganzen nur fünf und vierzig ganze Freistellen aufgerichtet; aber auch von diesen entgehen noch jene der Erzdiöcese Cöln, die der Königliche Außerordentliche Regierungsbevollmächtigte den Theologiestudirenden aus andern Diöcesen anweiset. Es ergibt sich daraus, wie tief unter der Zusage der gegenwärtige Zustand des Convictoriums ist, und mein Gewissen legt es mir als Pflicht auf, bei dem Königlichen hohen Ministerium der geistlichen ꝛc. Angelegenheiten auf die Ergänzung ganz gehorsamst anzutragen. In den Conferenzen über Bildung des Erzstifts Cöln ward die Dotirung des Convictoriums vielfach in Erwägung gezogen. Es wurden zum Zwecke bestimmt: a) Beitrag aus den Ersparnissen bei den für das Seminar bestimmten Zuschüssen, und nun wird wirklich die große Summe von 4000 Thlr. als im Seminar zu erübrigen angesehen und gezahlt. Erzbischöflicherseits ist daher das Möglichste geleistet. b) Die auf die Theologen verhältnißmäßig fallenden Beiträge aus den Collectengeldern. Deshalb bestimmte das Königliche Ministerium die Summe von 1200 Thlr. für den Convictoriumsetat. c) Beiträge aus den Zuschüssen des Staats für bedürftige Studirende. Unter dieser Rubrik ist nun noch Nichts im Convictoriumsetat zum Empfang gebracht. Daher erlaube ich mir den ganz gehorsamsten Antrag, daß aus diesen Fonds das durch den in seiner Begründung mir unbekannten Beschluß über die für Theologen bestimmten Gelder aus den Cölnischen Stiftungen hervorgehende Deficit von 480 Thlr. gedeckt werde.« Zum Verständnisse muß bemerkt werden, daß der etatsmäßige Beitrag aus den Studienstiftungsfonds in Cöln noch immer nicht flüssig war und es erst lange nach dem Tode des Erzbischofs, 1840 wurde.

Uebrigens standen die Klagen des Erzbischofs hinsichtlich des Convictoriums nicht vereinzelt. Wiederholt hatte er über die mangelhafte Besetzung der katholisch-theologischen Fakultät, „die sen Halbzustand an der für die katholischen Bewohner der Rheinlande und insbesondere für die Erzdiöcese Cöln hochwich tigen Anstalt", wie er im Juni 1826 in einem Schreiben an den stellvertretenden Regierungsbevollmächtigten Hüllmann sich ausdrückt, vergeblich sich beschwert. Unterm 20. März 1826 schrieb er an den Oberpräsidenten von Ingersleben den denkwürdigen Brief: „Ich darf um so dreister Ew. Excellenz auf den großen Nachtheil aufmerksam machen, der aus der Nicht besetzung der Lehrfächer der katholischen Theologie an der Uni versität in Bonn, aus dem Mangel an Professoren bei der katholisch-theologischen Fakultät hervorgeht. Ich weiß nicht, welchen amtlichen Antheil Ew. Excellenz an den Universitäts sachen nehmen, aber bemungeachtet darf ich Hochihnen nicht vorenthalten, daß die augenfällige Zurücksetzung der katholisch theologischen Fakultät, die fortdauernde Verwaisung der Haupt lehrvorträge unangenehm empfunden wird. Der Königliche Außerordentliche Regierungsbevollmächtigte umfasset diese Faku̇l tät nicht mit Liebe. Ich habe demselben auch unlängst amtlich geschrieben und geklagt, daß die Studenten der katholisch-theo logischen Wissenschaft nicht insofern wissenschaftlichen theologischen Unterricht in Bonn finden könnten, daß sie zur Aufnahme in ein wirklich geordnetes Priesterseminar befähigt und geeignet wären. Die Gehälter der viel einfacher in den Lehrvorträgen und im System des Unterrichts bestehenden evangelisch-theolo gischen Fakultät betragen 5800 Thlr., jene der auf drei in der Zahl herabgekommenen katholisch-theologischen Professoren insgesammt nur 2400 Thlr. Was dem abgegangenen Herrn Gratz als Pension verbleibt, weiß ich nicht. Die Verlegungs angelegenheit des hiesigen Klerikalseminars in das ehemalige Je suitengebäude muß ich Ew. Excellenz um so bringender zur För derung in der Zeit empfehlen, als alle hier in commissorischen

Betrieb gerathenen Sachen äußerst langsam und schleppend gehen, ich aber bis zum Herbste mit dieser Verlegung zu Stande kommen muß oder die Verlegenheit des Erzbischofs wird unbegrenzt groß. Ein Theil des alten Seminargebäudes ist bereits nicht mehr mit Sicherheit zu bewohnen und für den neuen Regens nebst dem Subregens und zwei geistliche Lehrer als Repetenten der Vorträge der theoretischen und praktischen Theologie finde ich kein Unterkommen. Auch sind keine Hörsäle vorhanden. Ebenso ist für die besser einzurichtende Oekonomie und für das Gesinde kein hinlänglicher Raum. Erwägen nun Ew. Excellenz, wie mißlich und unglückschwanger meine Lage als Erzbischof von Cöln sich stellt. Mich drückt der Mangel an wissenschaftlichem Unterricht für die Theologiestudirenden und ich entbehre des unentbehrlichen Unterkommens für die praktische Ausbildung der jungen Kleriker. Ew. Excellenz werden mir eingestehen, daß ich keine lange Zeit in dieser Stellung ausdauern kann und ich besser thun würde, mit Ehren früher formgerecht d. h. mit Rechtfertigung gegen Rom und gegen das Publikum zurückzutreten, als mich preiszugeben und mich gleichsam selbst in der öffentlichen Meinung zu vernichten, so eifrig und gern ich auch für mein hohes geistliches Amt lebe und mein ganzes Dasein den mir aufliegenden Verpflichtungen hingebe, für Staat und Kirche, welche einander nicht entbehren können, nutzbringend wirksam zu sein den lebendigen Sinn in mir trage.« Wie inzwischen die peinliche Lage des Erzbischofs, seine Besorgnisse für die wissenschaftliche und praktische Heranbildung eines ausreichenden Klerus höhern Orts gewürdigt wurden, beweist ein halbes Jahr später die Zuschrift Altensteins an den Erzbischof vom 24. November 1826: »Es soll nur für 40 Seminaristen das Kostgeld in dem Seminarien-Etat ausgebracht werden. Da die Diöces Breslau, welche der Zahl nach mehr Pfarreien als die Erzdiöces Cöln enthält, nur ein auf 40 Alumnen eingerichtetes Seminar hat und damit auslangt, in dem Cölner Seminar die Alumnen überdies nur e in Jahr bleiben sollen, so wird die gleiche Anzahl das Bedürfniß des Erzstifts befriedigen.« Der Erzbischof erwiedert am 12. December: »Was Ew. Excellenz für Verminderung der Alumnen

des Erzbischöflichen Seminars von 60 auf 40 Seminaristen anregen und ausgeführt wissen möchten, wider diese Ansicht muß
ich aus Amtspflicht die dringendste Bitte aufs Feierlichste einlegen,
von so einem Vorhaben abzustehen. Der Schluß vom Bedürfniß der Diöcese Breslau auf jenes im Erzbisthum Cöln ist
durchaus irrig. Ich werde die ersten zehn Jahre kaum mög-
licherweise zur Besetzung der erledigt werdenden Curatstellen mit
der angesetzten Zahl von 60 auslangen. Die daraus hervor-
zurufende Ersparniß wäre zu theuer erkauft, ich möchte wohl
äußern, das Kapital mit den Zinsen gehe dann verloren."

Auf obige Vorstellung nun bezüglich des Convictoriums
empfing der Erzbischof nach Ablauf eines Jahres unterm
16. October 1829 die Antwort: "Die Aeußerung, daß dem Convictorio der Antheil an Königlichen Unterstützungsgeldern für hülfsbedürftige Studirende der Universität Bonn noch nicht gewährt
sei, kann nur durch ein Mißverständniß veranlaßt sein. Denn
diejenigen 1200 Thlr., welche das Convict aus dem Unterstützungsfonds bei der Universitätskasse zieht, sind dessen Antheil sowohl an
den Collecten als an den Königlichen Unterstützungsgeldern, wie Ew. Erzbischöfliche Gnaden aus der zwischen
denenselben und dem außerordentlichen Regierungsbevollmächtigten geführten diesfälligen Correspondenz de anno 1826 gefällig
ersehen werden." Dann fährt der Minister fort: "Schließlich
bemerke ich noch, daß ich zwar einen anderweitigen etatsmäßigen
Zuschuß für das Convict zu Bonn aus der Staatskasse zu ermitteln nicht im Stande bin, aber sowohl im laufenden Jahre
und wahrscheinlich auch in der Folge noch einige Jahre hindurch
aus dem Fonds meines Ministerii eine außerordentliche Unterstützung von einigen hundert Thalern, insofern es deren bedarf,
zu den Kosten der Unterhaltung des Convicts werde anweisen
können." Die vom Minister bezogene Correspondenz des Regierungsbevollmächtigten vom Jahre 1826 aber gibt über die
Cardinalfrage, wieviel von den 1200 Thlrn. aus den Unterstützungsfonds für dürftige Studirende, wieviel aus den Collectengeldern fließe, keinen Aufschluß. Man erfährt da nur, der
Beitrag zum Etat aus den Unterstützungsfonds für

dürftige und würdige Studirende und das, was die
Collectengelder einbrächten, sei zu 1200 Thlr. angenommen worden. Die ganze Summe der akademischen Bene-
fizien betrage jährlich c. 5000 Thlr. für die fünf Fakultäten,
wovon c. 1800 Thlr. auf die katholisch-theologische Fakultät
fielen; hievon würden 1200 Thlr. als Dotation für das Convict bestimmt, c. 600 Thlr. für Stipendien und Freitischvergü-
tungen an Nichtconvictoristen vergabt. Würden die Erträge der
Kirchen-Collecten sich wesentlich vermehren, so würde auch der
Antheil der katholisch-theologischen Fakultät erhöht werden und
könne man dann auch dem Convict mehr zuwenden, wofern man
nicht vorziehen sollte, den Mehrertrag unter Nichtconvictoristen
zu vertheilen. Dagegen sagt in seinem Berichte an den Minister vom 17. Mai 1828 der Regierungsbevollmächtigte da, wo
es sich um die vom Erzbischof fortwährend nachdrucksam ver-
langte Vervollständigung der Anstalt bis zu 60 ganzen Freistellen handelt, mit dürren Worten: "der Collectenfonds könne
in dem gegenwärtigen Zustande seiner Ergiebigkeit nicht mehr
als die zum Etat gebrachte Summe von 1200 Thlr.
an die Anstalt abgeben." Unterm 14. Januar 1830 dankt der
Erzbischof dem Minister für den auf einige Jahre in Aussicht
gegebenen Zuschuß von einigen hundert Thalern; inzwischen, hoffe er, werde sich näher ermitteln lassen, ob nicht
aus den Cölner Studienstiftungen oder aus den Universitätsfonds oder aus beiden Quellen sich ein Beitrag gewinnen lasse,
um das Convict nach der verabredeten Einrichtung vollständig
mit sechzig ganzen Freistellen zu dotiren. Dann fährt er
also fort: "Was die Universität zu Bonn für die Bildung der
angehenden katholischen Geistlichen leistet, habe ich niemals ver-
kannt, sonst hätte ich zum Aufblühen der katholisch-theologischen
Fakultät, was ich mit Freimüthigkeit gestehen darf, mit Bereitwilligkeit mitzuwirken mich nicht bestrebt, noch auch in die gegenwärtigen Verhältnisse eingelassen. Ew. Excellenz bitte ich aber
auch gehorsamst, geneigtest nicht aus den Augen zu setzen, daß
die dasige Fakultät nicht blos für die Erzbiöcese gegründet ist,
daß die nunmehr bestehende Einrichtung mehr aus Rücksicht auf

die Fakultät als auf das Seminarium des Erzstiftes Cöln getroffen wurde, auch daß der gleichsam doppelte dadurch nothwendig gewordene Haushalt größere Auslagen erheischt, und
was der Erzbischof von Cöln dabei aufgegeben hat.
Mich von der kirchlich-religiösen Denk- und Sinnes-
art der angehenden Theologen zu überzeugen,
macht mir mein Amt zur strengen Gewissenspflicht.
Daher ist mir überaus viel daran gelegen, daß wenigstens die
Fähigsten unter Aufsicht und zuverlässiger Leitung stehen, und
bitte ich Ew. Excellenz gehorsamst und angelegentlichst, auf Vervollständigung des Convictoriums zu wenigstens sechszig ganzen
Freistellen nach im December 1824 getroffener Abrede, weil die
jungen Leute den etatsmäßigen Beitrag zu 50 Thaler für halbe
Freistellen zwar versprechen, aber meistens nicht bestreiten können,
geneigtes Augenmerk werfen zu wollen, daher auch der wiederholten Klage über die Aufnahme von Fremden abzuhelfen, damit
mir Beruhigung werde und Vorwürfe künftig entfernt bleiben." Bis Jul i1829 war die Anstalt so umsichtig administrirt
worden, daß man aus den Ersparnissen sieben neue ganze Freistellen in außerordentlicher Weise auf ein Jahr vergaben konnte.
Da jedoch der Minister gleichzeitig eine nicht unbedeutende bauliche Einrichtung auf jene Ersparnisse anwies, zeigte das folgende Jahr ein Deficit und erfahren wir, daß für das Jahr
1830 „ein außerordentlicher Zuschuß von 196 Thlr. 7 Sgr.
9 Pfg. bewilligt und dadurch das Gleichgewicht des Haushalts
hergestellt wurde." Dann bewilligte man die folgenden Jahre
je 500 Thlr. Zuschuß aus außerordentlichen Fonds. Indeß
schon unterm 8. Juli 1834 meldet der Regierungsbevollmächtigte,
das Ministerium habe ihm erklärt, „daß auf weitere Zuschüsse für die Folge nicht gerechnet werden könne,
weshalb in dem Haushalt solche Einrichtungen zu treffen seien,
daß mit dem etatsmäßigen Fonds der Anstalt ausgereicht und
jede weitere Ueberschreitung vermieden werde" Er knüpft hieran
die stete Mahnung an den Erzbischof, „die Besetzung der ganzen
Freistellen nach der Regel des Etats zu beschränken, wofern nicht
die Zahl der aufzunehmenden Alumnen überhaupt vermindert

nung tüchtiger Lehrer abhängt. Das Ministerium empfiehlt Ew. ꝛc. hierauf vor allem Andern Bedacht zu nehmen." Als der Regierungsbevollmächtigte unterm 18. März dies Rescript dem Erzbischof zur Kenntniß bringt, schreibt dieser unterm 28. März: „Ew. Hochwohlgeboren mir äußerst schätzbare Mittheilung bestärkt meine Hoffnung auf Erweiterung des Convicts und gibt mir die Aussicht, die katholisch-theologische Fakultät an der Königlichen Universität zu Bonn werde aus der Art von Nothstand, in welchen sie bisher herabgedrückt erschien, endlich wieder hervorgehoben und auf den Standpunkt gestellt werden, den ihr unseres Allergnädigsten Königs Majestät bei Gründung der Universität zugedacht haben, mich auch bestimmt hat, die Theologiestudirenden aus dem hiesigem Seminarium an die Fakultät in Bonn zu weisen. Beides gewährt meinem Herzen, ich kann es nicht unterdrücken, angenehme Erleichterung." Unterm 13. Juli 1830 war das Ministerium der Ansicht des Regierungsbevollmächtigten beigetreten, daß die Erweiterung der Anstalt im Interesse des Staates liege, wofern „diese die Unterhaltungskosten ihrer Vergrößerung aus eigenen Mitteln zu tragen im Stande sei." 1832 erklärte der Minister: „er wolle die auf Vermehrung des Raumes gerichteten Wünsche zu erfüllen suchen." Im December 1835 war die Angelegenheit so weit gediehen, daß man die technischen Ausarbeitungen des Baubeamten vorlegen konnte. Dann erklärte das Ministerium im April 1836 sich geneigt „einen Versuch zu machen, um die Bewilligung des zur Ausführung des fraglichen Bauprojekts erforderlichen Kostenaufwandes aus allgemeinen Staatsfonds auf dem vorschriftsmäßigen Wege herbeizuführen, doch könne die desfallsige Entscheidung Sr. Majestät des Königs erst im Anfange des künftigen Jahres 1837 erwartet werden." Erst 1838, als nach dem Cölner Ereigniß es galt, zu versöhnen und einzulenken, wurde durch Allerhöchste Kabinetsorbre vom 4. März die projektirte bauliche Erweiterung des katholisch-theologischen Convictoriums genehmigt und die dazu erforderlichen Geldmittel im Betrage von 6953 Thlr. Allergnädigst bewilligt. Außer der ursprünglichen Einrichtung des Convicts im Jahre 1826, die aus uns nicht bekannten Fonds durch den Minister bestritten wurde, einer Mauer zur Abschließung des Hofes im Betrage von 675 Thlr. 14 Sgr. 2 Pf., wofür die Mittel 1828 bewilligt wurden, dann jener 1838 vorgenommenen Erweiterung und den oben erwähnten Zuschüssen vom Jahre 1830 und weiter 1831—37 inclusive hat unseres Wissens eine Fondsbewilligung für die Anstalt nie stattgefunden. Diese Fälle abgerechnet ist von Anbeginn und im Verfolg bis zur Stunde der Grundsatz, aus der Staatskasse keinen Zuschuß zum Convict zu geben, durchgeführt worden.

Die Erweiterung vom Jahre 1838 hatte sich nur über einen Theil der Räumlichkeiten erstreckt, die man bereits 1830 höhern Orts für die Anstalt in Aussicht genommen hatte. Als der Rest 1846 verfüglich geworden war, reclamirte man ihn vergeblich. Und als dann 1854, nachdem ein mit dem **katholisch-theologischen Convictorium unmittelbar zusammenhängendes Haus** zu dem gegenwärtigen **protestantischen Convictorium** eingerichtet worden war, auf bringende Vorstellung des Erzbischöflichen Stuhls jene Räume wirklich verabfolgt wurden, war in dem bezüglichen Ministerialrescripte vom 24. Juli verfügt, daß die Kosten für die Erweiterung »aus den eigenen Mitteln der Anstalt, namentlich aus den Ersparnissen des Haushaltes des verflossenen Jahres entnommen werden müßten.« Es schreibt denn auch das Curatorium unterm 5. April 1856 also: „Die Kosten der baulichen Erweiterung belaufen sich auf die Summe von 1221 Thlr. 19 Sgr. 1 Pfg. Wir haben zwar den Versuch gemacht, hiefür eine außerordentliche Bewilligung aus allgemeinen Staatsfonds auszuwirken; das hohe Ministerium hat uns jedoch auf unsere wiederholten Anträge erwiedert, daß solche nicht thunlich sei, daß die fraglichen Baukosten vielmehr aus den eigenen etatsmäßigen Kräften des Convictoriums, rücksichtlich durch Ersparnisse an den laufenden Unterhaltungsfonds aufgebracht werden müßten. Es wird dies also die Aufgabe der Verwaltung in der nächstfolgenden Wirthschaftsperiode sein." Die Summe wurde in den Jahren 1857 und 1858, ein kleiner Rest 1859 durch Ersparnisse der Oekonomie getilgt. Als 1829 Hof und Keller in Stand gesetzt werden mußten, in der Veranschlagung auf 418 Thlr. 10 Sgr. 9 Pfg., ward die Einrichtung höhern Orts mit dem Beifügen genehmigt, „daß die dazu erforderlichen Geldmittel aus den bei der vorigjährigen Verwaltung der Convicts gewonnenen Ersparnissen bestritten werden sollten." Wir vernahmen oben, wie dadurch ein Deficit für den Rechnungsabschluß des folgenden Jahres erzeugt wurde, das der außerordentliche Zuschuß vom Jahre 1830 deckte.

Zur Veranschaulichung, wie das katholisch-theologische Convictorium nicht aus Staaatsmitteln unterhalten wird, setzen wir die Etats für die Jahre 1828, 1845 und 1862 d. i. den ersten, mittleren und jüngsten hieher. Vorher bemerken wir nur noch, daß die gegenwärtige Zahl von vierzig ganzen und zwanzig halben Freistellen dadurch erlangt wurde, daß die eigene Oekonomie der Anstalt seit 1846 es verstanden hat, 10,000 Thlr. Ueberschüsse zu bilden, aus deren Zinsen die Ergänzung von halben Freistellen bis zu der angegebenen Zahl veranstaltet werden konnte. Der Erzbischof von Cöln verleiht gegenwärtig 27 ganze und 13 halbe Freistellen. 2 ganze Freistellen sind der Verfügung des Ministeriums vorbehalten, um an Aspiranten des geistlichen Standes verliehen zu werden, welche nicht der Cölnischen Erzbiöcese angehören. Die übrigen 11 ganze und 7 halbe Freistellen vergibt das Universitätscuratorium.

Etat für das Jahr 1828.

Einnahme.

I. Zuschuß aus dem Fonds des erzbischöflichen
Seminars zu Cöln . . . . 4000 ℳ — ℳ — ₰

II. Desgl. aus dem Fonds der Stipendien-
Stiftungen, die unter dem Verwaltungs-
rathe der Schul- und Stiftungsfonds zu
Cöln stehen . . . . 630 „ — „ — „

III. Desgl. aus dem Unterstützungsfonds für
dürftige Studirende und dem Ertrage der
Collectengelder . . . . 1200 „ — „ — „

IV. Zahlungsbeiträge der Convictoristen:
   a) Von 30 derselben eine jährliche Vergü-
   tung von 50 Thlr für Jeden   1500 ℳ
   b) Miethe von 9 Zimmern für
   vermögendere Studirende à
   30 Thlr. . . . . 270 „
   _____
   1770 „ — „ — „

Summe der Einnahme 7600 ℳ — ℳ — ₰

Ausgabe.

I. Besoldungen und Löhnungen
   a) des Inspectors . . . . . 500 ℳ
   b) der drei Repetenten à 150 ℳ 450 „
   c) des Oekonomen . . . . 200 „
   d) der vier Aufwärter à 50 ℳ 200 „
   e) des Universitätsquästors Spitz
   für seine Mühewaltung . . 50 „
   _____
   1400 ℳ — ℳ — ₰

II. Zur Speisung . . . . 4881 „ 10 „ — „

III. Zur Krankenpflege . . . . 100 „ — „ — „

IV. Zur Feuerung und Erleuchtung . . . 554 „ 20 „ — „

V. Zur Unterhaltung des Gebäudes . . . 100 „ — „ — „

VI. Zur Unterhaltung der Utensilien . . . 350 „ — „ — „

VII. Insgemein . . . . 214 „ — „ — „

Summe der Ausgabe 7600 ℳ — ℳ — ₰

Etat für das Jahr 1845.

Einnahme.

I.	Zuschuß aus dem Fonds des erzbischöf= lichen Seminars zu Cöln	4000	₰	—	₰	—	₰
II.	Desgl. aus dem Fonds der Stipendien= Stiftungen, die unter dem Verwaltungs= rathe der Schul= und Stiftungsfonds zu Cöln stehen	219	„	17	„	5	„
III.	Desgl. aus dem Unterstützungsfonds für dürftige Studirende und dem Ertrage der Collectengelder	1200	„	—	„	—	„
IV.	Zahlungsbeiträge der Convictoristen a) Von 27 halbzahlenden Gästen à 50 ₰ . . . . 1350 ₰ b) Miethe von 9 Zimmern à 50 ₰ 450 „	1800	„	—	„	—	„
V.	Insgemein	30	„	—	„	--	„

Summe der Einnahme 7249 ₰ 17 ₰ 5 ₰

Ausgabe.

I.	Besoldungen und Löhnungen a) des Inspectors . . . . . 500 ₰ b) der drei Repetenten à 150 ₰ 450 „ c) des Oekonomen . . . . . 200 „ d) der vier Aufwärter à 50 ₰ 200 „ e) des Universitätsquästors Spitz für seine Mühewaltung . . 50 „	1400	„	—	„	—	„
II.	Zur Speisung	4651	„	10	„	—	„
III.	Zur Krankenpflege	84	„	—	„	—	„
IV.	Zum Gottesdienste	40	„	25	„	2	„
V.	Zur Feuerung und Erleuchtung	439	„	—	„	—	„
VI.	Zur Unterhaltung des Gebäudes . . .	260	„	—	„	—	„
VII.	Zur Unterhaltung der Utensilien . . .	250	„	—	„	—	„
VIII.	Insgemein	124	„	12	„	3	„

Summe der Ausgabe 7249 ₰ 17 ₰ 5 ₰

Etat für das Jahr 1862.

Einnahme.

I. Zuschuß aus dem Fonds des Erzbischöf=
lichen Seminars zu Cöln . . . . . 4000 ℳ — ℳ — ℨ
II. Desgl. aus dem Fonds der Stipendien=
stiftungen, die unter dem Verwaltungs=
rathe der Schul= und Stiftungsfonds zu
Cöln stehen . . . . 880 „ 17 „ 5 „
III. Desgl. aus dem Unterstützungsfonds für
dürftige Studirende und insbesondere aus
dem Ertrage der Collectengelder . . . 1200 „ — „ — „
IV. Zahlungsbeiträge der Convictoristen
   a) 35 ganzzahlende Gäste à 95 ℳ 3325 ℳ
   b) 20 halbzahlende Gäste à 47½ ℳ 950 „
   c) Zimmermiethe . . . . . 355 „
                   4630 „ — „ — „
V. Zinsen eines Kapitals von 10,000 ℳ
aus den Ersparnissen in der Oekonomie
des Convicts, in Staatsschuldscheinen zu
3½ Procent angelegt . . . . . . 350 „ — „ — „
VI. Insgemein . . . . 9 „ 12 „ 7 „
      Summe der Einnahme 10,570 ℳ — ℳ — ℨ

Ausgabe.

I. Besoldungen und Löhnungen
   a) des Inspectors . . . . . 500 ℳ
   b) der drei Repetenten à 200 ℳ 600 „
   c) des Oekonomen . . . . . 300 „
   d) des Gesindes . . . . . 378 „
   e) des Universitätsquästors Thiel
     für seine Mühewaltung . . 50 „
                   1828 ℳ — ℳ — ℨ
II. Zur Speisung . . . . 6610 „ — „ — „
III. Zur Krankenpflege . . . . . . 107 „ — „ — „
IV. Zum Gottesdienst . . . . 40 „ 25 „ 2 „
V. Zur Feuerung und Erleuchtung . . . 600 „ — „ — „
VI. Zur Unterhaltung des Gebäudes . . 450 „ — „ — „
VII. Zur Unterhaltung der Utensilien . . . 600 „ — „ — „
VIII. Zu Hausbedürfnissen . . . . . . 185 „ — „ — „
IX. Verwaltungskosten . . . . . 10 „ — „ — „
X. Insgemein . . . . . . 139 „ 4 „ 10 „
      Summe der Ausgabe 10,570 ℳ — ℳ — ℨ

Man sieht, der Staat zahlt für die Unterhaltung des Convictoriums — Nichts, für den Inspector, für die Repetenten,
für den Oekonomen, für das Dienstpersonal, für alles Uebrige
— Nichts. Die Universitätskasse zahlt bloß aus, was sie aus
dem Seminarfonds, von dem Stublen-Stiftungsfonds in Cöln,
aus den Collectengeldern, als Zinsen der Ersparnisse einer
musterhaft geführten Oekonomie und endlich von den nicht mit
ganzen Freistellen bedachten Alumnen empfängt, und das Convict gibt an den Universitätsquästor als »Beitrag zu den Verwaltungskosten der Universitätskasse und namentlich zur Bezah-
lung der nöthigen Arbeitsgehülfen« jährlich 50 Thr. ab. Heißt
es in dem jüngsten gedruckten Rechenschaftsbericht über
den Zustand des Stipendienwesens auf der Rheinischen Friedrich-Wilhelms-Universität und der
dafür bestimmten Kirchencollecten während der
Jahre 1857, 1858 und 1859: „Von der während der drei
Jahre für akademische Beneficien vertheilten Summe im Betrage von 21,180 Thlr. 22 Sgr. kommen

auf den etatsmäßigen Zuschuß zur Unterhaltung des Convictoriums für die Studirenden
der katholischen Theologie. . . 3600 Thlr.",

so sind letztere die jährlichen 1200 Thlr. aus den „in den katholischen Gemeinden" durch die katholischen Geistlichen ein-
gesammelten „Collectengeldern". Diese Collectengelder betrugen
nach dem Rechenschaftsbericht für die drei Jahre zusammen
6005 Thlr. 22 Sgr. 11 Pf.; daher nach Abzug jenes
etatsmäßigen Zuschusses für das Convict noch 2405 Thlr.
22 Sgr. 11 Pfg., d. i. durchschnittlich jährlich 801 Thlr.
27 Sgr. 8 Pfg. vertheilt werden konnten. Nach einer vom
Ministerium auf Grund Allerhöchster Genehmigung getroffenen
Anordnung werden die in den katholischen Kirchen aufgebrachten
Collectengelder für katholische Studirende sämmtlicher
Fakultäten, die in den evangelischen Gemeinden aufgebrachten
dagegen ausschließlich für Studirende der evangelischen Theologie, unbeschadet ihrer Ansprüche auf
Theilnahme an den Stipendien- und sonstigen Un-

terſtützungs-Fonds der Univerſität verwendet. Wir
wiederholen, der Staat gibt aus ſeinen Fonds für die Unterhaltung des katholiſch-theologiſchen Convictoriums Nichts. Und
dennoch vergibt der Staat ein volles Drittel der Freiſtellen,
was anfänglich, bei der Gründung, in Rückſicht auf die nöthigen
Zuſchüſſe demſelben zugeſtanden wurde. Ebenſo hat er bis jetzt
das Recht in Anſpruch genommen und thatſächlich gehandhabt,
den Inſpector und die übrigen Vorſteher und Bedienſteten der
Anſtalt mit anzuſtellen und zu beaufſichtigen.

Wir dürfen hier uns nicht verſagen, die Stellung der Behörden zur Beſetzung der Stellen der Vorſteher beim katholiſch-
theologiſchen Convictorium zu prüfen. Iſt, wie wir angegeben
und nachgewieſen haben, das Convictorium ein integrirender
Theil des Seminars und eine Diöceſananſtalt zur
Bildung angehender Theologen für die Erzdiöceſe
Cöln, ſo folgt von ſelbſt, daß dem Erzbiſchofe die Berufung
der Vorſteher angehöre. Es iſt kein anderes Verhältniß als
bei den Profeſſuren und Vorſteherſtellen an den biſchöflichen
Seminarien und den damit verbundenen Fakultäten in den
übrigen Diöceſen Preußens und es wäre eine ſonderbare Ano-
malie, wenn dem Erzbiſchofe für die kleinen Seminarien bei den
Gymnaſien und für das Prieſterſeminar die Beſtimmung des
Vorſtandes zukommen ſollte, für das katholiſch-theologiſche Convictorium aber nicht, welches doch die Mitte zwiſchen beiden
hält und denſelben Character an ſich trägt. Ueberdies iſt eine
oberſte Leitung, wie ſie dem Erzbiſchofe zuſteht, nicht denkbar, ohne daß das Perſonal, dem die nähere Leitung übergeben
iſt, von ihm gewählt wäre. Dieſe Anſchauungsweiſe iſt ſo
naturgemäß, daß ſie auch gleich anfangs bei Errichtung des
Convicts ſich geltend machen mußte. Zwar leitete damals eine
minder bedeutende Rückſicht auf ſie hin; ſie würde es aber nicht
gethan haben, wenn das auf dieſelbe geſtützte Rechtsverhältniß
nicht in der Natur der Sache begründet geweſen wäre. In der
zwiſchen dem Erzbiſchof Spiegel und dem ſtellvertretenden
Regierungsbevollmächtigten Hüllmann am 31. Juli 1826 getroffenen Verabredung über die Einrichtung des Convicts heißt

es nämlich, nachdem das Mühsame der Convictsinspection dargestellt und gesagt worden ist, daß dem Inspector die Arbeit
nach einer Reihe von Jahren durch eine gute Pfarrstelle oder
Stiftspräbende gelohnt werden solle, wörtlich: „Da die Verleihung von Pfarrstellen und die Verwendung bei eröffneten
Dompräbenden von dem Herrn Erzbischof abhängt, so scheint
angemessen, daß dieser dem Königlichen Ministerio den
Kandidaten vorschlage." Diese Proposition nahm der
Minister von Altenstein unterm 27. September 1826 —
allerdings aus dem vom Regierungsbevollmächtigten vorgetragenen,
vorhin bezeichneten Grunde — sammt dem vom Erzbischofe gemachten Vorschlage in Betreff des dem Inspector zu zahlenden
Gehaltes an. Hierin ist demnach selbst von Seiten des Ministeriums eine rechtliche Anerkennung des Vorschlagsrechtes des
Erzbischofs gegeben. Welche Grundsätze aber in dieser Beziehung von Seiten des Erzbischöflichen Stuhles geltend gemacht
worden sind, läßt sich aus dem entnehmen, was Erzbischof Spiegel
bei der Frage über die Besetzung der Repetentenstellen im Convictorium äußerte. Als die katholisch-theologische Fakultät für
sich das Recht des Vorschlags für die erledigten Repetentenstellen
in Anspruch nahm, schrieb Erzbischof Spiegel dem stellvertretenden Regierungsbevollmächtigten Hüllmann unterm 9. Januar 1831: „Das eigenthümliche Verhältniß der Anstalt als
integrirenden Theiles des Erzbischöflichen Klerikal-Seminars,
welcher nach der ursprünglichen Bestimmung ausschließlich für die
Erziehung der angehenden Geistlichen der Erzdiöcese Cöln eingerichtet wurde, ist dabei übersehen worden. Unter diesem Gesichtspunkte
erscheint nun auch die katholisch-theologische Fakultät nur als Rath-
geberin berufen, nicht aber als an der Sache selbst betheiligt und zu
einem Vorschlagsrechte befugt, sondern lediglich der Erzbischof,
welchem es von Amtswegen nicht gleichgültig sein darf, wem
die Erziehung und Bildung der angehenden Geistlichen anvertraut
wird, so zwar, daß ihm ein bloßes Beto, zumal es die unmit-
telbarste sittliche und wissenschaftliche Leitung betrifft, nicht satt-
same Beruhigung verschaffen kann. Daher bin ich der Meinung,
daß die Wahl der Repetenten jedesmal von Ew. Hochwohl-

geboren und mir ausgehen müsse." Der Regierungsbevollmächtigte theilte das Schreiben des Erzbischofs dem Ministerium
mit. Dieses pflichtete unterm 14. März 1831 dem Erzbischof
in seinen Aeußerungen über die Stellung der theologischen Fakultät zur Besetzung der Repetentenstellen bei; über die Stellung des Erzbischofs zu der Besetzung sagt es Folgendes: "Was
die Zustimmung des Herrn Erzbischofs betrifft, so ist über diesen
Gegenstand nichts Neues festzusetzen. Das Ministerium beabsichtigt nicht, einen Repetenten anzustellen, gegen dessen Person der
Erzbischöfliche Stuhl ein gegründetes, irgend erhebliches Bedenken geltend machen könnte." Der Regierungsbevollmächtigte
theilte das Schreiben des Ministers von Altenstein dem Erzbischofe Spiegel mit. Dieser erkannte darin mit Recht eine Schmä-
lerung seiner Rechte und antwortete ungesäumt dem Regierungsbevollmächtigten unterm 14. April 1831: Es freue ihn,
daß seine Aeußerungen im Ganzen gut aufgenommen worden
seien; dann fährt er fort: "Nur bedauere ich, daß dabei in dem
wichtigsten Punkte das eigentliche Verhältniß des Anstalt nicht
sattsam ins Auge gefaßt, daher der Erzbischof, wo es sich um
die eigentliche Auswahl der anzustellenden Subjecte handelt, möglichst ausgeschlossen wurde und kaum ein Veto bekam. Zu den-
jenigen, welche die unmittelbare Leitung der angehenden Geistlichen in ihrer Bildung überkommen, muß der Erzbischof sowohl
in Absicht auf Grundsätze als auf Gesinnungen und Betragen
ein ungetheiltes und festbegründetes Vertrauen gewonnen haben; denn er ist der Kirche für das Endergebniß ihrer
Wirksamkeit im Gewissen und von Amtswegen verantwortlich.
Hierin aber ist er durch das beschränkte, ihm von dem Königlichen hohen Ministerium eingeräumte Recht des Einspruches,
insofern er irgend ein erhebliches Bedenken geltend machen
kann, nicht hinreichend gesichert. Er kann einerseits aus Mangel an Kenntniß eines etwa fremden und ihm unbekannten
Subjectes außer Stand gesetzt sein, so ein Bedenken geltend
zu machen, andererseits auch wirklich erhebliche Bedenken wegen
der Persönlichkeit und in den oben angegebenen Rücksichten
haben, ohne sie actenmäßig und beweisführend geltend machen

zu können, oder auch aus Schonung für Person und kirchliche
Würde geltend machen zu wollen: in beiden Fällen aber geht
das unumgänglich nothwendige Vertrauen ab. Hierbei ist gleichzeitig übersehen worden, daß, wenn der Erzbischof, welchem die
Kenntniß der jungen Geistlichen am Meisten zugäng-
lich ist, ein in jeder Beziehung besonderes Vertrauen verdienen-
des Subject kennt, dessen Vorschläge aufs Wenigste Berücksichtigung finden sollten, daher eigentlich die Sache von der nega-
tiven und positiven Seite kirchenverfassungswidrig und
gegen die Natur des Sachverhältnisses seiner Einwir-
kung entzogen und in die Hände weltlicher, meistens auch
akatholischer Behörden übergeben wird." Indem er nun
sagt, daß die wohlmeinende Gesinnung des Regierungsbevollmächtigten ihn für die Gegenwart beruhige, fügt er hinzu: „Um
der Sache willen verwahre ich mich jedoch ausdrücklich
auf den Fall eines Wechsels (in der Person des Regierungsbevollmächtigten), sowie überhaupt gegen die von dem Königlichen hohen Ministerium getroffene Einrichtung." Die
in diesem Schreiben ausgesprochenen Grundsätze gelten mit höherm
Recht von der Besetzung der Inspectorstelle. Selbst die bis dahin
erfolgten Besetzungen liefern, wie sich nachweisen ließe, für
das Anrecht des Erzbischofs einen nicht undeutlichen Beweis.
Daß das Besetzungsrecht der Inspector- und Repetentenstellen
des Convictoriums dem Erzbischöflichen Stuhle zukommt, ist
unbestreitbar. Der natur- und rechtmäßigste Modus wäre das
Nominations- oder Ernennungsrecht, wie bei den bischöflichen theologischen Fakultäten und Seminarien, wobei dem Ministerium das Placet bliebe. Die äußerste Gränze der Nachgie-
bigkeit müßte sein, daß der Erzbischöfliche Stuhl mit dem bloßen
Vorschlagsrechte sich begnügte.

Und nun spricht der Staat das Nominationsrecht für jene
Stellen an und handhabt es thatsächlich, obgleich die Anstalt
wesentlich aus geistlichen Fonds für geistliche Zwecke errichtet
ist. Diese Ansprüche, Personen anzustellen, für deren Besoldung
auch nicht das Mindeste beigetragen wird, wurden und werden
bis zu dem Grabe geltend gemacht, daß der Inspector dieser

kirchlichen Institute angewiesen wird, vor Allem darauf Bedacht
zu nehmen, daß mit Civilversorgungsscheinen ausgerüstete Militairinvaliden in das Dienstpersonal der Hausknechte aufgenommen werden. Noch eine Dienstinstruction des Curators Beseler
vom 28. Juni 1861 verfügt §. 19: „Was die Hausknechte
betrifft, so sind dieselben aus der Zahl der mit Civilversorgungsscheinen versehenen Militairinvaliden zu wählen. Kann der Oeko-
nom dergleichen anspruchsberechtigte und für den Dienst geeignete
Militair-Anwärter nicht ermitteln, so hat der Inspector eine
Aufforderung durch die öffentlichen Blätter zu erlassen, und wenn
auch diese ohne Erfolg bleiben sollte, dem Universitätscuratorium
Anzeige zu machen, damit dasselbe bei dem Königlichen General-
commando der Provinz die Ueberweisung eines qualificirten In-
dividuums beantrage. Sollte auch dieser Weg nicht zum Ziele
führen, so steht dem Oekonomen in der Annahme der Hausknechte
die freie Wahl zu." Minister und Curator bedauern, in Bezug
darauf durch die bestehende Gesetzgebung (Ministerialbeschluß
vom 12. October 1837) gebunden zu sein, wonach alle Institute, die „ganz oder theilweise aus Staatsfonds erhalten werden," den Vorschriften in Absicht auf die Invalidenversorgung
unterliegen, so daß „ohne vorhergegangene Aenderung der Gesetzgebung" jener §. 19 der Instruction für den Hausmeister
und Oekonomen des katholisch-theologischen Convictoriums „keiner
Aenderung fähig sei." Und doch kann es keinem Zweifel
unterliegen, daß das Convictorium den Character jener Anstalten, die ihre Dotation aus Staatsmitteln erhalten, nicht trägt
und daher auch unter die in dem Ministerialbeschluß vom 12. October 1837 bezeichneten Anstalten nicht gezählt werden kann, abgesehen davon, daß Militairinvaliden gewiß am wenigsten geeignet sein dürften, in einem Convictorium, dessen Aufgabe es ist,
junge Männer zum Priesterstande zu erziehen und heranzubil-
den, die Stelle der Hausknechte zu versehen. Bei der Gründung
der Anstalt hat man sich selbst nicht gescheut, der Anstalt einen
evangelischen Hausmeister aufzubringen. Sechs Jahre hat
damals die Anstalt und der Inspector die Ungebührlichkeiten
dieses Hausmeisters, die Stadt das offenkundige Aergerniß seines

Haushalts ertragen müſſen, ungeachtet derſelbe, als er einen
Juden auf den Speicher der Anſtalt gelodt und dort mißhan-
delt hatte, erſt zu zwei Jahren, dann bei Milderung der Strafe
zu vier Wochen Gefängniß verurtheilt worden war. Und nachdem er endlich im Sommer 1833 entlaſſen worden, verfügte das
Miniſterium, er ſolle „bis dahin, daß eine anderweitige angemeſſene Feſtſtellung ſeines Dienſtverhältniſſes bei der Univerſität
thunlich ſei, oder eine ſonſtige Verſorgung im Staatsdienſte für
ihn ausgemittelt werden könne, ſeine Beſoldung von 200 Thlr.
aus dem Etat des Convicts fortbeziehen." Ungeachtet die
Anſtalt in finanzieller Hinſicht fortwährend bedrängt war, und
ſeit 1838, wie wir hörten, 5 Freiſtellen eingehen mußten, iſt jenem
Hausmeiſter die Beſoldung von 200 Thlr., obgleich er auch
ſonſt bei der Univerſität als Kaſtellan angeſtellt eine Geſammt-
beſoldung von 500 Thlr. und 80 Thlr. Emolumente bezog, aus
dem Etat der Anſtalt verabfolgt worden noch volle dreizehn
Jahre bis Herbſt 1846, wo ſie wegfiel, weil er laut Schreiben
des Regierungsbevollmächtigten von Bethmann-Hollweg vom
16. November 1846 „wegen fortgeſetzten Ungehorſams gegen
die Befehle ſeiner Vorgeſetzten zur Unterſuchung gezogen und
durch richterliches Erkenntniß zur Strafe der Amtsentſetzung
verurtheilt worden war."

Uebrigens bleibt bezüglich des Convictoriums zu bemerken:

1) Das Convictsgebäude bildet einen Theil des ehemaligen
Churfürſtlich-Erzbiſchöflichen Schloſſes.

2) Daſſelbe iſt nicht geräumig genug, um auch nur die Hälfte
der Theologieſtudirenden der Cölniſchen Erzdiöceſe in ſich aufzunehmen.

3) Es iſt mit ihm ein Garten nicht verbunden, ſo daß die
geiſtlichen Anſtalten zuſtehende Lebensweiſe in ihm nicht ausgeführt werden kann.

4) Obgleich, wie bemerkt, der Staat keinerlei materielle Beiträge liefert, wohl aber die Verwaltung und Mitregierung der
Anſtalt für ſich in Anſpruch nimmt, ſo gehört doch nicht viel
juriſtiſcher Scharfſinn dazu, um aus der Bulle De salute animarum für die Regierung die Pflicht herzuleiten, der Kirche aus

dem eingezogenen Kirchengut die entsprechenden Mittel für die Heranbildung des Klerus darzureichen. Diese Pflicht ist aber bisher in eben der Weise erfüllt worden, wie das oft wiederholte Versprechen, die bischöflichen Stühle und Domcapitel mit Grundeigenthum zu dotiren.

Das evangelische Stift ist Staatsanstalt und erst in seinen Anfängen.

XI.

Rückblick. Die Gegner der Parität.

Werfen wir einen Blick zurück auf die Landesuniversität, der wir bisher unsere Aufmerksamkeit gewidmet haben, so kann kein Unbefangener bezweifeln, daß die katholischen Interessen an ihr in höchst auffallender Weise hintangesetzt sind. In den drei Fakultäten, der juristischen, medicinischen und philosophischen, befinden sich unter den **44** Ordinarien nur **9**, unter den **13** Extraordinarien nur **5** und unter den **15** Privatdocenten[1]) **6** Katholiken. Fügen wir die beiden theologischen Fakultäten hinzu, so zählt die katholisch-theologische **5** active und **2** inactive Ordinarien, **1** Extraordinarius und **2** Privatdocenten, die evangelisch-theologische **6** Ordinarien, **1** Extraordinarius[2]) und **1** Privatdocenten. Die Universität hat also in sämmtlichen fünf Fakultäten unter **53** resp. **57** Ordinarien nur **14** resp. **16**, unter **15** Extraordinarien nur **6**, und unter **18** Privatdocenten **8** Katholiken. Unter **70** resp. **72** Professoren sind also **20** resp. **22**, unter **88** resp. **90** Docenten überhaupt **28** resp. **30** katholisch. Der Curator, der Universitätsrichter, der Quästor, bei weitem die meisten Rectoren, bei weitem die meisten Senatoren, sehr viele der untern Universitäts- und Curatorial-beamten gehören dem evangelischen Bekenntnisse an. Das

---

[1]) Während der Correctur vernehmen wir, daß zwei evangelische Privatdocenten, Ueberweg und Lipschitz, zu außerordentlichen Professoren in Königsberg und in Breslau befördert worden sind.

[2]) Dieser Extraordinarius, Professor Diestel, ist inzwischen zum Ordinarius in Greifswald befördert worden.

landwirthschaftliche Institut zu Poppelsdorf ist wesentlich in den
Händen evangelischer Vorsteher, Lehrer und Beamten, desgleichen
die wissenschaftlichen Seminare, die wissenschaftlichen Institute
und Sammlungen, die Kliniken, die Bibliothek, der botanische
Garten, die Kabinete, die Apparate und Laboratorien, die Sternwarte, die wissenschaftliche Prüfungscommission: all überall über-
ragt in völlig abnormem Verhältniß die evangelische Confession.
Sie ist nicht allein die herrschende, sondern die alleinherrschende,
welche die Gewichtsteine in der Hand hält und entscheidet, was
sie zu dulden und was sie fern zu halten für angemessen findet.
Sie lenkt mit dem dreifachen Uebergewichte ihrer Stimmen die
Geschicke und verfügt über die Interessen des Staatsinstituts.
Auch die materiellen Vortheile sind zum größten Theile ihr zugewiesen und von ihr abhängig. Wir haben gezeigt, daß allein
bei den drei Fakultäten jährlich die evangelische Confession an
bloßen Lehrgehältern 36,225 Thlr. mehr bezieht, als die katholische. Hiebei waren die Emolumente der dem evangelischen Bekenntnisse angehörigen Herrn Bischof und Argelander, auch
mehrere andere Bezüge, nicht mit in Anrechnung gebracht. [1]
Dagegen wurde Fr. Ritschl's Besoldung als Oberbibliothekar,
die 300 Thlr. beträgt, dort mitgerechnet, welche hier, da es
sich um die bloßen Lehrerbesoldungen handelt, in Abzug kommen
muß. Wir konnten oben noch nicht mittheilen, daß jüngst aus
den Fonds, die man von der Besoldung des verstorbenen Professor Freytag erübrigte, Professor Walter 100 Thlr., dem
evangelischen Extraordinarius Schmidt 200 Thlr. bewilligt wurden. So tritt also Walter nun mit der gleichen Besoldung von
1800 Thlr. neben seinen jüngeren Collegen Böcking. Auch vermögen
wir nun die Besoldungen der beiden neuernannten Ordinarien Albers
und C. O. Weber namhaft zu machen, jener hatte bisher 500 Thlr.
und erhält als Ordinarius 650 Thlr., dieser hatte bisher 300 Thlr.
und bezieht nunmehr 600 Thlr. Stellt sich demnach die Summe der
Besoldungen, welche die katholischen Lehrer der drei Fakultäten beziehen, auf 11,400 Thlr., die der Lehrer evangelischer Confession

---

[1] S. oben S. 35.

auf 47,875 Thlr., so beträgt die Differenz **36,475** Thlr. Für Lectoren, Sprach- und Exercitienmeister sind im Staatshaushalts-etat für das laufende Jahr 1394 Thlr. angesetzt. Der katho-lische Lector Rabaub ist ohne Besoldung. Die Besoldungen der beiden andern Lectoren Diez und Delius, ebenso die des Lehrers der Tonkunst Breidenstein wurden, da sie Professoren der Universität sind, oben bereits mit in Rechnung gebracht. Der Tanzlehrer, katholisch, ist ohne Besoldung. So bleiben der Zeichnenlehrer Hohe mit 200 Thlr. und der Universitätsfecht-meister Ehrich mit 100 Thlr. Besoldung übrig. Beide gehören dem evangelischen Bekenntnisse an. Treten diese also noch in die Rechnung ein, so beläuft sich die Summe der Besoldungen in den drei Fakultäten mit Einschluß der Lectoren, Sprach- und Exercitienmeister evangelischerseits auf 48,175 Thlr.; der Unterschied ist **36,775** Thlr. Nehmen wir schließlich die beiden theologischen Fakultäten mit in die Rechnung auf, so bezieht die katholisch-theologische Fakultät an Lehrgehältern 4300 resp. 6200 Thlr., die evangelisch-theologische 6600 Thlr., und stellt sich die Gesammtsumme für den katholischen Confessionstheil in allen Fakultäten auf 15,700 resp. 17,600 Thlr., für den evangelischen Confessionstheil auf 54,775 Thlr. Der Unter-schied beträgt also **39,075** resp. **37,175** Thlr. zu Gunsten des letztern. Die oben erwähnten Emolumente und sonstigen Bezüge sind dabei nicht mitgerechnet.

Beachten wir nun noch, daß sich bei dem Curatorium und dem Beamtenpersonal der Universität der evangelische Confes-sionstheil um **3695** Thlr. im Vortheil befindet, beim land-wirthschaftlichen Institute zu Poppelsdorf um **4500** Thlr., bei der Bibliothek um **575** Thlr., so stellt sich der Unterschied auf die Summe von **47,845** Thlr. resp. **45,945** Thlr. Wirft man ein, wir hätten den Conservator des Poppelsdorfer Schlosses, die Bibliothekdiener und die Hausknechte, welche katholisch sind, nicht mitberechnet, so zähle man deren Besoldung im Betrage von c. 1410 Thlr. ab und bleibt dann noch immer die Diffe-renz von **46,435** Thlr. resp. **44,535** Thlr. zu Gunsten des evangelischen Bekenntnisses.

Allen biesen Thatsachen gegenüber erklärt der Herr Curator
Beseler ben Stubirenden, bie ihm überreichte Beschwerbe beruhe
auf »vorgefaßter Meinung.« Sollten viele unserer Leser seine
Auffassung theilen? Wir glauben es nicht. Nicht »vorgefaßte
Meinung«, sonbern handgreifliche unb allgemein bekannte,
wenngleich nie mit Zahlen unb Daten so wie hier nachgewie-
sene Thatsachen haben bie Stubirenben bei ihrer Vorstellung
geleitet unb bie Zustimmung aller Unbefangenen hat ihnen nicht
versagt werben können.

Eine Partei in Deutschland hat sich baran gewöhnt, gegen
Katholiken alles für erlaubt unb anständig zu halten, was sonst
Recht unb Schicklichkeit verbieten. Was würbe man sagen,
wenn solche Zustände zu Gunsten der Katholiken in einer vor-
wiegenb protestantischen Provinz sich gebilbet hätten? Der Herr
Curator gehört selbst der Geburt nach einem beutschen Lanbe
an, wo politischer Druck schwer auf ben Häuptern der Bewohner lastet unb bie Sympathien von ganz Deutschland seit
Jahren wach hält. Was würbe ber Herr Curator, was Deutschland sagen, hätte ber bänische Staatsminister sein Dafürhalten
gegenüber ben Klagen ber Schleswig-Holsteiner bahin ausgesprochen, »es gelte, was bie Anstellung von Beamten in Schles-
wig-Holstein betreffe, vollständige Parität, b. h. bie Staatsregierung habe bie Beamten ohne alle Rücksicht barauf, ob sie
Gott in der beutschen ober bänischen Munbart verehren, ausschließlich in Betracht ihrer natürlichen Fähigkeit zum Staats-
bienste, ihrer grünblichen Kenntnisse unb ihrer vorzüglichen Gaben für bie Staatsverwaltung zu wählen. Auf der gewissenhaften Wahl solcher Beamten beruhe vor Allem ber Flor unb
bie segensreiche Wirksamkeit der Staatsverwaltung, bie keine
geringere Aufgabe habe, als eine Pflanzschule ächter Humanität
zu sein, bie segensreiche Verwaltung der Herzogthümer zu leiten.
Eine solche Parität, welche bie Berücksichtigung sprachlicher unb
nationaler Interessen ausschließe, auf arithmetische Verhältnisse
zurückführen, hieße bie Axt an bie Wurzel der ruhmreichen Herzogthümer legen«. Niemanb würbe bem bänischen Staatsminister bie Antwort schulbig bleiben wollen. Was aber ist politi-

scher Druck im Vergleich mit der Hintansetzung und Verletzung religiöser Interessen?

Noch eine andere Erwägung darf hier nicht übergangen werden. Jede Univerſität als solche hat die Beſtimmung, die verſchiedenartigſten Richtungen des Gedankens und des Lebens wie in einem Brennpunkte zu vereinigen. In ihr ſoll ſich der Geiſt, die Wiſſenſchaft, das geſammte Leben eines Volkes wiederspiegeln. Es liegt ein großer Vorzug, eine hohe Würde darin, daß die Univerſität die verſchiedenen Elemente eines Volkes oder Volksſtammes in ihrem Schooße einheitlich verbindet. Das aber iſt bei der Rheinuniverſität ſeit längerer Zeit nicht mehr der Fall. Wenn bei ihrer Gründung noch einzelne ſüd- und mitteldeutſche Elemente in den Kreis der Lehrer aufgenommen und mit den norddeutſchen zur Einheit verknüpft wurden, ſo hat das inzwiſchen längſt aufgehört. Wir wollen nicht erörtern, welche Provinzen des nördlichen Deutſchlands ſeit geraumer Zeit das zahlreichſte Contingent für die Rheinuniverſität liefern, aber das wird man nicht in Abrede ſtellen können, daß der deutſche Norden das entſcheidende Uebergewicht in die Wagſchale wirft, ſo zwar, daß ihm gegenüber die übrigen Elemente kaum in Betracht kommen. Dieſe Hochſchule iſt weſentlich der Sammelplatz norddeutſcher Gelehrten geworden, Norddeutſchland drückt der Rheinuniverſität den Typus, die Signatur, ihre hervorſtechende Eigenthümlichkeit auf. Rheiniſche und weſtphäliſche Gelehrte folgen, wie wir fanden, ehrenvollen Berufungen auf nichtpreußiſche Hochſchulen, während ſie in Preußen nur ausnahmsweiſe Verwendung finden. Bleiben ſolche Berufungen aus, ſo wirken ſie Jahrzehnte, opfern Zeit, Arbeitskraft und Vermögen, ohne ſelbſt bei wiederholten Vacaturen eine Berückſichtigung zu finden. Es war nicht »vorgefaßte Meinung«, ſondern eine tiefeingreifende, bedeutungsvolle Wirklichkeit, welche die Studirenden den Eindruck der Thatſachen in dem Wunſche zuſammenfaſſen ließ, »es möge nicht, wie bisher, der Grundſatz, daß auf die Confeſſion der anzuſtellenden Lehrer keine Rückſicht genommen werde, in ſeiner Anwendung dazu dienen, katholiſche Lehrer von der Hochſchule fern zu halten und ihr beinahe den Charakter einer evangeliſchen zu verleihen.«

Vor wenig Wochen ging ein Urtheil über die Stellung der Rheinuniversität zur Provinz und ihrer Bevölkerung durch die öffentlichen Blätter, das sich als eine Zuschrift des Curator Beseler vom October oder November des vorigen Jahres an die Professoren der Universität ankündigte und, wie man vernimmt, an den akademischen Senat gerichtet war. Es lautet: "Ich kann mich der Wahrnehmung nicht verschließen, daß die Bonner Universität noch weit davon entfernt ist, von den Bewohnern der westlichen Provinzen und insbesondere des Rheinlandes, in dem sie gelegen ist, mit Liebe gepflegt, als ein ihnen angehöriges, theueres Institut betrachtet zu werden. Der unmittelbare Einfluß der Hochschule auf das Land ist bis zu diesem Augenblicke außerordentlich gering. Sie erscheint in demselben fast als eine fremde Colonie. Die Vergleichung mit vielen andern deutschen Universitäten kann in dieser Beziehung nur zu wehmüthigen Betrachtungen führen."[1]) Die Worte bezeichnen haarscharf die Situation.

Daß im Gefühle dieses fremden treibhauspflanzenartigen Daseins die Colonisten jeden Hauch freier rheinischer Luft wie ein böses Miasma zu verschreien und abzuwehren suchen, läßt sich begreifen. Schwerer begreift sich, daß man sich nicht scheute, einen litterarischen Feldzug auf dem schlüpfrigen Boden der Parität zu eröffnen, der in seinen letzten Folgen unvermeidlich die bisher verdeckten Uebel auf den großen Markt tragen und bloß legen muß. Der Feldzug ist inzwischen unternommen worden. Ein Aufsatz in den preußischen Jahrbüchern "Die Stimmungen und Bestrebungen der Katholiken in Rheinpreußen"[2]) und eine Broschüre "Die Parität in Preußen und die ultramontane Partei, Düsseldorf bei Julius Bubbeus" haben die Fehde eröffnet, die Elberfelder Zeitung accompagnirte. Von den drei Seiten wird das Publikum gleichzeitig belehrt, daß die Klage der Katholiken über verletzte Parität völlig grundlos sei, eine solche Beschwerde

---

[1]) Kölnische Blätter Nro. 97 v. 5. April.
[2]) Preußische Jahrbücher herausgegeben von Haym Bd. IX. Heft 3 S. 249 fg.

stehe im Gegentheil nur den überall benachtheiligten Evangelischen zu, zumal auf dem Felde der Wissenschaft, auf welchem
der gebundene Geist des Katholicismus nur „Halbtüchtiges“
„Mittelmäßiges“ oder gar Nichts geleistet habe und leisten könne.
In den Jahrbüchern wird behauptet: „im Allgemeinen befinde
sich das Recht, Klage zu erheben, ohne Zweifel auf Seiten der
Protestanten, in bürgerlicher und in kirchlicher Beziehung.“ ¹)
Aus der Broschüre lernen wir: „das Verhältniß der katholischen Professoren in Bonn zu den evangelischen Professoren daselbst sei ein sehr günstiges für die Katholiken zu nennen“, „das
ultramontane Geschrei: „„keine Parität in Preußen““, sei
böswillige Verdächtigung und gehässige Lüge.“ ²)
Die Elberfelder Zeitung meldet: „in Folge des numerischen
Uebergewichtes der evangelischen Confession in dem Lehrkörper
der Universität seien die katholischen Interessen nicht nur nicht
verletzt, vielmehr so sehr berücksichtigt worden, daß Ansprüche des
evangelischen Theils hätten zurücktreten müssen.“ ³) In den Jahrbüchern ruft man die Regierung gegen die Katholiken auf. Die
Broschüre möchte im Interesse von Kleindeutschland das katholische Element schlechthin niedergehalten wissen. Sie verkündigt:
„Sogar den seit Jahrhunderten in seinem Innern
verschleppten Krankheitsstoff, den Ultramontanismus, wird das deutsche Volk schließlich überwinben.“ „Dann erst, wenn es dem Staate und der Wissenschaft
gelungen ist, die ultramontanen Elemente, welche gegenwärtig
sich noch allenthalben geltend machen, vollständig zu neutralisiren, dann erst wird sich in deutscher Wissenschaft ein der arithmetischen Parität entsprechendes Verhältniß herstellen können.“ ⁴)
Die Elberfelder Zeitung schreibt: „Der Forderung in der Adresse
der Studirenden liegt nicht bloß eine gänzliche Verkennung faktischer Verhältnisse, sondern auch eine gründliche Verwirrung in
den Köpfen der katholischen Studirenden zu Grunde.“

---

¹) A. a. O. S. 260 fg.

²) Die Parität in Preußen und die ultramontane Partei, Düsseldorf
bei Julius Buddeus 1862 S. 63. 66.

³) Elberfelder Zeitung Nro. 104 vom 14. April.

⁴) Die Parität in Preußen u. f. w. S. 39. 61.

In den Jahrbüchern findet der Verfasser der "Stimmungen und Bestrebungen der Katholiken in Rheinpreußen" an der Kölnischen Zeitung nur zu bedauern, daß sie in Beziehung auf die "Schleswig-Holsteinische Frage" nicht immer correct bleibe, während dieses politische Hauptblatt der Provinz mit "größere Anerkennung verdienender Geschicklichkeit in kirchlicher und confessioneller Hinsicht eine feine Linie einhalte." [1]) Ihn beunruhigen die Ehrenbezeugungen, womit das katholische Volk vor Jahr und Tag seinen von der Romreise zu Thal heimkehrenden Cardinal-Erzbischof fürstlich empfing. "Wer," schreibt er, "die ausschweifenden Ehrenbezeugungen gesehen hat, mit welchen der Cardinal-Erzbischof bei seiner Rückkehr von Rom empfangen wurde, wird den Zweifel und die Frage begreifen, wer eigentlich das höchste Ansehen in der Provinz genießt." [2]) Der Gedanke erschreckt ihn, daß die wohlhabenden Rheinländer in einem rheinischen Blatte aufgefordert worden, "auf ihre Kosten eine katholische Juristenfakultät zu gründen und zu besolden, weil die Regierung das dazu erforderliche Geld doch schwerlich hergeben werde," [3]) er möchte wissen, "worin der Unterschied zwischen katholischer und evangelischer Rechtsgelehrsamkeit bestehe," so zwar, daß auch Katholiken auf die Lehrstühle der Jurisprudenz Ansprüche hätten. Sein besonderer Günstling ist der "liberale Katholicismus," obgleich ihm nicht unbekannt blieb, daß dieser "eigentlich sich nicht definiren läßt," "seine Glieder zerstreut sind" und "kein geistliches Haupt haben." Die Hauptlosen, dünkt ihn, "würden, über ihren Glauben befragt, sehr verschiedene Antworten geben." [4]) Als der Urquell aller Uebel erscheint ihm die "verhängnißvolle" **Droßtische Begebenheit**, "einer der wichtigsten Einschnitte und Wendepunkte in der Entwickelung der deutschen Verhältnisse während der seit den Befreiungskriegen verflossenen Zeit." [5]) Zumal die

---

[1]) Preußische Jahrbücher S. 270.
[2]) S. 262.
[3]) S. 260.
[4]) S. 270.
[5]) S. 258.

übel angebrachte „Aengstlichkeit der preußischen Regierung"
gegenüber dem katholischen Klerus macht ihm Kummer. ¹) Wie
ein finsteres Gespenst jagt auch ihn sein Phantom der Jesuiten.
An der Hand der jüngst erschienenen „Historischen Briefe
über die seit dem Ende des sechszehnten Jahrhun=
derts fortgehenden Verluste und Gefahren des Pro=
testantismus" wandert man mit ihm durch die preußischen
Gymnasien, um „einer unter dem Namen einer Römischen Con=
gregation am Gymnasium zu Aachen bestehenden, von Je=
suiten geleiteten Verbindung unter den Schülern, deren Statu=
ten zwar gedruckt sind, aber geheime Zwecke durchschimmern
lassen ²)", zu begegnen, oder „in einer der angesehensten und volk=
reichsten Städte der Provinz einen sonst sehr tüchtigen und aus
einer guten philologischen Schule stammenden Gymnasialdirector
zu finden, der allmälig für die ultramontanen Zwecke gewonnen
worden ist. ³)" Sollten sich die Minister nicht zur Initiative ent=
schließen, so müßten die Abgeordneten „die Erfüllung der wichtigen
Pflicht übernehmen", die Jesuiten=Ansiedelungen aus dem Lande zu
schaffen. ⁴) Ueber den glaubenstreuen Katholicismus ist er zu dem
Grade der Erkenntniß vorgedrungen, daß derselbe „gleiche dem
Geist von Hamlet's Vater, der wie ein „„alter Maulwurf
und trefflicher Minirer"" unter dem Boden fortwühle
und sich bald hier bald da, überall, spüren lasse." Zwar tröstet
ihn, daß „doch über der Erde noch eine frische Luftströmung
wehe," nur fügt er bei: „wie lange sie sich aber gegen das
Wühlen unter ihr bei Kräften wird erhalten können, das wird
nicht am wenigsten von dem Willen und **endlich zu fassen=
den Entschluß** der Regierung, sie zu schützen, abhängen. ⁵)"
Die Regierung soll den katholischen blinden Maulwürfen den

¹) S. 254. 250 fg.
²) Es ist die alte Marianische (nicht römische) Congregation gemeint,
die, wie wir vernehmen, auch auf der Rheinuniversität seit Jahren zahl=
reiche Mitglieder zählt.
³) S. 250. 256. 257.
⁴) S. 256.
⁵) S. 271.

Garaus machen, das ist das kaum verhüllte Ziel und Ende dieser „Stimmungen und Bestrebungen" des höchst liberalen Colonisten.

Hinsichtlich der Parität gedenkt er der Adresse der Studirenden und des in ihr enthaltenen „Vorwurfs, daß die Regierung sich des Grundsatzes, auf die Confession der Anzustellenden keine Rücksicht zu nehmen, nur bediene, um der Universität den Character einer evangelischen zu geben." „Wer ist so gutmüthig," ruft er aus, „zu glauben, daß der Gedanke zu solchen Anklagen in einem Studentenkopfe entsprungen sei?" [1] Welche Begriffe muß dieser Mann von einem **Studentenkopfe** und dem, was darin entspringen kann, sich gebildet haben, wenn er dem von ihm wiederholt erwähnten „Rheinländischen Stolze, in dem sich politische, landschaftliche und religiöse Elemente mischen [2]", nicht einmal jene Episode zu opfern sich entschließen konnte! Oder sollte wirklich das in commercielle und industrielle Unternehmungen vertiefte Rheinland nicht einmal mehr so viel gesunden Menschenverstand in einem „Studentenkopfe" erzeugen, um so handgreifliche Dinge einzusehen? „Offenbar," fährt er fort, „diese Agitation ist nur ein Glied in der Kette einer viel größeren. Und worauf stützt man sich dabei? Auf den der Universität bei ihrer Stiftung ausdrücklich beigelegten Character einer **paritätischen.** In diesem Worte soll die Verheißung einer gleichen Anzahl von Lehrern aus beiden Confessionen liegen. Eine solche Bedeutung kann es aber nimmermehr haben, natürlich und unbefangen ausgelegt vielmehr nur die gleichen Rechte und Pflichten für Katholiken und Protestanten, welche die Errichtung einer doppelten theologischen Fakultät von selbst mit sich führt. Sonst ist den Katholiken nur ein juristischer Professor ihres Bekenntnisses für ihr Kirchenrecht zugesagt, und daß immer ein katholischer Professor der Philosophie neben einem evangelischen angestellt werden soll. Das Zugeständniß eines jedesmaligen besondern katholischen

---

[1] S. 258.
[2] S. 257.

Profeſſors der Geſchichte iſt erſt viel ſpäter gemacht worden — eine Conceſſion, beiläufig geſagt, ganz zum Vortheil der Katholiken; denn daß immer auch ein proteſtantiſcher Hiſtoriker in der Fakultät ſein ſoll, iſt nirgends ausgeſprochen. ¹)" Alſo ſogar eine geſetzliche Bevorzugung der Katholiken an der Bonner Hochſchule! Nach den bisherigen Erfahrungen iſt wahrlich die Gefahr ſehr groß, daß einmal die Fakultät eines proteſtantiſchen Hiſtorikers entbehren werde! „Die Regierung", fährt er fort, "würde, um jenen unaufhörlichen Klagen, wie unbegründet ſie auch ſind, ein Ende zu machen, gewiß gern mehr Lehrſtühle mit Katholiken beſetzen, wenn ſie es nur anzufangen wüßte. Oder ſoll ſie etwa, ohne Rückſicht auf das Intereſſe der Wiſſenſchaften, den **halbtüchtigen** Katholiken dem tüchtigen Proteſtanten vorziehen? Denn nur dadurch würde ſie die ultramontane Partei zufrieden ſtellen können, da die Zahl der in der Wiſſenſchaft und Literatur ausgezeichneten Katholiken gegen die der Proteſtanten ſo notoriſch zurückſteht." Hiefür muß dann der katholiſche Frohſchammer als Gewährsmann dienen. ²) Es ſind alſo nur halbtüchtige Katholiken zu gewinnen. Und wer ſitzt zu Gericht über die wiſſenſchaftliche Tüchtigkeit? Eine proteſtantiſche Fakultät, ein proteſtantiſcher Curator, ein proteſtantiſcher Referent im Miniſterium, endlich ein proteſtantiſcher Miniſter und ſchließlich die ſogenannte freie Wiſſenſchaft, in deren Berufe es liegt, glaubens- und geſinnungstreue Katholiken als von Haus aus für die Wiſſenſchaft unbrauchbar fern zu halten.

Aber das Bisherige gibt noch nicht die ſtärkſten Proben der Deductionsfertigkeit des Verfaſſers. Sollte wohl Jemand, ohne ſchamroth zu werden, die Behauptung wagen, daß die Evangeliſchen in der Rheinprovinz ſich im Nothſtande und in Gefahr der Unterdrückung befänden? Und doch wird in Bezug hierauf „ein ſchlagendes Beiſpiel katholiſchen Uebermuthes aus der jüngſten Zeit" ausführlich gemeldet. Man höre: „Ein früher ſehr reicher evangeliſcher Gutsbeſitzer in der Provinz war herunter-

---

¹) S. 258.
²) S. 259.

gekommen und hatte sich genöthigt gesehen, seine liegenden Gründe zu veräußern. Die werthvollste dieser Besitzungen mit einem schönen geräumigen Schlosse erwarb ein katholischer Edelmann aus einem der angesehensten Geschlechter, betraut mit einer hohen Würde von der Art, daß man von ihrem Träger mindestens eine höfliche Rücksicht auf das Bekenntniß des Herrscherhauses erwarten konnte, und in Bezug auf jene Erwerbung um so mehr, da er eben jener Stellung Vorschüsse verdankte, die ihm den Kauf möglich gemacht hatten. Der Dank für diese Gunst ließ nicht auf sich warten. Der neue Eigenthümer setzte seinen Sohn dort ein, und kaum hatte dieser angefangen sich einzurichten, so ergriff ihn die Lust, die Rolle eines Bischofs des sechszehnten Jahrhunderts zu spielen. Er verjagte die Evangelischen des sein Schloß umgebenden Dorfes aus einer Kapelle, welche ihnen der vorige Gutsherr für ihren Gottesdienst, und aus einer Wohnung, die er ihnen für ihre Schule eingeräumt hatte. Der erste, welcher sich dieser Opfer der Unduldsamkeit annahm, war ein Jude. Er gewährte ihnen in einem Hause, welches er in dem Dorfe besitzt, eine vorläufige, nothdürftige Unterkunft, und zeichnete eine namhafte Summe für den Bau einer eigenen Kirche und eines eigenen Schulhauses. Aber es ist doch erst ein Anfang gemacht, zur Vollendung beider Gebäude fehlt noch viel, und die Ultramontanen haben wenigstens die Genugthuung, den verhaßten Gustav-Adolph-Verein mit einer Nummer mehr auf der langen Liste der Gemeinden, die von ihm Hülfe erwarten, belastet zu sehen«. [1] Das Thatsächliche ist Folgendes. Das Schloß Bornheim bei Bonn, von der katholischen Familie Waldbott-Bassenheim erbaut, gehörte dieser Familie bis zum Jahre 1825. Sie hatte im Jahre 1735 im Bering des Schlosses eine Kapelle zu Ehren des heiligen Donatus errichtet, die für den Gottesdienst der Familie diente und zugleich von den Andächtigen der Umgegend mit besonderer Vorliebe besucht wurde. Als das Schloß in den zwanziger Jahren durch Kauf an den evangelischen Baron von Carnap überging,

---

[1] S. 262.

wurde sofort die Kapelle für den evangelischen Gottesdienst hergerichtet; ausschließlich für die herrschaftliche Familie, denn die
Gemeinde Bornheim zählte bis dahin keine evangelischen Bewohner. Inzwischen zog der Baron von Carnap evangelische Dienst-
boten und Handwerker heran, und so entstand allmälig die un-
scheinbare evangelische Gemeinde, die anfangs von Bonn aus
geleitet, schließlich nach Brühl eingepfarrt wurde. Im Anfange
des Jahres 1859 ward das Gut mit den Nebencomplexen ohne
jedwede Bedingung bezüglich der Kapelle an eine industrielle Gesellschaft verkauft, von der dann in gleicher Weise ein Theil,
darunter das Schloß und die Kapelle, zu Anfang des Jahres
1860 durch den Grafen von Boos-Waldeck, Kammerherrn
und Oberhofmeister Ihrer Majestät der Königin, erworben wurde
mit der Bedingung, daß es erst am 1. Mai des Jahres bezogen
werde. Die Evangelischen waren also fast ein halbes Jahr
vorher unterrichtet, daß die Schloßkapelle Eigenthum eines katholischen Gutsherrn geworden war. Der evangelische Pfarrer von
Brühl ersuchte den Grafen zu Ostern 1860, den evangelischen
Gottesdienst in der Kapelle wie bisher fortbestehen zu lassen,
was um so mehr verweigert werden mußte, als bereits Schritte
zu ihrer neuen Weihe geschehen waren. Alsbald schrie man
über Unterdrückung der Evangelischen und bahnte sich den Weg
bis zur Allerhöchsten Stelle. Der katholische Besitzer hatte kaum
vernommen, die evangelische Gemeinde beschwere sich, kein Unterkommen zu besitzen, als er die Kapelle noch auf zwei Jahre zur
Verfügung stellte. Allein das Presbyterium erklärte, dies Anerbieten nicht annehmen zu können. Man hatte also nur Lärm
bezweckt. Die Kapelle war inzwischen geräumt worden, man
hatte widerrechtlich die Glocken entführt und die Bleibedeckung
des Daches zerstört. Die Glocken mußten zurückgegeben werden.
Die benachbarte Wolfsburg, von einer Gesellschaft Kölner Kauf-
leute, unter denen ein Jude, angekauft, schien den Evangelischen
weit heiterer und luftiger, als die düstere katholische Donatus-
kapelle; sie richteten also sich dort gottesdienstlich ein. Mit Unterstützung des Gustav-Adolph-Vereins hat man gegenwärtig ein
Haus in Bornheim angekauft, in ihm eine provisorische Kapelle

hergerichtet und eine evangelische Schule damit verbunden. Aus gleichen Mitteln gedenkt man eine evangelische Kirche zu bauen, wozu der Plan bereits vorliegt. Die Bürgermeisterei Waldorf, wozu Bornheim als Theil gehört, zählt 62 Evangelische beiderlei Geschlechts, die evangelische Schule in Bornheim ist von genau 11 Kindern besucht. Der geschmähte jetzige Besitzer, Sohn des Grafen, ist von Unduldsamkeit so weit entfernt, daß er den evangelischen Steuereinnehmer des Ortes bei sich wohnen läßt. Die Leichen der Familie von Carnap ruhen in der Gruft unter der Kapelle. Die Angabe, dem Käufer der Besitzung seien Vorschüsse von Allerhöchster Stelle geleistet worden, ist grobe Lüge und kein wahres Wort daran. Dagegen hat der so sehr verläumdete Vater des angeblich in Bornheim die Rolle eines Bischofs aus dem sechszehnten Jahrhundert spielenden Sohnes Sr. Majestät die Kapelle für die evangelische Gemeinde in Bornheim auf zwei Jahre zur Verfügung gestellt, das Presbyterium aber dies Anerbieten, wie wir hörten, nicht angenommen. Baron von Carnap hatte die katholische Kapelle sofort ausräumen, die heiligen Reliquien und die Geräthschaften alsbald hinanstragen lassen, obgleich das katholische Volk an der Oertlichkeit hing und Bornheim bis zur Stunde den Jahrestag des heiligen Donatus als Feiertag begeht. Das Volk trug in sich fortwährend die Ueberzeugung, daß der Tag der Zurückgabe der Kapelle für ihre ursprüngliche Bestimmung erfolgen werde. Der Geistliche, der die Reliquien hinanstrug, sprach die Hoffnung aus, ihm möge vergönnt sein, sie dereinst auch wieder hineinzutragen. Sein damals ausgesprochener Wunsch ist in Erfüllung gegangen, er hat die feierliche Uebertragung vorgenommen. Denkwürdig bleibt, daß der frühere Besitzer selbst von den eigenen Glaubensgenossen nicht verschont und mit dem unedlen Ausdrucke "heruntergekommen" bezeichnet wird, während doch die evangelische Gemeinde ihm ihre Existenz, ihren Pfarrer und ihre ganze Lebensfähigkeit verdankt. [1])

---

[1]) Bei einem Versuche, die evangelischen Pfarr- resp. Seelsorger- oder Predigerstellen statistisch zusammenzustellen, die seit 1825 innerhalb der

Mit vielem Uebermuth und jugendlicher Keckheit tritt der Verfasser der bei Julius Buddeus erschienenen Broschüre: „Die Parität in Preußen und die ultramontane Partei" auf. Die Schrift ist an sich wenig bedeutend, scheint auch nur geringe Zustimmung gefunden und wenig Aufmerksamkeit erregt zu haben. Der Verleger hat sich veranlaßt gefunden, in der Kölnischen Zeitung zu erklären, daß sie weder von dem Herrn Professor Gildemeister, noch von dem Herrn Professor von Sybel verfaßt sei.[1] Aus welcher Quelle aber die Broschüre hervorgegangen ist, verräth deutlich der Geist und der Inhalt, der vollständig mit den von Herrn von Sybel an andern Orten veröffentlichten Ausführungen, auch mitunter in auffallender Weise mit dem Inhalte des Artikels in den Jahrbüchern und mit der Elberfelder Zeitung übereinstimmt. Es kommt wenig darauf an, wer als Handlanger gedient hat. Auch auf den Inhalt ausführlich einzugehen, kann weder nothwendig, noch für unsere Leser wünschenswerth erscheinen. Gleichwohl sollen einige der ärgsten Ungenauigkeiten und Entstellungen hier berichtigt werden.

Bezüglich des akademischen Lesevereins nimmt die Broschüre S. 3 auf einen Antrag, der katholischerseits eingebracht wurde, zu dem Ende Bezug, um „Motiv" und „nächste Ursache" der Adresse der Studirenden zu beleuchten. Thatsächlich ist Folgendes: Der akademische Leseverein besteht aus ordentlichen und außerordentlichen Mitgliedern. Jene sind die Docenten und sonstige Angehörige der Universität, diese die Studirenden. Nach den Statuten wählen die ordentlichen Mitglieder fünf ordentliche, die außerordentlichen drei außerordentliche Mitglieder in den Vorstand. Die durch die Wahlen im Januar erzeugte Mißstimmung für immer zu beseitigen, hatten katholische Vereinsmitglieder beantragt, den Statuten möge beigefügt werden: „Von den ordentlichen Mitgliedern dürfen nicht mehr als drei,

---

Erzbiöcese Cöln neu errichtet wurden, zählten wir ihrer bis 1860 vier und vierzig. Genaue statistische Nachrichten würden jedenfalls ein noch höheres Ergebniß liefern.

[1] Kölnische Zeitung No. 123 v. 4 Mai, zweites Blatt.

von den außerordentlichen nicht mehr als zwei der nämlichen
Confeſſion angehören." Der Antrag wurde am 19. März in
einer Generalverſammlung verhandelt und mit 29 Stimmen
gegen 20 abgelehnt. Für ihn ſtimmten alle Katholiken mit
Ausnahme eines katholiſchen Privatdocenten der Medicin, da=
gegen alle Evangeliſche mit Ausnahme eines evangeliſchen
Ordinarius der philoſophiſchen Fakultät. Die Abſtimmung,
welche die Confeſſionen ſcharf geſondert einander gegenüberſtellte,
enthielt die ſchlagendſte Rechtfertigung des Antrags, der jeder
Confeſſion ihre Anſprüche ſtatutariſch ſichern und Agitationen
für immer entfernen wollte. [1]) Inzwiſchen iſt der katholiſche
Privatdocent der Medicin, der gegen den Antrag ſeiner Con=
feſſionsverwandten geſtimmt hatte, bei einer eben (im Mai)
ſtattgefundenen Ergänzungswahl, wohl in Anerkennung ſeines
Wohlverhaltens, in den Vorſtand des akademiſchen Leſevereins
gewählt worden. Gibt die Broſchüre an, zwei Katholiken hätten
gegen den Antrag geſtimmt, ſo iſt der zweite Katholik Herr
Springer, dem zwar die Broſchüre bezeugt, daß er Katholik
ſei, doch ohne andere Legitimation für dieſes Zeugniß, als daß
"Springer, obgleich Katholik, die ſcharfen Waffen ſeines Geiſtes
ſchonungslos gegen das ultramontane Treiben kehre." [2]) Die
Studirenden zählten in ihrer Adreſſe Herrn Springer den Evan=
geliſchen zu, denen er ſeiner ganzen Parteiſtellung nach, auch
in der öffentlichen Meinung angehört.

Auch darin iſt die Broſchüre S. 4 nicht genau unterrichtet,
daß "der gegenwärtige Rector der Bonner Univerſität, der
Profeſſor der katholiſchen Theologie Hilgers, auf Grund der
akademiſchen Geſetze den Studirenden die Ungehörigkeit und
Ungebührlichkeit ihres Verhaltens verwieſen habe." Def=
fentliche Blätter meldeten nur: Der Rector der Univerſität habe
die Deputirten vorbeſchieden, welche dem Curator am 19. Fe=
bruar die Beſchwerdeſchrift überreicht hatten. "Ohne auf
deren Inhalt eingehen zu wollen," ſagt der officiöſe

---

[1]) Kölniſche Zeitung No. 80 v. 21. März 1862, erſtes Blatt.
[2]) Die Parität in Preußen u. ſ. w. S. 15.

Berichterstatter, »vermerkte der Herr Rector den Herren mit
vielem Tacte, wie wenig jene ihre Handlung in disciplinarischer
Beziehung dem Geiste der akademischen Gesetzgebung gemäß
gewesen sei, mit dem freundlichen Ersuchen, solches ihren
Mandanten gelegentlich ebenfalls sagen zu wollen« [1]

Die übrigens lesenswerthe Berechnung S. 9 der gestundeten
Honorare der katholischen Theologiestudirenden auf 120 Frdr.
jedes Jahr und 720 Thlr. für jeden Ordinarius der katholisch-
theologischen Fakultät können wir auf sich beruhen lassen. Ist
der Verfasser geneigt, die Garantie für etwa eintretende Defecte
zu übernehmen? In der Episode über einen Professor der
katholischen Theologie Floß, die mit ganz ähnlichen Auslassun-
gen gegen denselben in Sybels historischer Zeitschrift Jahrgang IV. 1862 Heft 1. S. 218 fg. übereinstimmt, erblickt man
einen »der wiederholten, zum Theil sehr unwürdigen und eben
damit ihren Urheber verrathenden« Ergüsse, wie solche jüngst
einen katholischen Professor der Rechte zu einer Erklärung in
öffentlichen Blättern veranlaßten. [2]

Bei der Juristenfakultät S. 9 fg. muß aufrecht erhalten
werden, daß die Professur des verstorbenen katholischen Deiters
nicht »keine etatsmäßige«, sondern eine etatsmäßige war.
Wird bemerkt, daß »Geheimrath Bluhme's hoher Gehalt von
seiner früher bekleideten practischen Stellung als Oberappella-
tionsrath zu Lübeck herrührt«, so ist nicht zu übersehen, daß
Geheimerath Bauerband's practische Stellung in Köln financiell
die Bluhme's in Lübeck weit überragte, und doch empfing Bauerband bei seiner Berufung nur halb so viel Besoldung als jener.
Lesen wir: »Die Zukunft wird zu entscheiden haben, ob Walter's zahlreiche Compendien Bluhme's Arbeiten voll gediegener
gründlicher Gelehrsamkeit überdauern werden«, so lassen wir
Bluhme's gelehrten Arbeiten gerne ihr wissenschaftliches Verdienst, wahren indeß dies Verdienst gleichzeitig den ausgezeichneten Werken des hervorragenden katholischen Lehrers.

---

[1] Kölnische Zeitung Nro. 62 v. 3. März 1862, erstes Blatt.
[2] Bauerband gegen Gildemeister und Genossen unterm 14. April d. J.
S. Bonner Zeitung Nro. 88 und Kölnische Blätter Nro. 108 v. 16. April.

Zumal mit der katholischen Geschichtsprofessur beschäftigt sich die Broschüre S. 11—13 eingehend. Es heißt: «Daß Aschbach im Jahre 1853 nicht zauderte, dem glänzenden Rufe der österreichischen Regierung nach Wien zu folgen, scheint uns so einleuchtend, daß man der preußischen Regierung wirklich nicht zumuthen konnte, ihn einem solchen Anerbieten gegenüber um jeden Preis halten zu wollen». Man konnte also der Regierung nicht zumuthen, Aschbach zu halten. Warum aber konnte die Regierung unter ähnlichen Umständen Fr. Ritschl, O. Jahn u. A. halten? Wären für Aschbach größere Opfer nöthig geworden, als für Dahlmann oder jüngst für Sybel, dem man gar statutenwidrig die Mitgliedschaft der wissenschaftlichen Prüfungscommission auf Lebensdauer in den Kauf gab? Weiter vernehmen wir, die Vacatur der katholischen Geschichtsprofessur 1853—1855 sei »dadurch begründet, daß man von gewisser Seite aus [wer und von welcher Seite?] wünschte, grade Cornelius in diese Professur zu bringen». Bei der Vacatur 1856—1861 habe »man [wer?] gewünscht, grade Kampschulte, während die Verhandlungen über die Besetzung des Ordinariates sich in die Länge zogen, zu dieser Stellung zu befördern». Ueber das »man« erhalten wir keine Auskunft: begründet war die Vacatur durch solche Wünsche jedenfalls nicht. »Der Versuch, Cornelius zu halten, wäre vergeblich gewesen, da er, wie es heißt, schon um der Münchener Bibliothek willen den an ihn ergangenen Ruf nach München mit Freuden begrüßte». Für den von München nach Bonn berufenen von Sybel konnten jüngst außerordentliche Mittel zur Vermehrung der Bibliothek bewilligt werden: hätte das Gleiche nicht auch für Cornelius geschehen können? Der Versuch, Cornelius zu halten, würde an der Münchener Bibliothek nicht gescheitert sein. »Daß man Aschbach von Wien nach Bonn hätte zurückberufen sollen, kann doch nicht im Ernste behauptet werden.« Freilich, aber Gildemeister und von Sybel konnten allen Ernstes an die Rheinuniversität zurückberufen werden. »Bei der Besetzung der katholischen Professur für Geschichte in Bonn machte sich der Mangel an tüchtigen Historikern katholischer Confession in erstaunlich auffälliger Weise

geltend." Allerdings, die Fakultät suchte für Bonn einen katholischen Historiker, der Eigenschaften in sich vereinige, wie sie
wohl selten zusammen angetroffen werden. Höfler, "der lei-
benschaftliche Haffer des Staates Preußen", konnte nicht gewählt werden. Bei Ficker in Innsbruck wurde "trotz seiner
preußenfeindlichen Gesinnung angefragt"; unwahr, eine officielle
Anfrage an Ficker ist nicht ergangen. Gymnasialdirector Kie-
fel, "der als ein Ultramontaner vom reinsten Wasser gilt",
konnte begreiflicher Weise auch nicht genommen werden. Sepp
hatte in München "die Ohrfeige eines jüdischen Advokaten im Vesti-
bule des Landgerichtsgebäudes nur mit flachen Zeitungsartikeln
erwidert", war deßhalb bescholten und für Preußen unmöglich.
Wir fügen noch bei, Möller war Sohn eines Convertiten
und konnte um so weniger in Aussicht genommen werden, als
er aus diesem Grunde vordem nicht einmal als Privatdocent
in Bonn zugelassen worden war. Man denke sich also die Aufgabe für die Herren Löbell und Dahlmann und ihre Verlegenheit, einen geeigneten katholischen Historiker für Bonn aus-
findig zu machen. Man verfiel auf Wegele, der, wie wir
durch die Broschüre erfahren, von der Fakultät vorgeschlagen,
aber vom Minister zurückgewiesen wurde, "weil er in gemischter
Ehe lebend, seine Kinder protestantisch erziehen läßt." Wenn
fortan die Fakultät sich außer Stande erklärte, einen katholischen
Historiker vorzuschlagen, weil es katholische Historiker nicht gebe,
wie darf es befremden, wenn wohl noch lange "die Besetzung
eines katholischen Ordinariates für Geschichte zu den schwierigsten
Aufgaben gehören wird". Da man inzwischen Höfler geschäftig
"Preußenhaß" vorwirft, [1] — auch in den Verhandlungen der

---

[1] Auch die Preußischen Jahrbücher a. a. O. S. 271 bringen die
nämliche Beschuldigung. Höfler schrieb über das Haus Hohenzollern, als er
die älteste politische Urkunde desselben in Bamberg entdeckte, wofür ihm Se.
Maj. der höchstselige König Friedrich Wilhelm IV. die goldene Medaille
für Kunst und Wissenschaft zuerkannte. Er schrieb neuerdings über
dasselbe, indem er wieder eine bisher unbekannte Urkunde aus dem XIII. Jahrhundert entdeckte und sie in den historischen Untersuchungen, Wien 1861,
bekannt machte. Es handelt sich wohl nur um alte lügenhafte Beschuldigungen.

Fakultät über die Besetzung der katholischen Geschichtsprofessur in Bonn wurde dieser Vorwurf gegen ihn ausgebeutet, — so nenne man endlich das Buch und in dem Buche die Stellen, wo er diesen »Preußenhaß« an den Tag gelegt hat.

Von den drei katholischen Extraordinarien der philosophischen Fakultät wird S. 13 Heimsöth das Zeugniß nicht versagt, er sei „ein durchaus gediegener Forscher, der in der Stille sammelnd viele Jahre nur mit kürzern Abhandlungen aufgetreten sei und erst kürzlich ein Werk von größerm Umfange veröffentlichte". Heißt es von Ritter, er habe zweimal „ein Ordinariat in Münster" abgelehnt, so ist zu bemerken, daß Ritter ein Ordinariat in Münster nie angeboten worden ist. Die „rücksichtsvolle Schonung für Kaufmanns wissenschaftliche Leistungen und für die Anerkennung seiner Lehrkraft von Seiten der Studirenden" darf um so mehr auffallen, da bekanntlich der landwirthschaftliche Verein der Rheinlande eine solche Schonung nicht geübt, sondern durch Prägung einer eigenen Denkmünze Kaufmanns Leistungen gewürdigt hat. Auch die Beispiele langjähriger evangelischer Extraordinarien, die angeführt werden, halten nicht Probe. Bernd war Bibliotheksecretär mit 1000 Thlr., später 1050 Thlr. Besoldung und nur nebenbei Professor der Heraldik, wofür man ein Ordinariat nicht wird beantragen wollen. Breidenstein ist Lehrer der Musik, von diesem Fache gilt das Nämliche, und an ein Ordinariat hat Breidenstein zuverlässig nie gedacht. Daß wir hinsichtlich der zwei andern in der Broschüre namhaft gemachten evangelischen Extraordinarien zarte Schonung walten lassen, werden uns ihre Freunde schwerlich verdenken.

Schließlich heißt es gar S. 15: »das Loos, nicht zahlreiche Zuhörer in den Vorlesungen zu haben, müssen sämmtliche Professoren der Philosophie evangelischen und katholischen Bekenntnisses erdulden, da von katholisch-officieller Seite nur die Vorträge des Dr. Neuhäuser als correct und ungefährlich befunden werden.« Darnach muß man glauben, daß nur noch die »geistig gebundenen« katholischen Theologen sich der Philosophie befleißigen. Denn wie sollten sonst katho-

lisch-officielle Empfehlungen darüber entscheiden, welche
Hörsäle der Philosophie sich füllen oder veröden?

Ueber die medicinische Fakultät enthält die Broschüre sich
jeder Aeußerung, der langjährige katholische Extraordinarius
Schaaffhausen wird von ihr, wohl auch aus „rücksichts-
voller Schonung", keiner Berücksichtigung gewürdigt.

Es sei, gibt der Verfasser der Broschüre S. 60 fg. zu, nicht
an der „Structur des Gehirns" bei den Katholiken gelegen,
wenn sie auf den verschiedenen Gebieten der Wissenschaft gegen
die Protestanten zurückständen, auch trage hievon die katholische
„Taufe" nicht die Schuld, sondern „die Erziehung und die den
Katholiken umgebende geistige Athmosphäre auf Elementarschulen
und Gymnasien" lasse diesen „weit schwerer als den gleichmäßig
begabten Protestanten sich auf die Höhe unabhängiger wissenschaftlicher Forschung erschwingen"; zwischen „Ultramontanismus
und dem Principe der Wissenschaft walte ein schroffer Gegensatz."

Außerdem geht die Broschüre auf einen Punkt ein, der mit
der Parität an den Hochschulen nicht in Verbindung steht, auf
die finanziellen Bewilligungen nämlich von Seiten
des Staates für den katholischen und für den evangelischen Cultus. Ihr auf dieses Gebiet zu folgen, kann
bei der ganz auffallenden Unkenntniß, die der Verfasser zeigt,
keinesfalls hier am Orte sein. Wer die Frage näher kennen
lernen will, findet hinreichenden Aufschluß in den bekannten
Schriften der katholischen Fraction.[1] Nur Eines möge doch
hier gerügt werden. S. 21. fg. liest man die heftigsten Aus-
fälle gegen die ultramontane Partei, welche aus dem Reichs-
deputationshauptschlusse vom Jahre 1803 eine Berechtigung

---

[1] Die katholischen Interessen bei den Budgetverhandlungen in den
Preußischen Kammern des Jahres 1852/53 Paderborn 1853. — Die katholischen Interessen in den Preußischen Kammern des Jahres 1853/54. Düsseldorf 1854. — Die Lage der Katholiken in Preußen am Schlusse der III.
Legislaturperiode. Düsseldorf 1855. — Ist die katholische Kirche in Preußen
durch Staatszuschüsse bevorzugt? Beleuchtet an dem Ausgabe-Etat der Pro-
vinzial-Geistlichen und Unterrichts-Verwaltung im Regierungsbezirk Münster.
Berlin 1855.

der katholischen Kirche auf Unterstützung von Seiten des Staates herleiten wolle. „Es läßt sich," sagt er, „nicht in Zweifel ziehen, daß dem Reichsrezesse vom Jahre 1803 gemäß die säcularisirten Fonds nicht nur zum Aufwand des Gottesdienstes, Unterrichts und anderer gemeinnützigen Anstalten, sondern auch zur Erleichterung der Finanzen dienen sollten, daß also die Verwendung der betreffenden Fonds rechtlich in das Belieben der Regierungen gestellt war." Hiefür führt er dann den § 35 des Reichsdeputationshauptschlusses an, wo es heißt, die säcularisirten Güter „werden der freien und vollen Disposition der respectiven Landesherrn sowohl zum Behufe des Aufwandes für Unterricht, Gottesdienst und andere gemeinnützige Anstalten, als zur Erleichterung ihrer Finanzen überlassen." Schlagender kann allerdings nichts sein. Leider enthält der Satz, den der Verfasser mit einem Punkte schließt, noch den kleinen Zusatz: „**unter dem bestimmten Vorbehalte der festen und bleibenden Ausstattung der Domkirchen, welche werden beibehalten werden, und der Pensionen für die aufgehobene Geistlichkeit nach den unten theils wirklich bemerkten, theils noch unverzüglich zu treffenden nähern Bestimmungen".** [1] Wir fragen, ist es möglich, unwissender oder frecher die Unwahrheit zu sagen? Was für Ansichten müssen diese Leute nicht nur von den Köpfen katholischer Studirenden, sondern sämmtlicher Katholiken, ja von den Köpfen und Gewissen ihrer eigenen Partei haben, wenn sie wagen, in solcher Weise einen der bekanntesten Paragraphen eines der bekanntesten Gesetze zu verstümmeln? Aber freilich, sie mögen sich auf den Zauber verlassen, den gewisse Schlagwörter, als „ultramontane Partei", „clerical" auf der einen, „liberal", „zeitgemäß" auf der andern Seite auszuüben pflegen. [2]

---

[1] Staatsacten für Geschichte und öffentliches Recht des deutschen Bundes, herausgegeben von Meyer, ergänzt von Zöpfl. Frankfurt 1858 S. 82.

[2] Wer über diese, so wie über die übrigen wichtigsten Schlagwörter der Neuzeit bündige Auskunft zu erhalten wünscht, den verweisen wir auf

Nur noch ein Wort über die Elberfelder Zeitung. Sie belehrt uns: „Der Katholicismus mit seiner Gebundenheit des Geistes an die kirchliche Auctorität ist mit der Freiheit der Wissenschaft, deßhalb auch mit der Blüthe derselben nun einmal unvereinbar". „Wenn mit der Forderung der katholischen Studirenden, daß das numerische Uebergewicht des evangelischen Theils im Lehrkörper der Universität reducirt werden müsse, wirklich Ernst gemacht werden soll, so heißt das kurz ausgedrückt nichts Anderes, als daß z. B. einem Mediciner von mittelmäßiger Bedeutung vor einem ganz ausgezeichneten Fachgenossen-der Vorzug gegeben werden müsse, weil jener dem katholischen Bekenntnisse angehört".[1] Die Kölnischen Blätter haben hierauf replicirt, ob wohl die Elberfelder Zeitung „den Beweis antreten wolle, daß der verstorbene Clemens, welcher dreizehn Jahre in Bonn Privatdocent blieb, ein Philosoph „„von mittelmäßiger Bedeutung"" war, und z. B. Professor Schaarschmidt „„ein ganz ausgezeichneter Fachgenosse""? Sie fügen hinzu: „Mit einem Manne, dem es als Axiom gilt, daß der Katholicismus mit der Blüthe der Wissenschaft unvereinbar ist, können wir unmöglich über Parität verhandeln. Wenn er Logik versteht, muß er aus seinem Axiom folgern, daß der Ruin der Hochschule Bonn, der Ruin der Wissenschaft überhaupt nur dadurch abgewendet werden könne, daß die wenigen noch vorhandenen katholischen Professoren durch solche ersetzt werden, deren Confession mit der Blüthe der Wissenschaft nicht unvereinbar ist. Der Curator der Bonner Universität beklagt es, daß dieselbe „„noch weit davon entfernt ist, von den Bewohnern der westlichen Provinzen und insbesondere des Rheinlandes als ein ihnen angehöriges, theueres Institut betrachtet zu werden, und daß sie fast als eine fremde Colonie erscheint"". Wenn Professoren der Universität Lehren und Einrichtungen der katholischen Kirche, wie Professor Schlottmann, in einer

die höchst zeitgemäße Schrift: Phrasen und Schlagwörter. Ein unentbehrliches Noth- und Hülfsbüchlein für Zeitungsleser. Paderborn 1862.

[1] Elberfelder Zeitung a. a. O.

amtlichen Einladungsschrift dem Haſſe und der Berachtung preisgeben[1]) und in öffentlichen Blättern den Katholicismus als mit der Blüthe der Wiſſenſchaft unvereinbar bezeichnen: kann iſt das nicht nur wenig geeignet, den Statuten der Univerſität gemäß die wechſelſeitige Zufriedenheit und das gute Einvernehmen unter den Angehörigen der beiden Confeſſionen zu fördern, ſondern auch das ſicherſte Mittel, zu bewirken, daß der großen Mehrzahl der Bewohner der weſtlichen Provinzen die Bonner Hochſchule nicht als ein ihnen angehöriges theueres Inſtitut, ſondern nur als eine fremde Colonie erſcheinen kann. Wir wollen hoffen, daß das Miniſterium recht bald unzweideutig zu erkennen gibt, daß es die Parität anders verſteht, als dieſe Coloniſten".[2]) Wir haben nichts hinzu zu fügen.

Und ſo ſei denn hier zum Schluſſe noch einmal darauf hingewieſen, jene ſouveräne Mißachtung, Geringſchätzung und Verkennung des Katholicismus, verbunden mit grenzenloſer Selbſtzufriedenheit und Ueberſchätzung des eigenen Werthes, iſt einer der hauptſächlichſten Gründe, welche dem friedlichen Zuſammenleben der Confeſſionen ſich entgegenſtellen und die Coloniſten in den Augen der Einheimiſchen nicht ſowohl als ihre Mitbürger, vielmehr häufig nur als aus der Fremde eingewanderte Widerſacher und Unterdrücker erſcheinen laſſen.[3]) Wird aber allenthalben

---

[1]) S. oben S. 2 Anmerkung.

[2]) Kölniſche Blätter Nro. 109 vom 17. April.

[3]) Wie ſelbſt liberale Proteſtanten über Katholiken urtheilen, davon ein Beiſpiel. Varnhagen ſchreibt 15. April 1841, Tagebücher Bd. I. S. 291: „Der Geheimerath von Beckedorff ſoll wieder als vortragender Rath angeſtellt worden ſein. Nichts verſtutzt und wibert die Leute ſo an, als dergleichen Ernennungen, die auf Dunkel und Rückwärts deuten. Der katholiſch gewordene Beckedorff müßte in Preußen kein Amt höherer Art zugetheilt erhalten! Das kann nicht paſſen noch taugen!" Unterm 8. November 1844 ſchreibt er, Tagebücher Bd. II. S. 390.: „Reumont iſt doch ganz und gar nicht blos katholiſch, ſondern auch päbſtlich! Seine ſanften Formen ändern den Grund, der darunter liegt, gar nicht; im Gegentheil iſt der Fanatismus unter ſolchen Formen deſto gefährlicher. Ein dem Pabſt ergebener Mann im Kabinete des Königs! Das kann nicht ſchöner ſein!" Aehnlich wird v. Radowitz bei jeder Gelegenheit von Varnhagen angegeifert.

unb bei jeder Gelegenheit der Versuch erneuert, den Nachweis eines eminenten numerischen Vorwiegens protestantischer Capacitäten für akademische Lehrstühle zu liefern, so können wir diesen Versuchen den einfachen nationalökonomischen Satz entgegenstellen: **Die Production ist von der Nachfrage bedingt.**

XII.

Die Universität Breslau.

Man würde irren, glaubte man, bei der andern paritätischen Hochschule des Staats, in Breslau, sei es um die Parität besser bestellt als in Bonn. Werfen wir auf die dortigen Zustände einen flüchtigen Blick.

Es ist evident, daß dem Rechte nach die Universität Breslau einen überwiegend katholischen Charakter ansprechen muß. Den Nachweis liefern wir hier nicht aufs Neue, da er sowohl in Movers, "Denkschrift über den Zustand der katholisch-theologischen Fakultät an der Universität zu Breslau seit der Vereinigung der Breslauer und Frankfurter Universität bis auf die Gegenwart. Leipzig 1845", als in der Schrift: "Die katholischen Interessen bei den Budgetverhandlungen in den preußischen Kammern des Jahres 1852/53. Paderborn 1853" in unwidersprechlicher, kaum widersprochener Weise geliefert ist. Der auf das Recht gegründete Anspruch wird noch durch die Natur der Sache unterstützt, indem das geringste Maß von Billigkeit verlangt, daß die katholische Confession an den beiden paritätischen Hochschulen sich nicht · in der Minderheit befinde, so lange drei Hochschulen des Staats die katholische Confession durch ihre Statuten ausschließen, die vierte aber factisch sie so gut wie ganz fern hält. Wie stellt nun aber das Verhältniß sich in der Wirklichkeit? Der Gegensatz zum Rechte und zur Billigkeit kann kaum größer sein, als er in der That ist. Im Jahre 1852, also vor zehn Jahren, zählten die drei Fakultäten, die juristische, medicinische und philosophische, 28 ordentliche Professoren; von ihnen gehörten nur fünf, nämlich **Gitzler**, **Göppert**, von **Siebold**, **Elvenich**, **Ambrosch**, der katho-

11

lischen Confession an. Sie hatten ferner damals 10 außerordentliche Professoren, unter ihnen war nur einer, Schmölders,
Katholik. Die fünf katholischen ordentlichen Professoren bezogen zusammen 4000 Thlr., der außerordentliche 400 Thlr.
Besoldung. Die katholisch-theologische Fakultät war nach Aus-
weis der beiden Semestral-Verzeichnisse von 263 Studirenden
besucht; sie empfing an Besoldungen und Remunerationen
4800 Thlr. und blieben zur Disposition 354 Thlr., während
die evangelisch-theologische Fakultät, welche 52 Studirende zählte,
eine Gesammtbesoldung von 6000 Thlr. bezog. Für katholische
Lehrzwecke waren mithin von der Gesammteinnahme der Universität nur 9554 Thlr. ausgesetzt. Und doch konnte nicht zweifelhaft sein, daß abgesehen von den durch die Universität benutzten
Gebäuden, die von der alten katholischen Universität herrührend
lediglich für katholische Zwecke errichtet sind, und abgesehen von
dem Anspruche auf Parität hinsichtlich des Universitätsvermögens
im Allgemeinen, ein Einkommen von 10,695 Thlr. jährlich
einen spezifisch katholischen Charakter an sich trägt, also ausschließlich für katholische Zwecke zu verwenden war. Dieser im
Recht begründete unabweisliche Anspruch war also im Jahre 1852
um 1141 Thlr. verkürzt, die aus den Gebäulichkeiten u. s. w.
und aus dem paritätischen Charakter der Universität herzu-
leitenden Ansprüche völlig außer Acht gelassen. Für das folgende Jahr 1853 stellte das Verhältniß sich noch ungünstiger.
Siebold war im December 1852 ausgeschieden. Man zählte
in den drei Fakultäten nur 4 ordentliche und 1 außerordentlichen
Professor katholischer Confession. Die vier Ordinarien bezogen
zusammen 3000 Thlr., der Extraordinarius 400 Thlr. Besoldung. [1]) Der katholisch-theologischen Fakultät waren im Staatshaushaltsetat 5154 Thlr. für ihre Lehrzwecke angesetzt. [2]) Mit-

---

[1]) Die vier Ordinarien sind Gitzler (800 Thlr. Besoldung), Clve-
nich (600 Thlr.), Ambrosch (800 Thlr.), Göppert (800 Thlr.); der
Extraordinarius ist Schmölders (400 Thlr.). In der Schrift: Die katholischen Interessen S. 240 fg. werden, wohl irrthümlich, nur 3 katholische Ordinarien und 2 katholische Extraordinarien gezählt.

[2]) Nämlich sechs ordentliche Professoren mit Gehaltssätzen von 1100 bis
400 Thlr., zusammen 4500 Thlr., ein außerordentlicher Professor mit

hin war das spezifisch katholische Einkommen von **10,695** Thlr. für das Jahr 1853 den Katholiken, abgesehen von ihren ange= gebenen sonstigen Ansprüchen, um **2141** Thlr. geschmälert. Und bemungeachtet beantragte der Cardinal und Fürstbischof von Diepenbrock eine katholische Geschichtsprofessur unter Namhaftmachung mehrer hiefür geeigneten katholischen Gelehr= ten fortwährend vergeblich. Die Universität hatte zwei wohl= besoldete evangelische Professoren der Geschichte, Stenzel und Röpell, keinen katholischen. Auf seinen Antrag erhielt der Car= dinal und Fürstbischof das erste Mal die Antwort, es mangel= ten zur Anstellung eines katholischen Geschichtsprofessors die erforderlichen Mittel. Das zweite Mal hieß es, ein Recht auf eine katholische Geschichtsprofessur gebe es nach den Statuten der Universität Breslau nicht. Als er zum dritten Mal die Beschwerde erneuerte, blieb der Fürstbischof von Breslau ohne allen Bescheid.

Verhielten im Jahre 1852 sich in den drei Fakultäten die katholischen ordentlichen Professoren zu den evangelischen an der paritätischen Hochschule wie 5 : 23, die außerordentlichen Profes= soren wie 1 : 9, im Jahre 1853 die ordentlichen Professoren wie 4 : 23, die außerordentlichen wie 1 : 9, so war das Angesicht der Parität ein rechtsverletzendes Mißverhältniß, Angesichts des Dotationsfonds und der darauf gegründeten Rechtsansprüche der katholischen Confession eine schreiende Ungerechtigkeit. Als aber der Fürstbischof von Diepenbrock bei den wiederholten Ablehnungen seiner Anträge sich nicht beruhigen kann, gibt man gar keine Antwort mehr.

Die katholischen Mitglieder des Abgeordnetenhauses brachten

---

300 Thlr., zur Disposition 854 Thlr., zusammen 5154 Thlr. S. Anlagen zum Staatshaushaltsetat für das Jahr 1853 Bd. III. S. 218. — Die im Etat für katholisch-theologische Lehrzwecke ausgesetzte Gesammtsumme wurde zu keiner Zeit vollständig verwendet. Seit dem Jahre 1845 wurde aber der Ueberschuß nicht mehr wie früher der Fakultät gänzlich entzogen, sondern es wurden die Ersparnisse capitalisirt. Die jährlichen Zinsen derselben erhöhen seit jener Zeit die Gesammtsumme des Etats; von einer vollständigen Verwendung für die Lehrzwecke ist nach wie vor keine Rede.

damals die Angelegenheit vor die Kammern. Das Land und seine Bevölkerung folgte mit Spannung dem Schicksal ihrer Anträge. Diese lauteten:

„Die Kammer wolle die Königliche Staatsregierung auffordern:

1. In den Hauptetat der Universität Breslau den Vermerk niederzulegen, und resp. in dem Staatshaushaltsetat in geeigneter Weise ersichtlich zu machen, welche Realitäten und welche, ihrem Betrage nach noch näher festzustellende, Dotationstheile der jetzigen Universität als von der alten katholischen Universität oder von den Jesuiten herkommend anzusehen sind.

2. Allmälig eine durchgreifende Veränderung in der Besetzung der Professuren bis zu vollständiger Berücksichtigung des bei der Universität Breslau obwaltenden confessionellen Charakters der Dotationsfonds herbeizuführen, namentlich aber

3. möglichst bald mit der weitern Anstellung von katholischen Professoren bis zur Absorbirung des als zu ausschließlich katholischen Unterrichtszwecken verwendbar anzusehenden Theiles der Universitätseinnahmen vorzugehen und besonders für die Abstellung der Beschwerde wegen Errichtung und Besetzung einer katholischen Geschichtsprofessur bei der Universität Breslau zu sorgen."

Die Anträge theilten das gleiche Schicksal mit andern nicht minder gerechten Verlangen der Katholiken; sie blieben sowohl in der Commission, als vor den Kammern in der Minderheit.

Inzwischen sind seit 1852 zehn Jahre verflossen. Was ist während dieser Zeit geschehen? Die katholische Geschichtsprofessur wurde in Folge der Königlichen Kabinetsordre vom 26. September 1853 durch den außerordentlichen Professor Cornelius im Januar 1854 und, als er Ostern 1855 nach Bonn ging, durch den ordentlichen Professor Junkmann besetzt. Junkmann bezieht gegenwärtig 800 Thlr. Besoldung, während der evangelische Professor der Geschichte, Röpell, gleichzeitig 1855 zum ordentlichen Professor befördert, gegenwärtig 1100 Thlr. Besoldung hat. Das historische Seminar, 1843 errichtet, dirigirte Stenzel bis 1852, seither ist Röpell Director; auch in

Breslau ist wie in Bonn der katholische Geschichtslehrer von dem historischen Seminar ausgeschlossen. Dort wie hier also herrscht der nämliche Unfug, dort wie hier die gleiche indirecte Illudirung paritätischen, durch die Königliche Kabinetsordre verbrieften Rechtes. Außer der Geschichtsprofessur wurde 1860 der Lehrstuhl für slavische Sprache durch Cybulski besetzt. Nach Bernstein's Tod endlich erhielt Schmölders, nachdem er 1844—1860 über sechszehn Jahre außerordentlicher Professor gewesen war, den Lehrstuhl für orientalische Sprachen. Ambrosch war im März 1856 gestorben.

Dergestalt ist denn für die drei Fakultäten das Verhältniß der katholischen Ordinarien zu den evangelischen seit dem Jahre 1860 wie 6 : 24. Dagegen zählen gegenwärtig die drei Fakultäten zehn außerordentliche Professoren, darunter keinen Katholiken. Das Verhältniß der vom Staate angestellten Lehrer ist also für die drei Fakultäten hinsichtlich der beiden Confessionen gegenwärtig wie 6 : 34.

Prüfen wir die einzelnen Fakultäten, so zählt die juristische unter fünf Ordinarien einen Katholiken, Prof. Gitzler, d. i. den statutenmäßigen Professor des kanonischen Rechts. Gitzler war Privatdocent acht, außerordentlicher Professor sieben Jahre und trat als Lehrer des kanonischen Rechts an Regenbrecht's Stelle, der zuerst Namenkatholik, dann Rongeaner, als Protestant 1849 starb. Als hierauf Gitzler 1850 Ordinarius wurde, empfing er eine Besoldung von 800 Thlr., die im Herbst 1861 um 200 Thlr. erhöht wurde, also fortan 1000 Thlr. beträgt. Die höchste Besoldung bei der Fakultät im Betrage von 1500 Thlr. beziehen die Professoren Abegg und Huschke. Der junge evangelische Professor Stobbe wurde von Königsberg mit 1200 Thlr. berufen. Schulze hat 900 Thlr. Von den beiden außerordentlichen Professoren hat der eine 400 Thlr., der andere ist ohne Besoldung. Mithin betragen bei der Juristenfakultät gegenwärtig die Besoldungen katholischerseits 1000 Thlr., protestantischerseits 5500 Thlr. Der Unterschied ist 4500 Thlr. zu Gunsten der evangelischen Confession.

Während der fünfzig Jahre ihres Bestehens hatte die Ju-

riftenfakultät 17 ordentliche Professoren, darunter nur 3 Katho=
liken: Unterholzner, den erwähnten Regenbrecht, und
Gitzler. Sie hatte in dem nämlichen Zeitraum 9 außeror=
dentliche Professoren, darunter 2 Katholiken: Regenbrecht und
Gitzler. An ihr wirkten ferner jene fünfzig Jahre über 14
Privatdocenten, darunter 7 Katholiken. Der Rheinländer Grosch
war 1840—1850 zehn Jahre Privatdocent des römischen und
kanonischen Rechts und ging schließlich als Rechtsanwalt nach
Wohlau, weil er die Hoffnung, selbst zum außerordentlichen
Professor es zu bringen, aufgeben mußte. v. Zielonacki,
1847—1850 drei Jahre Privatdocent, folgte einem Rufe nach
Krakau. Und trotz alle dem sind gegenwärtig die drei Privat=
docenten der Fakultät sämmtlich Katholiken.

Die medicinische Fakultät zählt gegenwärtig sieben ordentliche
und zwei außerordentliche Professoren, alle gehören der evange=
lischen Confession an. Die höchste Besoldung bei der Fakultät
beträgt 1500 Thlr., die geringste 800 Thlr. Ein außerordent=
licher Professor hat 300 Thlr. Der Gesammtbetrag der Besol=
dungen **7950** Thlr. fällt also ausschließlich dem evangelischen
Confessionstheil zu.

Seit den fünfzig Jahren ihres Bestandes zählte die medi=
cinische Fakultät 24 ordentliche Professoren, darunter 4 Katho=
liken, Wendt, Purkinje, Göppert und von Siebold,
ferner 13 außerordentliche Professoren, darunter 3 Katholiken,
die eben genannten Wendt und Göppert, welcher letztere
anfänglich in der medicinischen Fakultät docirte und erst später
in die philosophische Fakultät überging, und Nega, und 39
Privatdocenten, von denen unseres Wissens nur 5 dem katho=
lischen Bekenntnisse angehörten. Unter den letztern befindet sich
der Sanitätsrath Klose. Obgleich ausgezeichnet als Arzt und
als Lehrer, ist Klose seit 1835 bis zur Stunde volle sieben
und zwanzig Jahre Privatdocent. So etwas schreckt ab.
Wirklich zählt gegenwärtig die Fakultät noch andere 13 Privat=
docenten, die jedoch alle der evangelischen Confession angehören;
Klose ist der einzige katholische Privatdocent. Von den
katholischen ordentlichen Professoren ließ man die ausgezeich=

neten Lehrer Purkinje, Professor der Physiologie und Pathologie, den Begründer des physiologischen Instituts, im Jahre 1850, von Siebold, Professor der Physiologie und Director des physiologischen Instituts, im Jahre 1852 ohne Weiteres ziehen, sie »wurden auf ihr Ansuchen aus dem preußischen Staatsdienste entlassen«.

Als Herr v. Vincke in den Kammern 1853 erklärte, er vermöge nicht einzusehen, wie das Messer eines katholischen Anatomen schärfer oder weniger scharf sein sollte als das eines evangelischen, mochte Mancher sich in dem seltenen Falle befinden, mit ihm die gleiche Ansicht zu theilen. Nur mühen wir immerfort uns vergebens ab, einzusehen, warum denn in ganz Preußen das Messer keines katholischen Professors der Anatomie schneidet, das Eisen keines katholischen Professors der Chirurgie brennt und die materia medica keines katholischen Professors der Medicin sich heilkräftig erweist. Wenn wir den einzigen emeritirten Professor Mayer in Bonn abrechnen, gehören im ganzen preußischen Staate auf allen sechs preußischen Universitäten sämmtliche ordentliche Professoren der Medicin, wenn wir den siebenzehn Jahre ohne jede Besoldung lehrenden Professor Schaaffhausen in Bonn ausnehmen, auch sämmtliche außerordentliche Professoren der Medicin der einen, nämlich der evangelischen Confession an. Das Messer des katholischen Anatomen muß denn doch wohl stumpfer sein, als das des evangelischen, die materia medica des katholischen Mediciners weit unbrauchbarer, als die des evangelischen, und die Physiologie, Pathologie, Therapie, Chirurgie und Mikroskopie des katholischen sich weniger wissenschaftlich und gediegen erweisen, als die des evangelischen Lehrers. Oder sollte denn wirklich der leidige Zufall auch wieder dort wie immer mit verbundenen Augen sein loses Gaukelspiel nicht bloß an einer, sondern an allen Preußischen Fakultäten der Medicin zu Ungunsten der katholischen Confession getrieben haben? Es wäre doch wünschenswerth, daß die Behörde endlich einmal diesem Kobolde auf die Finger sehe und seinen unheilvollen Einwirkungen zu steuern suche.

Die philosophische Fakultät endlich zählt gegenwärtig achtzehn ordentliche Professoren, darunter fünf Katholiken: Elvenich,
Göppert, Junkmann, Chbulski und Schmölders.
Als die neue Universität Breslau 1811 gegründet wurde, berief
man sieben evangelische Lehrer an die philosophische Fakultät
und nahm sieben andere von der Leopoldina herüber. Die
Reihe der letztern wurde bei dem hohen Alter der Meisten bald
gelichtet: einer wurde 1812 pensionirt, ein zweiter starb im
nämlichen Jahre, zwei schieden aus der katholischen Kirche aus,
andere zwei starben 1820 und 1828, der letzte, Astronom Jungnitz,
starb 1831. Die entstandenen Lücken wurden bald ersetzt; bis
1826 traten acht neue evangelische Lehrer ein, so daß also
mit den sieben schon 1811 berufenen Professoren die Fakultät
fünfzehn neue evangelische, theils ordentliche, theils außerordentliche Professoren erhielt, während von den anfänglichen
sieben katholischen seit 1820 nur noch zwei, seit 1828 nur
noch einer übrig war. In den ersten achtzehn Jahren des
Bestehens der Universität bis 1829 gelang es keinem Katholiken, eine Anstellung bei der philosophischen Fakultät in Breslau
zu erlangen; Elvenich war im genannten Jahre 1829 der erste,
der als katholischer Professor der Philosophie berufen wurde,
nachdem diese statutenmäßige Professur seit Rathsmann's Tod
1812 siebenzehn Jahre unbesetzt gewesen war. Movers'
Denkschrift fand bekanntlich eine officiöse Entgegnung: „Die
katholisch-theologische Fakultät an der Universität
zu Breslau. Prüfung der über die Verhältnisse derselben von Herrn Professor Dr. Movers veröffentlichten Denkschrift. Leipzig bei Brockhaus 1845", der
man den sauern Schweiß ansieht, den sie gekostet hat. Den angeführten Thatsachen gegenüber heißt es in ihr also: „Nennt
nun der Verfasser (Movers) eine Reihe protestantischer Gelehrten, die damals berufen wurden, und fügt hinzu, daß auch die
bald entstandenen Lücken unter den katholischen Lehrern der
philosophischen Fakultät mit Protestanten ausgefüllt worden
seien, so muß man erwidern, daß ein numerisches Gleichgewicht
beider Confessionen im Lehrerpersonal zu erlangen bei Einrichtung paritätischer Universitäten in unserer Zeit niemals die

Absicht sein kann. So wie Niemand eine Begünstigung der katholischen oder eine Vernachläſſigung der proteſtantiſchen Intereſſen darin ſehen wird, daß die wichtigſten Lehrſtühle der medicinischen Fakultät an der Univerſität Berlin mit Katholiken beſetzt ſind, ſo konnten es auch die Behörden dem Zufall überlaſſen, ob Profeſſuren dieſer Art in Breslau an Katholiken oder an Proteſtanten vergeben worden ſind; aus amtlichen Documenten würde man kaum die Confeſſion jedes Einzelnen ermitteln können [1]." Die damaligen Inhaber der wichtigſten Lehrſtühle der Medicin in Berlin ſind der geniale Johannes Müller aus Coblenz und Schönlein' aus Bamberg. Sie wurden zuverläſſig nicht wegen, ſondern trotz ihres katholischen Bekenntniſſes nach Berlin berufen. Seit jener todt und letzterer aus dem preußiſchen Staatsdienſte ausgetreten, iſt, wie wir ſahen, kein Lehrſtuhl der Medicin in Preußen mit einem Katholiken beſetzt. Wie aber Johannes Müller ſich als Katholik in Berlin zurückgeſetzt fand, wurde ſchon früher erwähnt und ſoll denn tiefer unten, wo von der Univerſität Berlin Rede iſt, eingehender beſprochen werden. Im Uebrigen bedürfen obige Worte keines Commentars, nur müſſen wir hier noch einmal auf den „Zufall" aufmerkſam machen, dem angeblich die Behörden es überlaſſen konnten, ob katholische oder proteſtantiſche Gelehrte in die Stellen gelangten. Der Zufall in den Händen der Behörden iſt fürwahr der ſeltſamſte, dem man irgendwo begegnet iſt. Hätte Jemand am grünen Tiſche in Baden-Baden oder Homburg den Zufall eben ſo beharrlich auf ſeiner Seite, wie dies bei der evangeliſchen Confeſſion in Preußen der Fall iſt, er könnte bald als glücklicher Millionär alle fernern Anträge um Aufhebung der Spielbanken unnöthig machen.

Aus dem Umſtande, daß man ſieben Profeſſoren von der alten Leopoldina in die philoſophiſche Fakultät herübernahm, wird erklärlich, daß unter 57 ordentlichen Profeſſoren, welche dieſe Fakultät während der fünfzig Jahre zählte, ſich 15 Katholiken befinden. Zählt man obige ſieben ab, ſo bleiben alſo

---

[1] Die katholiſch-theologiſche Fakultät u. ſ. w. S. 11.

acht. Die Lage dieser acht inzwischen war nicht gerade immer beneidenswerth. Elvenich, Rheinländer, und seit 1823 in Bonn Docent, war in Breslau 1830—39 zugleich Gymnasialdirector und verband damit die katholische Professur der Philosophie. 1839 wurde er Bibliothekar und legte die Directorstelle nieder, seit 1859 ist er Oberbibliothekar. Er hatte also neben seiner Professur zuerst das zahlreich besuchte Gymnasium als Director, später die Bibliothek zu verwalten. Seine Besoldung als Professor beträgt gegenwärtig 900 Thlr., als Oberbibliothekar bezieht er 600 Thlr. Früher hatte Elvenich nur 600 Thlr. Besoldung als Professor, vor etlichen Jahren erhielt er 300 Thlr. persönliche Zulage. Ambrosch, seit 1833 Privatdocent in Berlin, wurde 1834 in Breslau außerordentlicher, 1839 ordentlicher Professor und starb, wie wir bemerkt haben, 1856; seine rasche Beförderung wird eigenthümlichen Verhältnissen zugeschrieben. Göppert wurde 1831 außerordentlicher, 1839 ordentlicher Professor in der medicinischen Fakultät und bezog eine Besoldung von 800 Thlr.; dann übertrug man ihm 1852 die Professur der Botanik in der philosophischen Fakultät nebst der Direction des botanischen Gartens mit höherer Besoldung. Er bezieht gegenwärtig 1500 Thlr. Dagegen ging Celakowsky, als er seit 1842 sieben Jahre docirt hatte, 1849 an die Universität Prag. Kutzen, seit 1831 Docent, wurde 1843 Ordinarius der Geschichte mit 200 Thlr. Besoldung; als es sechs Jahre dabei geblieben war, fand er sich veranlaßt, sein Amt niederzulegen. Von Junkmann war oben Rede; desgleichen von Cybulski und Schmölders. Cybulski bezieht wie Junkmann 800 Thlr., Schmölders 900 Thlr. Besoldung.

Von den 44 außerordentlichen Professoren, welche an der Fakultät während der fünfzig Jahre wirkten, waren, wenn wir nicht irren, nur 6 Katholiken. Gegenwärtig befindet sich unter den 6 außerordentlichen Professoren kein Katholik. Die Umstände erklären zur Genüge, warum gegenwärtig unter den dreizehn Privatdocenten bei der Fakultät nur ein Katholik, Scherner, ist, der seit 1858 lehrt.

Mithin beziehen die katholischen Lehrer der philosophischen

Fakultät, wenn man Elvenich's Besoldung als Oberbibliothekar außer Rechnung läßt, 4900 Thlr. Die evangelischen Lehrer, darunter vier besoldete außerordentliche Professoren mit 300 bis 600 Thlr., beziehen 16,100 Thlr. Der Unterschied ist also **11,200** Thlr. zu Gunsten der evangelischen Confession.

Summiren wir die Besoldungen der drei Fakultäten, so ergeben sich für die katholische Confession 5900 Thlr., für die evangelische 29,550 Thlr. Der Unterschied beträgt **23,650** Thlr. zu Gunsten der evangelischen Confession.

In den angegebenen Zahlen sind weder die Besoldungen der Beamten der Universität, noch die der Lectoren einbegriffen. Von den Universitätsbeamten sind bloß der Universitätssecretär Rabbyl und der Universitätskanzlist Hilbig katholisch; jener hat 900 Thlr., dieser 300 Thlr. Besoldung.

Unter den sieben Lectoren sind zwei, Marochetti und Krainski, Katholiken, jener für die italienische, dieser für die polnische Sprache. Der erstere hat 60 Thlr., der andere keine Besoldung. Früher scheinen alle Lectoren der evangelischen Confession angehört zu haben.

Von den sieben Musiklehrern, welche die Universität während der fünfzig Jahre zählte, ist nur einer, der gegenwärtige erste Musiklehrer, Baumgart, Katholik mit einer Besoldung von 250 Thlr. Sämmtliche frühern, sowie sämmtliche Exercitienmeister gehörten bisher der evangelischen Confession an, desgleichen, soweit uns bekannt ist, alle Pedelle und Unterbeamte.

Blicken wir nochmals in die Vergangenheit zurück, so wurden 1811 bei der Vereinigung der Frankfurter Universität mit der Leopoldina siebenzehn Professoren berufen. Unter den siebenzehn berufenen befand sich nur ein Katholik, nämlich Unterholzner. Der Lehrstuhl für Philosophie war, wie erwähnt wurde, den Statuten zuwider siebenzehn Jahre ausschließlich in der Hand der evangelischen Confession. Der Lehrstuhl für Geschichte war gleichfalls 1811 bis 1843, wo Kutzen Ordinarius mit 200 Thlr. wurde, zwei und dreißig Jahre und dann nach seinem Rücktritt aufs Neue 1849 — 1854 vier Jahre

ausschließlich in den Händen der evangelischen Confession. Mit
dem Lehrstuhle der klassischen Philologie verhielt es sich ebenso
1811 — 1839 acht und zwanzig Jahre, und seit 1856
sind es wieder volle sechs Jahre evangelische Lehrer, welche
die beiden Lehrstühle ausschließlich inne haben.¹) Das philologische Seminar ist gleichfalls in ihren Händen, Ambrosch
leitete nur 1839 — 1852 neben dem evangelischen Schneider
das Seminar. Von dem historischen Seminar gilt, wie wir
sahen, das Nämliche. Besoldeter Director des Seminars für
gelehrte Schulen²) war fortwährend der Protestant Middel-
dorpf. Nach seinem im vorigen Jahre erfolgten Tode wurde
dieses Amt dem Provinzialschulcollegium übertragen.

Unter den 50 Rectoren seit der Gründung befanden sich
12 Katholiken. Kein Curator, kein Universitätsrichter, kein Quästor gehörte je der katholischen Confession an. Der Senat besteht aus 14 Mitgliedern: dem Rector, dem Exrector, den fünf
Dekanen, sechs gewählten ordentlichen Professoren und dem
Universitätsrichter. Sehen wir ab von den Dekanen der beiden
theologischen Fakultäten, die ihre gewiesene Confession haben, so
verhielt sich seit Herbst 1846 d. i. während der letzten sechszehn
Jahre die katholische und evangelische Confession im Senate ein
Jahr 1854/55 wie 5 : 7, zwei Jahre 1858/59 und 1859/60 wie
4 : 8, vier Jahre 1847/48, 1849/50, 1850/51 und 1855/56
wie 3 : 9, sechs Jahre 1848/49, 1851/52, 1852/53, 1856/57,
1857/58 und 1861/62 wie 2 : 10 und drei Jahre 1846/47,
1853/54 und 1860/61 wie 1 : 11. Während jenes Zeitraums
hatte man sechs Jahre sieben Senatoren zu wählen; unter den

---

¹) Während der Correctur vernehmen wir, daß der Philologe Hertz
von Greifswald als Ordinarius für Breslau ernannt worden ist. Also
nun drei protestantische Philologen, kein katholischer!

²) Das Seminar für gelehrte Schulen ist für vier bis sechs
Philologen bestimmt, die ihre Studien beendigt haben. Mit Anfang ihres
Candidatenjahrs erhalten sie ein Stipendium von 250 Thlr. Sie haben
jährlich eine wissenschaftliche Arbeit dem Director einzureichen und stehen
unter seiner Aufsicht nach einem Reglement. Der Director bezieht als
solcher jährlich 400 Thlr.

sieben Gewählten war ein Jahr 1846/47 kein Katholik, zwei Jahre 1857/58 und 1860/61 ein Katholik, drei Jahre 1849/50, 1850/51 und 1856/57 zwei Katholiken. In den übrigen Jahren, wo nur sechs Senatoren zu wählen waren, befanden sich unter den Gewählten sieben Jahre 1847/48, 1848/49, 1851/52, 1852/53, 1853/54, 1858/59, 1861/62 nur ein Katholik, ein Jahr 1855/56 zwei, ein Jahr 1859/60 drei und ein Jahr 1854/55 vier Katholiken. Selbst in dem Jubeljahre 1861 also war außer dem Dekan der katholisch-theologischen Fakultät nur ein Katholik, und zwar durch's Loos, in den Senat gelangt. Da bei den Senatswahlen die Katholiken eine kleine Minorität bilden, ist die seltsame Erscheinung, wenn nicht entschuldbar, doch erklärlich. Im laufenden Jahre befindet sich außer dem Dekan der katholisch-theologischen Fakultät und dem Dekan der Juristen-Fakultät Gitzler wieder nur ein Katholik, Elvenich, durch Wahl im akademischen Senate.

Wie das philologische und historische Seminar, so waren auch die übrigen Institute bisher bis auf wenige Ausnahmen in den Händen der evangelischen Confession und sind es auch bis jetzt. Nur der botanische Garten hat den Katholiken Göppert seit 1852 zum Director, während die Inspectoren stets der andern Confession angehörten. Außerdem ist der Oberbibliothekar Elvenich katholisch; seine Vorgänger, Schneider, Wachler, Stenzler, waren sämmtlich evangelisch. Von den elf Unterbibliothekaren während der fünfzig Jahre waren zwei katholisch. Gegenwärtig zählt die Bibliothek drei Unterbibliothekare und einen Secretär, sie alle gehören dem evangelischen Bekenntnisse an.

Die wissenschaftliche Prüfungscommission zeigt in Breslau ein günstigeres Verhältniß als in Bonn. Im laufenden Jahre zählt sie fünf Katholiken: Stern, Göppert, Elvenich, Schmölders, Cybulski und vier evangelische Mitglieder. In den drei vorhergehenden Jahren hatte sie fünf Katholiken und bloß drei Evangelische. Die fünf weiter zurückreichenden Jahre standen die Zahlen sich gleich. Vier Jahre 1845—1848 erscheint Kutzen als Mitglied der Commission für die Geschichte und zugleich als Director, drei Jahre 1859—1861 prüfte

Junkmann die Geschichte. Die dazwischen liegende Zeit und im gegenwärtigen Jahre ist Röpell das Amt anvertraut. Seit 1851 prüft Elvenich in der Philosophie.

Wie die katholisch-theologische Fakultät in Breslau seit 1811 bedacht wurde, hat Movers in seiner „Denkschrift" sattsam nachgewiesen, aus der wir Folgendes hervorheben:

Als Hoffmann 1812 ausschied, blieb die Professur der Dog-matik sieben Semester unbesetzt und wurde dann Dereser für Dogmatik berufen. Der Extraordinarius Legenbauer zog 1813 eine Stadtpfarrei der kümmerlichen Besoldung bei der Uni-versität vor und blieb nun der Lehrstuhl der Pastoraltheologie drei und dreißig Jahre bis 1846 vacant. Im Februar 1817 soll die katholisch-theologische Fakultät berichtet haben: "einige Fächer, z. B. die biblische Exegese, könnten ebensogut bei protestantischen Theologen frequentirt werden"[1]). 1817 feierte die paritätische Uni-versität das Jubelfest der dreihundertjährigen Reformation; man war von der Schmiegsamkeit der Fakultät so sehr überzeugt, daß man sie an der Reformationsfeier Theil zu nehmen einlud, was sie indeß höflich abzulehnen die Kühnheit hatte. Daß die paritätischen Rechte durch die Universitätsfeier verletzt wurden, scheint die Fakultät kaum noch geahnt zu haben; selbst als ein apostasirter Geistlicher und Professor der philosophischen Fakultät in der Festrede sich nicht entblödete, die Lehren der katholischen Kirche zu verunglimpfen, blieb die Fakultät unthätig, obgleich die geistliche Behörde sie zum Einschreiten aufforderte. Als 1823 Pella seine Professur des Kirchenrechts niederlegte, ward diese theologische Professur bis auf den heutigen Tag nicht wieder besetzt; das Kirchenrecht, hieß es, gehöre in die juri-stische Fakultät. In den Jahren 1824—1830 lehrte der so beru-fene Anton Theiner als Extraordinarius bei der Fakultät, der dann Pfarrer, später Rongeaner wurde und als Königl. Uni-versitätssecretär starb. 1824 zog Haase der Professur ebenfalls eine Pfarrstelle vor, und nun blieb die Stelle der Moraltheo-logie fünfzehn Semester bis 1831 offen. Köhler, ein Greis

---

[1]) Die katholisch-theologische Fakultät an der Universität zu Breslau. Prüfung der über die Verhältnisse derselben von Herrn Professor Dr. Movers veröffentlichten Denkschrift. Leipzig 1845. S. 21.

von nahe 80 Jahren, combinirte noch immer mit seiner Professur der alttestamentlichen Exegese das Directorat des katholischen Gymnasiums, das 1824 volle 705 Schüler zählte. Nach
Deresers Tode 1827 blieb neben Moraltheologie, Pastoraltheologie und Kirchenrecht, auch die Dogmatik drei Jahre bis
1830 unbesetzt. Nach Köhlers Rücktritt 1830 war der Lehrstuhl der alttestamentlichen Exegese neunzehn Semester bis
1839 vacant. Müller, als Professor der Exegese von Gießen
berufen und »auf diplomatische Verwendung bei der Hessischen
Regierung 1831 von seinen dortigen Verbindlichkeiten befreit«,
mußte 1835 entfernt werden, weil er »zum Protestantismus
überzutreten beabsichtigte.«[1] Als der Moralist Berg 1837
starb, blieb die Professur der Moraltheologie neue sechzehn
Semester bis 1845 offen. Als Ritter im Sommer 1843 sein
Lehramt niederlegte, war auch die Kirchengeschichte bis Ostern
1845 unbesetzt; während dieser Zeit konnte nur Dogmatik und
Exegese an der Fakultät gehört werden.

So blieb seit 1811 bis 1844/45, wo Movers schrieb, der
Lehrstuhl der Dogmatik dreizehn Semester, der Lehrstuhl der
Moraltheologie einunddreißig Semester, der Lehrstuhl der
Pastoraltheologie einunddreißig Jahre, der Lehrstuhl der
alttestamentlichen Exegese neunzehn Semester, der Lehrstuhl der neutestamentlichen Exegese fünf Semester, der der
Kirchengeschichte drei Semester erledigt. Die Königliche Kabinetsordre vom 3. August 1811, die Statuten der Universität v. J. 1816 und das Reglement der katholisch-theologischen
Fakultät v. J. 1840 sicherten der Fakultät ein Minimum von
4000 Thlr. zu, das wenigstens alljährlich auf das Personal der Fakultät verwandt werden sollte. Nach mäßiger
Berechnung jedoch wurden statutenwidrig alljährlich seit 1811
durchschnittlich tausend Thaler von jenem Pekulium zu andern,
der Fakultät fremden Zwecken verausgabt. Unter anderm wurden
aus dem verbrieften Minimum des Pekuliums 200 Thlr. jährlich zur Dotirung des philologischen Seminars verwandt, und

---

[1] A. a. O. S. 29. 30.

ungeachtet der Proteste der Fakultät währte dies Verhältniß
ungefähr zwölf Jahre bis 1845. Aehnlich war das erwähnte
Pekulium zu andern Bedürfnissen z. B. zur Dotirung des Bau-
fonds lange verwendet worden. Die Gegenschrift selber gesteht
ein, daß dem Pekulium der Fakultät, wenn man das Minimum
von 4000 Thlr. zum Ausgangspunkte der Berechnung nimmt,
während dreißig Jahren 1812—1842 die bescheidene Summe
von 20,641 Thlr. 2 Sgr. 7 Pfg. entfremdet wurde. Diese
»Ersparnisse« motivirt sie also: »Diese Summe ist freilich
anderweitig verwandt worden, aber gewiß nicht zu Zwecken,
welche das Interesse der andern Confessionen vorzugsweise be-
günstigt und so den paritätischen Charakter der Universität verletzt hätten. Die evangelisch-theologische Fakultät hat niemals
den geringsten Gewinn davon gehabt. Vielmehr wurden Ueberschüsse dieser Art immer von den Instituten, die, wie die Bibliothek, auch den katholischen Theologen, oder, wie die Sternwarte,
der botanische Garten, das zoologische Museum, das Minera-
lienkabinet, das Institut für Kirchenmusik, doch den Studirenden
katholischer Confession gleichen Nutzen bringen, als den Evangelischen, absorbirt. Ersparnisse des Universitätsfonds sind ferner gewöhnlich zur Verstärkung der lange unzureichenden Bau-
fonds angewandt worden, und die katholisch-theologische Fakultät,
deren Professoren für ihre Amtswohnungen immer den Grundsatz geltend gemacht haben, daß alle Reparatur- und Instand-
haltungskosten aus Universitätsfonds getragen werden müßten,
hat daran gewiß mehr participirt, als die andern.«[1]) Wir
sehen überhaupt ab von einer Kritik der Gegenschrift, um nicht
grausam zu erscheinen, und bemerken nur noch Folgendes. Nicht
alle Professoren der katholisch-theologischen Fakultät haben Amtswohnungen. Früher waren deren nur drei; seit dem Fürst-
bischofe von Diepenbrock sind es vier, aber notorisch die
geringsten und schlecht unterhaltenen; sie können jährlich nur
wenig in Anspruch nehmen. Prof. Reinkens bezieht eine Mieths-
entschädigung von 200 Thlr., sie wird für das laufende Jahr

---

[1]) A. a. O. S. 41.

zum erſten Male, ganz widerrechtlich, aus dem Peꝛulium der katholiſch-theologiſchen Fakultät gezahlt. Wie wir aus zuverläſſiger Quelle vernehmen, hat die Fakultät dagegen ohne Erfolg reclamirt.

Gegenwärtig beträgt die Summe der Lehrerbeſoldung bei der katholiſch-theologiſchen Fakultät 4800 Thlr.[1] Pohl hat 1000, Balzer 400, Frieblieb 900, Bittner 900, Stern 800, Reinkens 800 Thlr. Und auch hier ſind wieder wie in Bonn zwei Lehrer zur Zeit nicht activ mit der Beſoldung von 1300 Thlr., und beträgt alſo die Beſoldung der activen Lehrkräfte nur 3500 Thlr. Dagegen beziehen die ſechs Ordinarien der evangeliſch-theologiſchen Fakultät zuſammen 5400, die drei Extraordinarien zuſammen 2200 Thlr.; mithin insgeſammt 7600 Thlr. Der Unterſchied beträgt, wenn wir die nicht activen katholiſch-theologiſchen Lehrer mitrechnen, 2800 Thlr. zu Gunſten der evangeliſch-theologiſchen Fakultät. Den höchſten Gehalt der katholiſch-theologiſchen Fakultät, 1000 Thlr., bezieht Pohl, den höchſten der evangeliſch-theologiſchen Fakultät, 1400 Thlr., beziehen Semiſch und Köſtlin. Die drei Extraor-

---

[1] Die Anlagen zum Staatshaushaltetat für das Jahr 1862 Bd. III. S. 262 ſetzen für die katholiſch-theologiſche Fakultät an: ſechs Ordinarien mit Gehaltsſätzen von 1000—400 Thlr. im Betrage von 5000 Thlr., außerdem zur Dispoſition 243 Thlr. Allein die Gehälter jener ſechs Ordinarien betragen nur 4800 Thlr., dagegen hat man willführlich und widerrechtlich, wie oben bemerkt, für das Jahr 1862 noch 200 Thlr. als Wohnungsentſchädigung für Prof. Reinkens auf den katholiſch-theologiſchen Etat geſetzt. Zu einer Amtswohnung iſt Reinkens berechtigt. Daher hat man, da die Wohnung nicht gewährt wurde, bisher 200 Thlr. aus den allgemeinen Univerſitätsfonds, nicht aus dem Peꝛulium gezahlt. Die zur Dispoſition ſtehenden 243 Thlr. ſind Zinſen aus den capitaliſirten Erſparniſſen des Peꝛuliums, das nie ganz zur Verwendung kommt. Vgl. oben S. 162 Anmerk. 2. Der Etat für das Jahr 1861 Bd. III., S. 256 hat richtig 4800 Thlr. für die katholiſch-theologiſche Fakultät und zur Dispoſition 443 Thlr.; wie letztere im Laufe des Jahres um 200 Thlr. geſunken ſind, vermögen wir nicht zu erklären. Im Etat für das Jahr 1860 Bd. III. S. 260 erſcheinen als Betrag für die nämliche Fakultät 5000 Thlr. und zur Dispoſition 404 Thlr.; es muß dort wieder 4800 Thlr. heißen.

dinarien der evangelisch-theologischen Fakultät beziehen 1000, 800 und 400 Thlr. Besoldung. Dagegen bezogen bei der katholisch-theologischen Fakultät die Extraordinarien Frieblieb anfangs 500, später 650 Thlr., weil er einen vacanten Lehrstuhl vertrat, Reinkens und Stern nur 300 Thlr. Die katholisch-theologische Fakultät zählte im verflossenen Winter 173, die evangelisch-theologische 113 Studirende.

Im Anfange der dreißiger Jahre berichtete der Oberpräsident von Merkel nach Berlin: mit dem Katholicismus in Schlesien sei es jetzt so gut wie aus. Die Folgezeit hat bewiesen, daß der Oberpräsident zu eilig die Fahnen über der schlesischen Kirche gesenkt hatte, indem die Scheintodte wieder erwacht ist. Als in den dreißiger Jahren ein Katholik im Begriffe stand, in Breslau Geschichte zu dociren, war der uns bekannte Ministerialreferent Johannes Schulze nicht wenig erstaunt: »Wie,« versetzte er, »Sie als Katholik wollen Geschichte an einer Universität lehren?« Als einem evangelischen Professor der philosophischen Fakultät ein Ruf an eine ausländische evangelische Universität bevorstand, berichtete sein Specialcollege: »Derselbe sei ein Kryptokatholik und Ultramontaner, vor dem man sich hüten müsse.«

Wie aber in Breslau die Parität bisweilen gehandhabt wurde, mögen einige wenigen Beispiele beweisen. Die Universität Breslau gratulirte 1844 der Universität Königsberg zum Stiftungsfeste. In dem Gratulationsschreiben der paritätischen Hochschule wurde der Protestantismus als »purior restituta religio« gepriesen. Die paritätische Universität Breslau beglückwünschte 1856 die Greifswalder Hochschule mit den Worten: »Die Universität Greifswald war ein Theil des Preises, den das Königreich Schweden im heiligen Kriege für die Glaubensfreiheit errang, für die sein Heldenkönig auf dem blutigen Felde bei Lützen als Opfer fiel.« Im Jahre 1853 veröffentlichte der Professor und General-Superintendent Hahn eine Schrift: Das Bekenntniß der evangelischen Kirche in seinem Verhältniß zu dem der römischen und griechischen, welche mit gehässiger Polemik und Entstellung der katholischen Lehre angefüllt ist. Es dürften kaum vier Jahre verflossen sein, als Hahn's Sohn als außerordentlicher Professor in der evangelisch-theologischen Fakultät sich mit einer Schrift über die Siebenzahl der heiligen Sacramente habilitirte. Die öffentliche Disputation zwischen ihm und den Professoren der katholischen Theologie Baltzer, Frieblieb und Reinkens, welche durch jene Schrift hervorgerufen wurde, that laut genug kund, wie sehr der junge Extraordinarius Hahn durch die beregte Schrift zur Förderung des confessionellen Friedens beigetragen hatte.

Ziehen wir das Ergebniß. Es wirken in den drei Fakultäten der paritätischen Hochschule Breslau **30** Ordinarien, darunter **6** Katholiken, **10** Extraordinarien, darunter **kein** Katholik und **30** Privatdocenten, darunter **5** Katholiken. Sämmtliche Lehrer der drei Fakultäten beziehen an Besoldung 35,450 Thlr., wovon 5900 Thlr. auf die katholische, 29,550 Thlr. auf die evangelische Confession fallen. Der Unterschied ist **23,650** Thlr. zu Gunsten der evangelischen Confession. Für Lectoren, Sprach- und Exercitienmeister sind im Etat 1,155 Thlr. vermerkt, wovon die Katholiken Lector Marochetti und Musiklehrer Baumgart zusammen 310 Thlr. beziehen, der Rest der andern Confession zufällt. Mithin stellt der Etat für die drei Fakultäten mit Einschluß der Lectoren, Sprach- und Exercitienmeister sich katholischerseits auf 6210 Thlr, evangelischerseits auf 30,395 Thlr. Der Unterschied beträgt **24,185** Thlr.

Nehmen wir die beiden theologischen Fakultäten hinzu, so hat die katholisch-theologische 6 Ordinarien und 2 Privatdocenten, die evangelisch-theologische 6 Ordinarien, 3 Extraordinarien und 1 Privatdocenten. Es kommen mithin auf **42** Ordinarien in den fünf Fakultäten **12** Katholiken, auf **13** Extraordinarien **kein** Katholik und auf **33** Privatdocenten 7 Katholiken. Unter den **55** Professoren der paritätischen Universität also sind nur **12**, unter **88** Docenten überhaupt nur **19** Katholiken. Der Etat der katholisch-theologischen Fakultät beträgt 4800 Thlr., der der evangelisch-theologischen 7600 Thlr. Mithin bezieht an Lehrergehältern mit Einschluß der Besoldung der Lectoren, Sprach- und Exercitienmeister in Breslau die katholische Confession 11,010,

12 *

die evangelische 37,995 Thaler. Der Unterschied beträgt 26,985 Thlr. Die Beamten der Universität und des Curatoriums sind darin nicht mitveranschlagt.

XIII.
Die übrigen preußischen Universitäten.

Werfen wir gleichfalls auf die übrigen Universitäten unseres engern Vaterlandes einen flüchtigen Blick. Wir beginnen mit der Universität Berlin.

Minister von Raumer erklärte 1853 im Abgeordnetenhause: "Die Universitäten Bonn und Breslau sind vereinigte evangelische und katholische Universitäten. Bei der Universität Berlin findet ein zweifelhaftes Verhältniß ihren Statuten nach statt." [1] Ein zweifelhaftes Verhältniß waltet in sofern ob, als die Statuten der Universität über die Confession der anzustellenden Lehrer nichts bestimmen. [2] Factisch wurden bisher nur ausnahmsweise Katholiken im Lehrkörper der Universität Berlin angetroffen. Gegenwärtig zählt die Juristenfakultät unter 9 Ordinarien und 3 Extraordinarien bloß einen Katholiken, den Extraordinarius v. Daniels, der als Lehrer der Universität keine Besoldung bezieht. Der Etat der Lehrerbesoldungen beträgt 13,500 Thlr., die also ganz auf die evangelische Confession fallen. Die medicinische Fakultät zählt 10 Ordinarien und 8 Extraordinarien, keinen Katholiken. Ihr Etat beträgt 20,800 Thlr., die also wieder ausschließlich der evangelischen Confession zu Gute kommen. Von den 26 Ordinarien der philosophischen Fakultät ist einer, Bopp, von den 29 Extraordinarien einer, Weierstraß, katholisch. Jener hat 1900 Thlr. als Professor und als Mitglied der Akademie 200 Thlr., dieser von der Universität 500 Thlr., beide zusammen also an Professorenbesoldung 2400 Thlr. Die evangelischen Professoren der Fakultät beziehen zusammen

---

[1] Stenographischer Bericht über die Verhandlungen der zweiten Kammer 67. Sitzung vom 7. Mai 1853. Die katholischen Interessen u. s. w. S. 334.

[2] Koch, die preußischen Universitäten I., 41 ff.

50,200 Thlr. Der Unterschied beträgt also **47,800 Thlr.** zu Gunsten der evangelischen Confession. Nach dem Gesagten zählen die drei Fakultäten unter 45 Ordinarien einen, unter 40 Extraordinarien zwei Katholiken. Mithin kommen in den drei Fakultäten auf 82 evangelische Lehrer 3 katholische. Unter letztern ist nur Bopp, der Gründer der sanskritischen Studien und der vergleichenden Sprachwissenschaft in Deutschland, ein Mann, dem in seiner Weise keiner in Europa gleichzustellen ist, Ordinarius. Bopp ist Rheinländer, aus Mainz. Die katholischen Lehrer beziehen in den drei Fakultäten zusammen 2400 Thlr., die evangelischen 84,500 Thlr. Besoldung. Der Unterschied beläuft sich auf **82,100 Thlr.** zu Gunsten der evangelischen Confession. Nimmt man die für Lectoren, Sprach- und Exercitienmeister jährlich angesetzten 400 Thlr. hinzu, so beträgt der Unterschied **82,500 Thlr.** zu Gunsten des evangelischen Bekenntnisses.

Bei dem „zweifelhaften" Charakter der Universität Berlin und dem angegebenen Zahlenverhältnisse der beiden Confessionen an derselben wird man es erklärlich finden, daß unter den 10 Privatdocenten der juristischen und den 19 Privatdocenten der medicinischen Fakultät sich gegenwärtig kein Katholik, unter den 27 Privatdocenten der philosophischen Fakultät sich bloß zwei Katholiken befinden.

Was die evangelisch-theologische Fakultät betrifft, so zählt sie 6 Ordinarien und 7 Extraordinarien mit **11,850 Thlr.** Besoldung. Außerdem wirken an ihr 3 Privatdocenten.

Man schrieb 1845 in officiöser Weise: „Es werde Niemand eine Begünstigung der katholischen oder eine Vernachlässigung der protestantischen Interessen darin sehen, daß die wichtigsten Lehrstühle der medicinischen Fakultät an der Universität Berlin mit Katholiken besetzt seien." [1] Es war dort, wie wir sahen, von längst vergangenen Zeiten Rede. Johannes Müller und Schönlein inzwischen genossen in Berlin keineswegs derartige Auszeichnung, daß man darin eine Bevorzugung der

---

[1] Die katholisch-theologische Fakultät an der Universität zu Breslau. Prüfung der über die Verhältnisse derselben von Hrn. Prof. Dr. Movers veröffentlichten Denkschrift, Leipzig 1845, S. 11.

Katholiken oder eine Vernachläßigung der Protestanten hätte
erblicken dürfen. Wie Johannes Müller sich zurückgesetzt fand,
wurde erwähnt: wir kommen hier nochmals eingehender darauf
zurück, und zwar um so unverholener, da der hochverehrte Mann
schon zu den Abgeschiedenen gehört und manche Rücksicht nunmehr wegfallen kann. In Bonn bezog Müller zuletzt in Folge
einer Berufung nach Freiburg 1300 Thlr. Besoldung. Als
Rudolphi starb, berief man Tiedemann aus Heidelberg. Allein
die Forderungen desselben waren so groß, daß man darauf nicht
eingehen konnte. So wurde denn Müller 1833 nach Berlin berufen.
Rudolphi's Stellung war für die damalige Zeit eine glänzende
gewesen: Besoldung als Professor 1100 Thlr., als Mitglied der
Akademie 500 Thlr., als Director des anatomischen Museums
800 Thlr., für Doctorexamina in seiner Eigenschaft als Senior
— vier Senioren theilten die Einkünfte — durchschnittlich
3000 Thlr. jährlich, alleiniger Anspruch auf das Honorar der
Secirübungen, endlich der kleine Betrag der Staatsexamina.
Von diesen ausgedehnten Einnahmen seines Vorgängers blieb
Müller die Besoldung von 1100 Thlr., wovon er jedoch 100 Thlr.
dem Prosector abgeben mußte, und die Mitgliedschaft der Akademie mit 100 Thlr., erst später 200 Thlr.; für die Direction
des anatomischen Museums erhielt Müller nichts, für Doctorexamina die ersten sieben Jahre nichts, und dann nicht das
ehedem übliche Viertel der Einkünfte, sondern, weil statt der bisherigen 4 Senioren nun 14 Mitglieder betheiligt wurden, den
entsprechenden viel kleinern Theil; vom Honorar für die Secirübungen nur die Hälfte und schließlich den kleinen Betrag der
Staatsexamina. Dann wurde im Jahre 1840 Müller nach
München berufen. Minister Eichhorn spendete goldene Worte
und Versprechungen, die aber erst ein Jahr nachher bei einer
allgemeinen Gehaltserhöhung der Professoren sich in der allen
andern ebenfalls verliehenen Zulage von 300 Thlr. verwirk-
lichten. Es verflossen dann ungefähr zehn Jahre, bis eine weitere, freiwillige Zulage von 100 Thlr. erfolgte, so daß Müller's
Professorgehalt in Berlin bei seinem Tode 1500 Thlr. betrug.
Seine 200 Thlr. von der Akademie der Wissenschaften reichten

durchgängig eben hin, den überschrittenen Kostensatz für die den
Abhandlungen der Akademie beigegebenen Kupfertafeln zu decken.
Seine übrige Einnahme verdankte er lediglich dem Honorar
für seine Vorlesungen: Physiologie, Anatomie des Menschen,
Pathologische Anatomie, Vergleichende Anatomie, für deren Be-
such inzwischen die zahlreichen Militaireleven statt des vollen
Honorars ein sehr viel kleineres Pauschquantum von 200 Thlr.
bezahlten. Seine zweite Berufung nach München 1853 zeigte
Müller amtlich gar nicht an in dem Bewußtsein, daß man ihn
gehen lassen werde. Eine Dienstwohnung, wie viele glaubten,
hat Müller nie gehabt. Seine jährlich unternommenen oft kost-
spieligen wissenschaftlichen Reisen wurden sämmtlich von ihm
aus eigenen Mitteln bestritten. Der seit vielen Jahren von ihm
sollicitirte Bau einer neuen Anatomie wurde erst seinem Nachfolger bewilligt. Der Ankauf seiner hinterlassenen Bibliothek, von
einem Königlichen Bibliothekar zu 15,000 Thlr. abgeschätzt,
ward ungeachtet der darauf gerichteten Anträge abgelehnt. Nach
Müller's Tode zerfiel seine Stelle folgendermaßen: die menschliche
Anatomie übernahm Reichert mit 1800 Thlr. Besoldung, die
Physiologie du Bois-Reymond mit 2000 Thlr. Besoldung, die
pathologische Anatomie hatte Müller noch zu seinen Lebzeiten an
Virchow abgegeben, der 2000 Thlr. Besoldung erhielt; für vergleichende Anatomie wurde kein Ersatz gefunden. Mancherlei
Erlebnisse bedecken wir lieber mit Stillschweigen. In den vierziger Jahren empfing der Bildhauer Rauch zu seinem Geburts-
tage die Ernennung seines Schwiegersohnes, des Prof. D'Alton
in Halle, zum Professor der Anatomie in Berlin mit 3000 Thlr.
Besoldung; nur der Protest der Fakultät wandte die darin
liegende maßlose Kränkung Müllers ab. 1850 wurde urplötzlich
ein physiologisches Institut unter der Direction des Prof. Schultz-
Schultzenstein mit einer Dotation von 500 Thlr. gegründet. Nach
zwei Jahren mußte das Institut wieder aufgehoben werden in
Folge eines Jahresberichts, der in religiöser Beziehung öffentliches Aergerniß erregte. Nur hatte Müller sich durch jenes
Institut genöthigt gesehen, aus eigenen Mitteln die Einrichtung eines zweiten physiologischen Instituts mit der hinrei-

chenben Anzahl von Mikroskopen in's Werk zu richten. Wer erinnert sich nicht des unerschrockenen Muthes, mit welchem Müller das Rectorat in den schweren Tagen des Jahres 1848 führte? Der Senat sprach ihm nach Beendigung desselben für sein mannhaftes und tapferes Benehmen seinen Dank aus. Sonst wurde ihm auch nicht das leiseste Zeichen der Anerkennung zu Theil, während der nachfolgende Rector Consistorialrath Nitzsch, der während des über Berlin verhängten Belagerungszustandes fungirte, sofort mit hohen Ehren und Orden ausgezeichnet wurde. Es fiel auf, daß selbst dem Leichenbegängnisse Müller's solche Ehrenbezeugungen fehlten, wie sie andern berühmten Gelehrten in Berlin stets zu Theil wurden. Wenn dem ausgezeichnetsten Manne seines Faches in der Hauptstadt so viel Unbill und Mißachtung begegnete, welche andere Erklärung bleibt dafür übrig, als daß er Rheinländer und Katholik war?

Aus älterer Zeit möge hier außer Jarcke, von dem früher Rede war, noch Phillips erwähnt werden. Er habilitirte sich im Jahre 1826 als Privatdocent an der Berliner Universität und wurde 1827 außerordentlicher Professor. Einen Gehalt erhielt er, wie manche Andere, nicht. Als er bei Gelegenheit seiner Verheirathung um einen solchen bat, wurde ihm eröffnet, es würde ihm die Besoldung von 500 Thlr. gegeben werden, wenn er nach Halle übersiedeln wollte. Er war dazu bereit, erwiederte aber, er müsse, um dem Vorwurfe einer Verheimlichung zu begegnen — man hatte diesen, wie wir sahen, gegen Jarcke erhoben — bemerken, daß er entschlossen sei, katholisch zu werden. Die darauf erfolgende Resolution lautete, daß er unter diesen Umständen nicht nach Halle versetzt werden könne, und so blieb er als Professor ohne Gehalt in Berlin bis zum Jahre 1833, in welchem er den Ruf nach München erhielt. Daß seine Stellung in Berlin mit manchen oft schmerzlichen Hintansetzungen verbunden war, haben seine Freunde oft genug mit ihm empfunden. Sein Hörsaal indeß war von Studirenden gefüllt, und seine Vorträge waren gesegnet. Die ziemlich sichere Aussicht, daß er unter den obwaltenden Umständen es in Berlin nie zu einer Besoldung bringen werde, ließ ihn den anfangs nicht viele Vortheile verheißenden Ruf nach München annehmen, und so wanderte er aus seinem Heimatlande, wir dürfen sagen, mit schwerem Herzen.

Bezüglich der drei übrigen Universitäten erklärte Minister von Raumer 1853 in dem Abgeordnetenhause: „Factisch steht es jedenfalls so, daß die Universitäten Königsberg, Greifswald und Halle ausschließlich evangelische Universitäten sind. Wenn in Greifswald zwei katholische Professoren angestellt sind, so ist das eine Ausnahme, die gegen das Statut Platz gegriffen hat."[1]) Die beiden Katholiken in Greifswald waren Baumstark und Urlichs, von welchen der letztere inzwischen einem Rufe nach Würzburg gefolgt ist. Außerdem war Windscheid einige Jahre Professor in Greifswald und nahm ungefähr zu derselben Zeit einen Ruf nach München an. Die Universität Greifswald zählte im verflossenen Wintersemester in der Juristenfakultät 5 Ordinarien, 1 Extraordinarius und 1 Privatdocenten, in der medicinischen Fakultät 6 Ordinarien, 3 Extraordinarien und 6 Privatdocenten, in der philosophischen Fakultät 13 Ordinarien, 3 Extraordinarien und 3 Privatdocenten. Von diesen 24 Ordinarien, 7 Extraordinarien und 10 Privatdocenten ist nur der Director der Akademie zu Eldena und Professor der philosophischen Fakultät, Geheimerath Baumstark, katholisch. Dahingegen waren unter den 412 Studirenden im verflossenen Winter 76 Katholiken. Außerdem befanden sich im Januar d. J. 16 katholische Doctoren der Medicin behufs Ablegung der Staatsprüfung in Greifswald. Und was thut die Universität für die alljährlich nach Greifswald kommenden katholischen Studirenden? Aus Universitätsmitteln werden zur Befriedigung ihrer religiösen Bedürfnisse jährlich 50 Thlr. hergegeben, d. i. der dritte Theil der Miethe für die katholische Kapelle und für die Wohnung des Geistlichen.

Der Etat der Juristenfakultät beträgt 5912 Thlr., der Etat der medicinischen Fakultät 8500 Thlr., der der philosophischen

---

[1]) Stenographischer Bericht über die Verhandlungen der zweiten Kammer 67. Sitzung vom 7. Mai 1853. Die katholischen Interessen u. s. w. S. 334.

16,650 Thlr. Für Lectoren, Sprach- und Exercitienmeister
sind 1735 Thlr. angesetzt. Mithin beträgt der Etat der
drei Fakultäten mit Einschluß der Besoldungen für Lectoren,
Sprach- und Exercitienmeister insgesammt 32,797 Thlr. Von
ihnen bezieht Baumstark als Professor der Universität 1200 Thlr.;
als Director in Elvena hat er 1200 Thlr. nebst freier Wohnung,
Garten und Fourage für 2 Pferde. Die Besoldung als Director
in Elvena bleibt hier außer Betracht. Mithin fallen der evangelischen Confession 31,597 Thlr. zu; der Unterschied beträgt
30,397 Thlr. zu Gunsten der evangelischen Confession. Den
höchsten Gehalt in der philosophischen Fakultät im Betrage von
1900 Thlr. bezieht Professor Hünefeld.

Die evangelisch-theologische Fakultät zählte im verwichenen
Winter 5 Ordinarien und 1 Privatdocenten. Sie bezieht jährlich 4600 Thaler.

Unter den Beamten der Universität hat, soviel uns bekannt
wurde, bisher ein Katholik nie eine Stelle gefunden.

Wir gehen zur Universität Halle über, die bekanntlich den
starr evangelischen Charakter trägt. Weder ein Docent, noch
ein Beamter der Universität darf katholisch sein. Diese Ausschließlichkeit geht so weit, daß selbst ein katholischer Hülfsarbeiter
auf der Bibliothek, selbst ein katholischer Portier bei einem der
Universitätsinstitute nicht geduldet wird. Vor einigen Jahren
hatte man einen Portier beim botanischen Garten der Universität angestellt. Als man in Erfahrung brachte, daß er Katholik
sei, mußte er abtreten. Daß man an der Universität durchweg
katholikenfeindlich gesinnt ist, wird man demnach erklärlich finden.

Die Universität zählt gegenwärtig in der Juristenfakultät
4 Ordinarien, 1 Extraordinarius und 1 Privatdocenten; in der
medicinischen Fakultät 6 Ordinarien, 1 Extraordinarius und 5
Privatdocenten; in der philosophischen Fakultät 17 Ordinarien,
5 Extraordinarien und 7 Privatdocenten. Der Etat beträgt
für die Juristenfakultät 6900 Thaler, für die medicinische
9158 Thlr., für die philosophische 21,494 Thlr. Für Lectoren, Sprach- und Exercitienmeister sind 997 Thlr. angesetzt. Mithin beläuft sich der Etat der drei Fakultäten insgesammt auf 38,549 Thlr.

Die evangelisch-theologische Fakultät zählt 6 Ordinarien, 4 Extraordinarien und 3 Privatdocenten. Ihr Etat beläuft sich auf **9400** Thlr.

Wir wenden uns zu der Universität **Königsberg**, die in neuerer Zeit Gegenstand vielfacher Erörterung geworden ist. Ein Theil der Mitglieder wünschte, daß die Universität den rein evangelischen Charakter abstreife, den sie vermöge ihrer Stiftung und nach ihren Statuten trägt, so zwar, daß »Juden und Katholiken« an ihr zugelassen werden könnten. Der Minister von Bethmann-Hollweg erklärte jedoch, diesem Antrage nicht willfahren zu können. In welchem Interesse zunächst der Antrag gestellt war, wird sich leicht aus Folgendem ergeben. Die Universität Königsberg zählt v i e r ordentliche und d r e i außerordentliche Professoren, ebenso e i n e n Privatdocenten, die sämmtlich entweder als Juden die Taufe empfingen, oder doch aus jüdischer Familie stammen. Außerdem ist der Privatdocent in der philosophischen Fakultät Saalschütz noch Jude. Ihm wurde das Prädikat eines Professors beigelegt, man sagt, auf Befürwortung des Generallieutenants von Plehwe, des Hauptes des Preußenvereins, zu welchem Saalschütz gehört haben soll. Katholiken befinden sich unter dem ganzen Personal der Universität Königsberg durchaus nicht. Die Juristenfakultät zählt 5 Ordinarien, 1 Extraordinarius und 1 Privatdocenten; die medicinische 9 Ordinarien, 1 Extraordinarius und 4 Privatdocenten; die philosophische Fakultät 16 Ordinarien, 3 Extraordinarien und 10 Privatdocenten. Der Etat der juristischen Fakultät beträgt 5694 Thlr., der der medicinischen 9278 Thlr., der der philosophischen 20,398 Thlr. Für Lectoren, Sprach- und Exercitienmeister ist im Etat nichts ausgeworfen. Der Etat für die drei Fakultäten insgesammt beläuft sich also auf **35,370** Thlr.

Die evangelisch-theologische Fakultät hat 4 Ordinarien, 3 Extraordinarien und keinen Privatdocenten. Der Etat beträgt **5687** Thlr.

Ueberblicken wir das Ganze, so wirken an den vier Hochschulen in den drei Fakultäten, der juristischen, medicinischen und philosophischen, **126**, mit Einschluß zweier lesenden Mitglieder

der Akademie in Berlin **128** Ordinarien, darunter **2** Katholiken, **59** Extraordinarien, darunter **2** Katholiken und **94** Privatdocenten, darunter **2** Katholiken. Die geringe Vertretung
der Katholiken auch unter den Privatdocenten hat in den exclu-
siven Statuten der drei und dem „zweifelhaften“ Charakter
der vierten Universität, wie letzteres schon bemerkt wurde,
ihre Erklärung. Die Etats der drei Fakultäten mit Einschluß
der Lectoren, Sprach- und Exercitienmeister betragen für die
vier Universitäten insgesammt 194,016 Thlr. Von ihnen
fallen 3,600 Thlr. auf die katholische, 190,416 Thlr.
auf die evangelische Confession. Der Unterschied beträgt also
186,816 Thlr. zu Gunsten der evangelischen Confession. Die
theologischen Fakultäten der vier Hochschulen zählen zusammen
21 Ordinarien, **14** Extraordinarien und **7** Privatdocenten mit
31,537 Thlr. Besoldung. Zählen wir sie hinzu, so ergeben
sich für die Universitäten **147** resp. **149** Ordinarien, darunter
2 Katholiken, **73** Extraordinarien, darunter **2** Katholiken,
und **101** Privatdocenten, darunter **2** Katholiken. Das Insgesammt der Besoldung beträgt **225,553** Thaler. Von ihm
fallen 3,600 Thlr. auf die katholische, 221,953 Thlr.
auf die evangelische Confession. Unterschied **218,353** Thlr.
zu Gunsten des evangelischen Bekenntnisses. Die Beamten der
Universitäten und des Curatoriums sind darin nicht mitveranschlagt.

Wir machen schließlich noch darauf aufmerksam, daß die
wissenschaftlichen Prüfungscommissionen zu Berlin, Königsberg,
Halle und Greifswald auch nicht Ein katholisches Mitglied
zählen. Die wissenschaftliche Prüfungscommission in Münster
hat ein evangelisches Mitglied, die an jenen vier Universitäten
kein katholisches. Die katholischen Studirenden sind förmlich gezwungen, ihre Prüfungen selbst in der Geschichte und in der
Philosophie bei Examinatoren der evangelischen Confession zu
machen, wofern sie sich nicht entschließen wollen, das entfernte
Breslau, Bonn oder Münster aufzusuchen. Und wie sie selbst
in diesem Falle die Prüfungscommission in Bonn zusammen-
gesetzt finden, wird man sich aus dem Frühern erinnern. Wir

müßten hier aufs Neue schweren Tadel aussprechen; aber wir hoffen, das bloße Hervorheben solcher Zustände, die leider zu lange empfunden wurden, werde genügen.

XIV.

Schluß.

Ziehen wir das Endergebniß. Auf sämmtlichen sechs preußischen Universitäten befinden sich in den drei Fakultäten, der juristischen, medicinischen und philosophischen, **200** resp. **202** Ordinarien, darunter **17** Katholiken, **82** Extraordinarien, darunter **7** Katholiken, **139** Privatdocenten, darunter **13** Katholiken. Auf **282** resp. **284** Professoren kommen also bei den drei genannten Fakultäten **24** katholische, auf **421** resp. **423** Docenten überhaupt **37** katholische. Das Verhältniß in Bezug auf die katholische und die evangelische Confession stellt sich demnach bei den Ordinarien wie **17:183** resp. **185**, bei den Extraordinarien wie **7:75**, bei den Privatdocenten wie **13:126**. Das Zahlenverhältniß der Professoren überhaupt ist wie **24:258** resp. **260**; dagegen das der Docenten insgesammt wie **37:384** resp. **386**.

Unter den **39** Lectoren, Sprach- und Exercitienmeistern befinden sich **6** Katholiken.

Die Besoldungen für die drei Fakultäten mit Einschluß der Lectoren, Sprach- und Exercitienmeister betragen **290,196** Thlr. Hiervon fallen **21,210** Thlr. der katholischen, **268,986** Thlr. der evangelischen Confession zu. Der Unterschied ist **247,776** Thlr. zu Gunsten des evangelischen Bekenntnisses.

Fügen wir die theologischen Fakultäten bei, so zählen die beiden katholisch-theologischen in Bonn und Breslau zusammen **11** resp. **13** Ordinarien, **1** Extraordinarius und **4** Privatdocenten. Dagegen haben die evangelisch-theologischen Fakultäten an den sechs Universitäten **33** Ordinarien, **18** Extraordinarien und **9** Privatdocenten. Die beiden katholisch-theologischen Fakultäten beziehen an Lehrergehältern zusammen **9100** resp.

11,000 Thlr. Die sechs evangelisch‐theologischen haben 45,737 Thlr. Der Unterschied ist also **36,637** resp. **34,737** Thlr. zu Gunsten der Evangelischen.

Fassen wir also alle Fakultäten an den sechs Universitäten insgesammt in's Auge, so zählen sie **244** resp. **248** Ordinarien, darunter **28** resp. **30** Katholiken, **101** Extraordinarien, darunter **8** Katholiken, **152** Privatdocenten, darunter **17** Katholiken. Mithin stellt sich bei allen Fakultäten sämmtlicher sechs Universitäten das Verhältniß in Bezug auf die katholische und die evangelische Confession für die Ordinarien wie 28 resp. 30:216 resp. 218, für die Extraordinarien wie 8:93, für die Privatdocenten wie 17:135. Das Zahlenverhältniß der Professoren überhaupt ist wie 36 resp. 38:309 resp. 311; dagegen das der Docenten insgesammt wie 53 resp. 55:444 resp. 446.

Die Besoldungen aller Fakultäten an sämmtlichen sechs Universitäten mit Einschluß der Lectoren, Sprach‐ und Exercitienmeister betragen zusammen 345,033 resp. 346,933 Thlr. Hiervon fallen 30,310 resp. 32,210 Thlr. der katholischen, 314,723 der evangelischen Confession zu. Der Unterschied ist **284,413** resp. **282,513** Thlr. zu Gunsten des evangelischen Bekenntnisses.

Und noch sind hiebei nicht die Emolumente mancher Lehrer mitgerechnet, nicht die Besoldungen der Universitäts‐ und Curatorialbeamten, nicht die Besoldungen der Bibliothekare, nicht die der Lehrer an den landwirthschaftlichen Instituten zu Poppelsdorf und Elbena. Wir fanden, daß lediglich für Bonn sich von dieser Seite ein Unterschied im Betrage von ca. 10,000 Thlr. zu Gunsten der evangelischen Confession ergab.

Verlangt man aber, wir müßten die katholische Akademie Münster mit in die Rechnung aufnehmen, welche zwei Fakultäten, eine philosophische und eine katholisch‐theologische, besitze und mit dem Rechte akademische Grade zu ertheilen ausgerüstet sei, so ist zu bemerken, daß ungeachtet ihres Promotionsrechtes die Akademie Münster nicht auf die gleiche Linie mit den sechs preußischen Hochschulen gestellt werden darf. Träte indeß die Akademie Münster wirklich mit in die Rechnung ein, so stellen sich die Verhältnisse also. Die philosophische Fakultät zu Münster zählt 6 Ordinarien, 3 Extraordinarien und 4 Privatdocenten, die katholisch-theologische 5 Ordinarien, 2 Extraordinarien und 1 Privatdocenten. Bei der philosophischen Fakultät bezieht Winiewski 1150 Thlr., als Vorsteher des philologischen Seminars 100 Thlr. und als Bibliothekar 100 Thlr., Deycks 1050 Thlr. und als Vorsteher des philologischen Seminars 100 Thlr., Rospatt 950 Thlr., Heis 950 Thlr., Hittorf 750 Thlr., Karsch 700 Thlr., die Extraordinarien Schlüter 500 Thlr., Storck 600 Thlr., Schwerdt 450 Thlr. und der Privatdocent Niehues 400 Thlr. Bei der katholisch-theologischen Fakultät haben die Ordinarien Berlage 1050 Thlr., die beiden Domkapitulare Reinke und Püngel je 200 Thlr., Cappenberg 1000 Thlr., Bisping 800 Thlr., die Extraordinarien Friedhoff 500 Thlr. und Schwane 400 Thlr. Mithin betragen die Lehrerbesoldungen, wenn wir den Bibliothekargehalt Winiewski's außer Rechnung lassen, für die philosophische Fakultät 7700, für die theologische 4150 Thlr., insgesammt 11,850 Thlr.

Demnach befinden sich bei den sämmtlichen sechs Universitäten in den drei Fakultäten mit Einschluß der philosophischen Fakultät an der Akademie Münster **206** resp. **208** Ordinarien, darunter **23** Katholiken, **85** Extraordinarien, darunter **10** Katholiken, **143** Privatdocenten, darunter **17** Katholiken. Auf **291** resp. **293** Professoren bei den drei Fakultäten kommen also **33** katholische, auf **434** resp. **436** Docenten überhaupt **50** katholische. Das Verhältniß in Bezug auf die katholische und die evangelische Confession stellt sich also bei den Ordinarien wie 23 : 183 resp. 185, bei den Extraordinarien wie 10 : 75, bei den Privatdocenten wie 17 : 126. Das Zahlenverhältniß der Professoren überhaupt ist wie 33 : 258 resp. 260; dagegen das der Docenten insgesammt wie 50 : 384 resp. 386.

Die Besoldungen für die drei Fakultäten an den sechs Universitäten mit Einschluß der Besoldungen der Lectoren, Sprach- und Exercitienmeister und mit Einschluß der philosophischen Fakultät zu Münster betragen 297,896 Thlr. Hievon fallen

28,910 Thlr. der katholischen, 268,986 Thlr. der evangelischen Confession zu. Der Unterschied ist **240,076** Thlr. zu
Gunsten des evangelischen Bekenntnisses.

Fügen wir die theologischen Fakultäten bei, so zählen die
drei katholisch-theologischen Fakultäten in Bonn, Breslau und
Münster zusammen 16 resp. 18 Ordinarien, 3 Extraordinarien
und 5 Privatdocenten. Die Summe der Lehrergehälter beträgt
13,250 Thlr. resp. 15,150 Thlr. An den sechs evangelisch-
theologischen Fakultäten wirken, wie wir fanden, 33 Ordinarien,
18 Extraordinarien und 9 Privatdocenten mit 45,737 Thlr.
Besoldung. Der Unterschied also beträgt **32,487** Thlr. resp.
30,587 Thlr. zu Gunsten der Evangelischen.

Fassen wir demnach alle Fakultäten an den sechs Universitäten
und die zwei Fakultäten an der Akademie Münster insgesammt
in's Auge, so zählen sie **255** resp. **259** Ordinarien, darunter
39 resp. **41** Katholiken, **106** Extraordinarien, darunter **13** Katholiken und **157** Privatdocenten, darunter **22** Katholiken. In
Bezug also auf die katholische und die evangelische Confession
stellt sich das Verhältniß für die Ordinarien wie 39 resp.
41 : 216 resp. 218, für die Extraordinarien wie 13 : 93,
für die Privatdocenten wie 22 : 135. Das Zahlenverhältniß
der Professoren überhaupt ist wie 52 resp. 54 : 309 resp. 311;
dagegen das der Docenten insgesammt wie 74 resp. 76 : 444
resp. 446.

Die Lehrerbesoldungen aller Fakultäten an sämmtlichen sechs
Universitäten mit Einschluß der Besoldungen der Lectoren,
Sprach- und Exercitienmeister und mit Einschluß der beiden
Fakultäten der Akademie Münster betragen 356,883 resp.
358,783 Thlr. Hievon fallen 42,160 resp. 44,060 Thlr.
der katholischen, 314,723 Thlr. der evangelischen Confession
zu. Der Unterschied ist **272,563** resp. **270,663** Thlr. zu
Gunsten des evangelischen Bekenntnisses.

Ueberblickt man diese Zahlen, so tritt grell und augenfällig
hervor, welche Confession in unserm Staate den höhern wissenschaftlichen Unterricht und darin den Einfluß in ihren Händen
hält, der durch diesen Unterricht ausgeübt wird. Jene Zahlen

beweisen mit unleugbarer und unwiderſprechlicher Evidenz, wer den akademiſchen Unterricht beherrſcht und auf welcher Seite die Schwerpunkte angetroffen werden, die das entſcheidende Ge- wicht in die geiſtige Entwickelung des paritätiſchen Verfaſſungs- ſtaates werfen. Nach den Statuten und durch die Verfaſſung gleichberechtigt, bleibt demungeachtet die katholiſche Confeſſion thatſächlich von den akademiſchen Lehrſtühlen größtentheils aus- geſchloſſen, nur als geringer faſt unſcheinbarer Bruchtheil greift ſie in den akademiſchen Unterricht ein, als wäre ſie blos zuge- laſſen und geduldet; bei den mediciniſchen Fakultäten iſt ſie ganz beſeitigt. Gegenüber den von uns gebrachten Zahlen noch von thatſächlicher Parität auf dem großen und wichtigen Gebiete des akademiſchen Unterrichts in Preußen reden wollen, kann nur, wer die Wahrheit verkennen will. Im Intereſſe des Friedens unter den Confeſſionen, der gegenſeitigen Achtung, ohne welche confeſſionelle Eintracht nicht denkbar iſt, im In- tereſſe der Gerechtigkeit, ohne die ſich unſer Verfaſſungsleben nimmer gedeihlich entwickeln kann, ſind jene Zuſtände tief zu beklagen, in allen Herzen redlicher und rechtlicher Männer jeden Bekenntniſſes müſſen ſie ernſte und ſorgenvolle Betrachtungen hervorrufen.

Auf den andern Gebieten unſeres ſtaatlichen Lebens ſind die Verhältniſſe nicht viel günſtiger. Unter allen Miniſtern, welche von dem Jahre 1815 bis zu dem Jahre 1848 an die Spitze der Geſchäfte berufen wurden, findet man nur Einen Katho- liken, den Herrn von Duesberg, während der kurzen Zeit von etwa anderthalb Jahren. Vom Jahre 1848 ab trifft man etliche wenige katholiſche Namen, alle nur während einiger Mo- nate, bis in letzterer Zeit der Fürſt zu Hohenzollern-Sigma- ringen während dreier Jahre den Vorſitz im Staatsminiſterium führte. Als die Katholiken Allerhöchſten Orts im Jahre 1852 ein beſonderes Miniſterium für die katholiſch-kirchlichen und Un- terrichts-Angelegenheiten beantragten, blieb ihre Vorſtellung ohne Antwort. Das Actenſtück, das erſt jüngſt in die Oeffentlichkeit gelangte, haben wir den Beilagen zu dieſer Schrift als Anhang hinzugefügt.

Unter den ſämmtlichen Oberpräſidenten der Rheinprovinz: 13

Graf zu Solms-Laubach, Freiherr von Ingersleben, von Pestel, von Bodelschwingh-Velmede, von Schaper, Eichmann, von Auerswald, von Kleist-Retzow, von Pommer-Esche, befand sich bis zur Stunde nie ein Katholik. Von den sämmtlichen Oberpräsidenten der Provinz Westphalen: Freiherr von Vincke, von Schaper, Flottwell, von Duesberg, ist nur der letztere katholisch. In ganz Preußen ist seit dem Jahre 1815 bis auf diese Stunde Herr von Duesberg der einzige katholische Oberpräsident, wie er vor 1848 der einzige katholische Minister war.

Unter den sämmtlichen Regierungspräsidenten in ganz Preußen seit dem Jahre 1815 bis auf diese Stunde zählt man zwei Katholiken, den verstorbenen Freiherrn von Spiegel-Borlinghausen in Düsseldorf und Kühlwetter in Aachen.

Woher die auffallende, auch dort also in den höchsten Sphären der Staatsbeamten sich wiederholende Erscheinung? Sollte die katholische „Gebundenheit des Geistes an die kirchliche Autorität" oder „der schroffe Gegensatz zwischen Ultramontanismus und dem Principe der Wissenschaft"[1]) auch hier den zureichenden Erklärungsgrund abgeben müssen?

Wollten wir weiter auch die übrigen höhern und mittlern Schichten der Beamtenkreise in die Erörterung hineinziehen, auch da würde auf den meisten Gebieten ein günstigeres Ergebniß sich nicht erschließen.[2])

---

[1]) Die Parität in Preußen und die ultramontane Partei. S. 61.

[2]) Wir können hier den bringenden Wunsch nicht unterbrücken, daß der Königl. Preußische Staatskalender, worin sonst Alles steht, was ein im Staatsdienste befindlicher Mensch ist, künftighin auch die Confession durch einen Buchstaben zu vermerken nicht unterlassen möge, wie ja sonst durchweg auf Pässen, bei Zeugenverhören, in jedem curriculum vitae u. s. w. vorschriftsmäßig geschieht. Es würde sich dann alsbald zeigen, wie die Aemter, insbesondere die hohen, die Ehren, Orden, Besoldungen sich unter die Confessionen vertheilen, und könnte dann Jeder selbst urtheilen, ob ein seit fünfzig Jahren so überaus consequenter „Zufall" noch fernerhin durch dieses Wort in seinem herkömmlichen, natürlichen Begriffe angemessen bezeichnet werden kann. Es liegt in der Natur der Sache, daß Angesichts solchen „Zufalls", nach welchem nur höchst ausnahmsweise Katholiken zu einer einflußreichen, hohen Stellung gelangen, die Candidaten katholischer Confession sich nur spärlich einstellen — es ist das nicht

Man hat vor zehn Jahren nachdrucksam darauf hingewiesen, daß die gleiche Disparität, wie bei den Universitäten, durch den gesammten Unterricht, durch das Gymnasial-, Schullehrerseminar-, selbst durch das Elementarschulwesen hindurchgehe. Es liegt außer unserm Kreise, auch hierüber statistische Nachweise herzusetzen. Daß es aber seither auf dem Gebiete des Unterrichts nach jener Seite wesentlich besser geworden sei, wird Niemand behaupten wollen.

Blickt man allen den Thatsachen gegenüber auf die Tactik einer Partei, die sich in jüngster Zeit mit Preußen und seinen Interessen identificiren möchte, so enthüllt sich ein Bild, das selbst den ruhigsten Beobachter mit Staunen und Unwillen erfüllen muß. Da sind die Evangelischen allerorts im grenzenlosesten Nachtheil. „Von allen Seiten indirect und direct bringt auf sie die römisch-katholische Aggression ein." Die Protestanten „überlassen sich einer staunenswerthen Sorglosigkeit", die Regierungen sind, „wo es auf energisches Handeln ankäme, von Zaghaftigkeit befangen"; sie müssen „aus dem Schlummer erweckt werden". „Seit einem halben Jahrhundert sind die kirchlichen Verhältnisse in Preußen grundfalsch behandelt worden." Es

Ursache, sondern Wirkung jener Disparität. Es fehlt in den Rheinlanden niemals an katholischen Juristen, da dieselben im Allgemeinen infolge der besondern Rheinischen Rechtsinstitutionen wissen, daß sie zu den höhern Stellen allmälig vorrücken, wenigstens ihr Glaubensbekenntniß durchweg ihnen nicht hinderlich ist, schon weil die vorherrschend protestantischen Provinzen nicht mit concurriren. Dahingegen finden sich verhältnißmäßig wenige katholische Rheinländer veranlaßt, auf dem administrativen Gebiete eine amtliche Laufbahn zu versuchen, da hier erfahrungsmäßig die Concurrenz mit den Nichtkatholiken, wenigstens in den höhern Regionen, immer oder doch fast immer zum Nachtheil der erstern ausschlägt. Es ist beachtenswerth, daß es auf dem Gebiete unserer Justizpflege an katholischen Intelligenzen nicht fehlt, während auf den andern Gebieten den Katholiken immer, wie auf dem Gebiete des höhern Unterrichts, der Mangel an katholischen Capacitäten vorgehalten wird, wenn sich Klage darüber erhebt, daß die hervorragenden Stellen fast ausschließlich mit Protestanten besetzt sind.

13*

ist für die preußische Regierung „hohe Zeit, Halt zu
machen auf der Bahn, auf der man sich immer weiter und weiter hat zurückdrängen lassen, um von
einem wiedergewonnenen festen Standpunkt aus
sich um die Wiedererwerbung eines bescheidenen
Theiles von dem Boden, der in unbedachter Sorglosigkeit aufgegeben wurde, zu bemühen." „Was
billige Protestanten der Preußischen Verwaltung
zunächst zumuthen dürfen, ist die Abhülfe gegen die
katholischen Uebergriffe, welche sie den Katholiken
gewähren würde, wenn diese über eben solche Uebergriffe von der evangelischen Seite Beschwerde zu
führen hätten." „Viele Klagen hat man bisher so
oft vernehmen müssen über **parteiische** Entscheidungen in Fällen, wo es sich um den rechtmäßigen
Besitz von Kirchen und Schulen handelt, zum Nachtheil der Evangelischen durch manche Provincialbe-
hörden, selbst durch die Centralbehörde." „Sieben
Millionen Katholiken bilden einen höchst bedeutenden Bestandtheil der Bevölkerung Preußens,
aber eilf Millionen Evangelische haben doch auch
den Anspruch, mit ihren religiösen und geistigen
Interessen berücksichtigt zu werden." Die Protestanten „befinden sich in der Lage der ursprünglichen
englischen **Ansiedler in Nordamerika,** von denen man
treffend gesagt hat, daß sie genöthigt waren, in der
einen Hand den Pflug, in der andern das Schwert
zu halten; so müssen auch sie sich stets wehren, um
ihren Anbau zu schützen." „Die Befreiung von jener unseligen, mit Haß und Zwietracht geschwän-
gerten Luft ist ein wesentliches Erforderniß für die
Gestaltung und Befestigung der Einheit, die jeder
redliche Vaterlandsfreund sehnlich herbeiwünscht."
So hallt es wieder in den Gelzer'schen Monatsblättern,
in Zeitschriften und Zeitungen, in eigenen größern Werken,
wie die „Historischen Briefe über die seit dem Ende des

sechszehnten Jahrhunderts fortgehenden Verluste
und Gefahren des Protestantismus ¹)", denen wir obige
Stellen wörtlich entnahmen und die mit ähnlichen Schlagstellen
angefüllt sind, in den „Stimmungen und Bestrebungen
der Katholiken in Rheinpreußen" im Märzhefte der
Preußischen Jahrbücher, in der Broschüre: „Die Parität in
Preußen und die ultramontane Partei"; selbst in den
Kammern möchte man ähnliche Anfeindungen gegen den Katholicismus zu den Stufen des Thrones niederlegen. ²) Es gilt
da vor Allem, die preußischen Katholiken zu verdächtigen. „Daß
der Ultramontanismus nicht gut Preußisch ist, weiß
Jeder." ³) „In der Gemeinschaft des Hasses gegen
Preußen vereinigen sich die Ultramontanen an der
Isar und am Inn, an der Donau und am Rhein, die Ultra-
montanen Ober- und Niederdeutschlands." ⁴) Der Ver-
fasser jener Stimmungen und Bestrebungen, zumal aber
die Broschüre, leisten auf dem Boden dieser Verdächtigungen das
Mögliche. Auf dem einen Blatte werden die Katholiken als
Verbündete der specifisch-preußischen Kreuzzeitungspartei, auf
dem folgenden als Geheime Agenten des Hauses Habsburg-
Lothringen dargestellt. ⁵) Als man den Erzbischof Clemens
August nach Minden abführte, ward er des „Zusammenhanges
mit dem feindseligen Einflusse zweier revolutionären Parteien"

---

¹) Sie erschienen Frankfurt und Erlangen 1861. Vgl. Brief 49,
50, 51 und die Vorrede. Die ganze Schrift, zum Theil Wiederabdruck
der Historischen Briefe an einen Sorglosen in den Gelzer'schen
Monatsblättern, ist aus bewußtem Hasse gegen den Katholicismus hervorgegangen.

²) Sybel's Adreßentwurf in der Kammer sagt wörtlich: »Allerdurch-
lauchtigster, allergnädigster König! das Preußische Volk ersehnt die Ent-
fernung hierarchischer Einflüsse aus Staat und Schule.«
Kölnische Zeitung No. 147 vom 28. Mai. Erstes Blatt.

³) Die Stimmungen und Bestrebungen der Katholiken
in Rheinpreußen. Preußische Jahrbücher a. a. O. S. 264.

⁴) Die Parität in Preußen und die ultramontane Partei. S. 40.

⁵) Die Stimmungen und Bestrebungen der Katholiken in Rheinpreußen
a. a. O. S. 265. 268. Die Parität in Preußen und die ultramontane
Partei. S. 89 fg. 43.

bezüchtigt. Was damals dem Erzbischof widerfuhr, das versuchen die kleindeutschen Ultramontanenhetzer jetzt mit den preußischen Katholiken in Masse.

So fügt man zu dem Nachtheil den Hohn, zu dem Hohn die Verläumdung und die Schmach. Es thut fürwahr sehr noth, daß die Katholiken sich wehrhaft machen, um ihr Recht, oder wo nicht dies Recht, doch wenigstens ihren ehrlichen Namen zu retten. In allen wahrhaft kritischen Momenten haben die Katholiken sich als gewissenhafte und treue Unterthanen dem Königshause und Sr. Majestät dem Könige bethätigt. Sie haben jederzeit zwischen den Intentionen Sr. Majestät des Königs und denen der Bureaukratie zu unterscheiden gewußt. Der Katholik ist duldsam; er ist immer duldsamer als der confessionelle Gegner, das beweist die Geschichte der Rheinuniversität; keiner von den Katholiken, die durch die schreiende Verletzung der Parität benachtheiligt wurden, hat öffentlich seine Stimme erhoben. Auch diesmal hätten wir geschwiegen, wäre es nicht zur Pflicht und Ehrensache geworden, den Angriffen gegenüber den Schleier herabzuziehen von den Dingen, damit sie in ihrer Wahrheit und nackten Wirklichkeit erscheinen. Niemanden, wer es immer sein mag, räumen wir Katholiken das Vorrecht ein, treuerer Unterthan zu sein. Was wir fordern, ist das durch Verfassung und durch Gesetze verbriefte unbestreitbare Recht, und man muß und wird uns gerecht werden, weil wir nur wollen was Recht ist.

Als die Studirenden der Rheinischen Hochschule Angesichts der Thatsachen besonnen und mäßig ihre Stimme für die Herstellung der Parität erhoben, hat diese Stimme tausendfachen Wiederklang in allen Provinzen des Staats gefunden. Sie haben ihre Vorstellung, wie öffentliche Blätter meldeten, im Monate März dem Herrn Minister unterbreitet. Eine Entscheidung ist, wie man vernimmt, noch nicht erfolgt. Die Vorstellung ist inzwischen der Oeffentlichkeit übergeben worden, möge sie diese

Schrift schließen. Möge der ernste und eingreifende Schritt, den die Studirenden unternommen haben, mit gutem Erfolge gekrönt werden, die Saat, die sie gesäet, ihre Reife erlangen zum Frommen des paritätischen Verfassungsstaates, zur Eintracht der Confessionen auf dem gemeinsamen Boden des corporativen Rechts, zur Blüthe und zum Ruhme Preußens.

Adresse der Studirenden an den Herrn Minister.
Kölnische Zeitung vom 13. Juni No. 162. Erstes Blatt.

Ew. Excellenz

wagen es die unterzeichneten Studirenden der Universität Bonn mit einer unterthänigsten Vorstellung und Bitte in tiefster Ehrfurcht zu nahen.

Mit Befremden haben sie beobachtet, wie die katholische Confession in dem Lehrkörper unserer Hochschule nur einen kleinen, sich immer vermindernden Bruchtheil bildet und in Folge des großen numerischen Uebergewichtes der evangelischen Confession die katholischen Interessen nur zu häufig verletzt werden.

Daher haben sie in geziemender Ehrerbietung sich an den Curator der Universität, Herrn Geheimerath Beseler, als den Vertreter Ew. Excellenz an unserer Hochschule, mit einer gehorsamsten Vorstellung gewendet, dessen gewogene durch die Bonner Zeitung veröffentlichte schriftliche Erwiederung vom 20. v. M. sie anzulegen sich erlauben.

Diese Erwiederung hat die Besorgnisse der unterthänigst Unterzeichneten nicht beseitigen und die Hoffnung auf Abstellung des jetzt bestehenden Mißverhältnisses nicht beleben können.

Die Zahl der activen katholischen ordentlichen Professoren an unserer Hochschule verhält sich zu der der evangelischen bei der Juristenfakultät wie 2:5, bei der medicinischen Fakultät wie 1:9, bei der philosophischen wie 6:21. Sämmtliche wissenschaftliche Seminare und Institute leiten fast ausschließlich evangelische Lehrer, das historische Seminar, wie verlautet, gar auf Lebenszeit.

Ew. Excellenz ersuchen daher die unterzeichneten Studirenden so angelegentlichst wie unterthänigst, Hochdieselben wollen geruhen, Bedacht zu nehmen, daß das große arithmetische Mißverhältniß durch Beförderung, beziehungsweise Berufung ausgezeichneter katholischer Docenten an unserer Hochschule beseitigt, die Parität hergestellt und der Schein entfernt werde, als ob der Grundsatz, auf die Confession der Lehrer werde keine Rücksicht genommen, in seiner Anwendung dazu diene, katholische Lehrer von unserer Hochschule fern zu halten und ihr beinahe den Charakter einer e v a n g e l i s c h e n zu verleihen. Sie glauben, daß davon das Vertrauen der Provinz in ihre Hochschule, ihr Flor und ihr Gedeihen wesentlich bedingt sein müsse.

Indem die unterthänigst Unterzeichneten huldvolle Entgegennahme hoffen, verharren sie in nnumschränkter Ehrerbietung

Ew. Excellenz

Bonn, den 28. März 1862.   ꝛc. ꝛc.

[Folgen circa 400 Unterschriften]

An

Seine Excellenz

Den Minister der geistlichen, Unterrichts-

und Medicinal-Angelegenheiten

Herrn von Mühler

ꝛc. ꝛc.

in Berlin.

Beilagen.

I.

Zustimmungsadresse der Studirenden in Münster an die Unterzeichner der Vorstellung an den Curator der Universität Bonn.

Kölnische Zeitung vom 15. März No. 74. Zweites Blatt.

Herrn B. Fuisting stud. jur. sowie den übrigen
Unterzeichnern der Adresse vom 19. Februar
1862   zu
            Bonn.

Commilitonen!

Mit dem lebhaftesten Beifall haben wir vernommen, in welch freimüthiger Weise Ihr die Handhabung der Parität an Eurer Hochschule vor dem Curator Herrn Geheimerath Beseler zur Sprache gebracht und um Abhülfe der in dieser Beziehung obwaltenden Uebelstände gebeten habt. Namentlich aber hat Eure standhafte und entschiedene Haltung gegenüber den Eröffnungen des Herrn Curators unsere vollste Anerkennung gefunden.

Denn daß der Gleichberechtigung beider Confessionen an der rheinischen Universität zu wenig Rechnung getragen und besonders bei der Besetzung der Lehrstühle auf die Katholiken nicht die gehörige Rücksicht genommen wird, ist nicht nur von Euch, sondern auch außerhalb Bonn von allen rechtlich Denkenden schon seit vielen Jahren mit der größten Mißbilligung empfunden worden.

Daher geben wir Studirende der katholischen Akademie zu Münster bei dieser Gelegenheit gern unsern längst gehegten Gefühlen Ausdruck und sprechen Euch für Euer muthiges Auftreten um so eher unsern Dank aus, als wir bei den jetzigen Verhältnissen wohl schwerlich Hoffnung haben, unsere Akademie zu einer Universität erhoben und dadurch den oft wiederholten, wohl begründeten Forderungen der Katholiken entsprochen zu sehen.

Zugleich geben wir Euch die Versicherung, daß die wahren „Freunde der Wahrheit" in den Vertheidigern einer gerechten Sache niemals „Gegner des Princips der freien Bildung und Forschung auf wissenschaftlichem Gebiete"[1] erblicken werden.

Darum muthig vorwärts, Commilitonen, auf dem betretenen Wege!

Es lebe die Parität!

Münster, den 28. Februar 1862. [Folgen 430 Unterschriften.]

II.

Antwortschreiben der Bonner Unterzeichner der Adresse vom 19. Februar.

Kölnische Blätter vom 3. April No. 95, Beilage.

Commilitonen! Für Euere mit 430 Unterschriften bedeckte, entschiedene und anerkennenswerthe Zustimmungs-Adresse sagen wir Euch unsern wärmsten Dank.

Mit geziemendem Freimuthe sind wir für ein Princip eingetreten, welches geltend zu machen, unsere Provinz die heilige Pflicht hat, das, in's Leben eingeführt, unsere Hochschule zu ihrer vollen Blüthe führen, dem Staate aber zum Nutzen und Ruhme gereichen muß. Wir haben uns verwahren wollen dagegen, daß unsere paritätische Hochschule, die ein erhabener Monarch unseres allerdurchlauchtigsten Königshauses für die Westprovinzen stiftete, allmälig in eine evangelische umgestaltet werde. Feierlich und auf's Entschiedenste erheben wir unsere

---

[1] Die Kölnische Zeitung hatte in No. 55 vom 24. Februar unter den „Vermischten Nachrichten" folgende Correspondenz aus Bonn gebracht: „Bonn, 22. Febr. Heute Morgens erschien am schwarzen Brett der hiesigen Universität folgender Anschlag:

Gegenüber der offenbar aus tendentiöser Absicht verbreiteten Nachricht, daß an der bekannten Adresse Studirende beider Confessionen sich betheiligt haben, glauben wir es uns schuldig zu sein, hiermit zu erklären: 1) daß uns von der angeblichen Betheiligung evangelischer Studirenden an einer Adresse, die, von einseitigen Vorurtheilen ausgehend, nur dazu dienen kann, die Stellung der beiden Confessionen zu einander immer schwieriger zu machen, nichts bekannt ist; 2) daß, wenn wirklich einige unserer Glaubensgenossen sich dazu haben hergeben können, den geheimen clericalen Bestrebungen zu Liebe sich gegen das Princip der freien Bildung und Forschung auf wissenschaftlichem Gebiete zu erklären, diese keineswegs als die Repräsentanten der hiesigen evangelischen Studentenschaft anzusehen sind.

Bonn, 22. Febr. 1862. Mehrere Freunde der Wahrheit."

Die Red. fügte die Bemerkung bei: „Eine solche Erklärung gegen das Princip u. s. w. steht doch wohl nicht in der Adresse."

Der ⁂ Rektor hatte den Anschlag sogleich herabnehmen lassen.

Stimme gegen eine Auffassung, wonach „drei Lehrstühle unserer Universität beziehungsweise in der juristischen und philosophischen Fakultät mit
Katholiken besetzt werden", und damit die Parität an ihr ein Ende haben
soll. Wem gute Eintracht der Confessionen, wem wahrer Frieden am
Herzen liegt, kann unser Streben nicht mißbilligen. Daß Ihr, Commilitonen, frei und offen Euch für uns ausgesprochen habt, konnte nur
dazu beitragen, unsern Muth zu beleben, und ermuntert uns, das Ziel
unverrückten Blickes und mit nie wankender Zuversicht im Auge zu behalten.

Euer Wunsch, die Akademie Münster zu einer Universität erhoben
zu sehen, wird eine Forderung der Gerechtigkeit bleiben, so lange drei
Hochschulen des Staats den rein evangelischen Charakter tragen und
fortfahren, durch ihre Statuten katholische Lehrer auszuschließen.

Daß wahre „Freunde der Wahrheit" in uns niemals „Gegner des
Princips der freien Bildung und Forschung auf wissenschaftlichem Ge-
biete erblicken", diese Euere Versicherung ruht auf so unwiderleglichem
Grunde, daß wir verzichten müssen, darüber Worte zu verlieren.

Indem wir, Commilitonen, Euere Hand festhalten zu treuem Bunde,
hegen wir das feste und unerschütterliche Vertrauen, daß unsere gerechte
Sache bei unserer höchsten Staatsbehörde wohlwollende und huldvolle
Anerkennung finden wird. Wir verharren mit vollkommener Hochachtung

Bonn, den 25. März 1862.

Die Unterzeichner der Adresse vom 19. Februar.

A. A.

[Folgen 20 Unterschriften, je 5 aus den verschiedenen Fakultäten.]

An Herrn stud. phil. W. Mecker und die übrigen Herrn Unterzeichner der Adresse vom
28. Februar in Münster.

III.

Zustimmungsadresse der preußischen Studirenden in Tübingen an die Unterzeichner der Vorstellung an den Curator der Universität Bonn.

Kölnische Zeitung vom 15. März No. 74. Zweites Blatt.

Tübingen, den 2. März 1862.

Adresse der hiesigen katholischen Studenten aus
Preußen an Herrn stud. jur. B. Fuisting
und alle die Herrn, welche sich an der dem
Curator der Universität Bonn, Herrn Geheimerath Beseler, überreichten Beschwerdeschrift betheiligt haben.

Bei der natürlichen Theilnahme, mit welcher die Unterzeichneten die in
confessioneller Hinsicht sich immer trauriger gestaltenden Verhältnisse der
Universität Bonn verfolgten, konnte es nicht fehlen, daß sie die ebenso

zeitgemäße als tief begründete Bewegung unter ihren geehrten Herrn
Commilitonen auf das freudigste begrüßten und mit dem höchsten Interesse
der Antwort auf eine Bitte entgegensahen, deren Gewährung von jedem
billig Denkenden mit Recht hätte erwartet werden dürfen. Zu ihrem
größten Bedauern haben daher die Unterzeichneten erfahren, daß das
erhaltene Rescript des Herrn Curators nicht nur nicht die geringste Aus=
sicht auf eine wenn auch nur annähernde Abhülfe von den in Ihrer
Adresse hervorgehobenen Mißständen gewährt, sondern dieselben sogar
durch eine neue Kränkung zu rechtfertigen sucht. Oder sollten sich wirk=
lich bei ernstlichem Bemühen keine Männer finden, die, „obgleich sie Gott
nach dem katholischen Lehrbegriff verehren, dennoch in Betracht ihrer
natürlichen Fähigkeit, ihrer gründlichen Gelehrsamkeit und ihrer vorzüg=
lichen Lehrgabe" im Stande wären, sowohl den Ruhm unserer rheinischen
Universität zu fördern, als auch dem leider nur allzu gerechtfertigten
„Vorurtheile" ein Ende zu machen, als ob Preußens ehrenvolle Devise:
„Suum cuique" wenigstens in Betreff der Parität vollständig vergessen
sei? Und wäre auch der Vorwurf begründet, daß die katholischen Ge=
lehrten Preußens sich nicht bis zu jener Höhe der Wissenschaft emporge=
schwungen hätten, wie die Gelehrten anderer Confessionen, so wäre es
doch ein logisch ungerechtfertigtes Verfahren, das als Ursache vorschützen
zu wollen, was sich als nothwendige Wirkung ergeben muß, wenn
das Mißverhältniß zwischen katholischen und protestantischen Docenten
noch länger aufrecht erhalten wird.

In Anbetracht dieser Verhältnisse fühlen sich daher die Unterzeichneten
gedrungen, dem Schritte der geehrten Herrn Bonner Commilitonen
durch diese ausdrückliche Erklärung ihre vollste Zustimmung zu ertheilen.
In der festen Ueberzeugung, daß Sie in dem Kampfe für Recht und Ge=
rechtigkeit und für die Wahrung der heiligsten Interessen nicht ermüden
werden, wollen sich die Unterzeichneten keineswegs der Hoffnung ent=
schlagen, Ihre edlen Bemühungen von einem günstigeren Erfolge, als
bisher, belohnt zu sehen.

Es haben die Ehre, mit der größten Hochachtung zu zeichnen:

[Folgen 28 Unterschriften.]

IV.

Antwortschreiben der Bonner Unterzeichner der Adresse vom 19. Februar.

Kölnische Blätter vom 3. April No. 95, Beilage.

Commilitonen! Zu dem Schritte, den wir unternahmen, indem wir
dem Herrn Curator unserer Universität unser Gesuch vom 19. v. M.
vorlegten, habt Ihr uns unterm 2. März ausdrücklich Eure vollste Zu=
stimmung erklärt. Ihr hegt die feste Ueberzeugung, daß wir in dem

Kampfe für Recht und Gerechtigkeit und für die Wahrung der heiligsten
Interessen nicht ermüden werden, und sprecht die Hoffnung aus, unsere
Bemühungen von einem günstigeren Erfolge, als bisher, gekrönt zu sehen.

Wir haben in einer Zeit, wo fast allen Fragen auch des politischen
und sogar des socialen Lebens ein confessioneller Charakter aufgedrückt
wird, uns verbunden erachtet, unsere Stimme für das Recht und die
Billigkeit da zu erheben, wo diese in einer Weise hintangesetzt scheinen,
die mit unserm Staatsleben nicht länger verträglich sein dürfte. Eine
Parität, die den Katholiken je „drei Lehrstühle, beziehungsweise in der
juristischen und philosophischen Fakultät" an den beiden paritätischen Hochschulen zugesteht und darüber hinaus die akademischen Lehrer „ohne Rücksicht
darauf, ob sie Gott nach dem katholischen oder evangelischen Lehrbegriffe
verehren," so wählt, daß die katholische Confession von den Lehrstühlen
beinahe ausgeschlossen erscheint, kann die Zustimmung der billig Denkenden niemals finden. Das Interesse der Hochschule, der wir angehören,
weit mehr noch unser lebhaftes Interesse für den wahren und lebens-
kräftigen Fortschritt unseres Staatslebens hat uns nicht zögern lassen,
ein Princip abzulehnen, das nur Unfrieden erzeugen und dem Staats-
wohle nachtheilig werden kann. Suum cuique lautet die ehrenvolle
Devise, die unser Staat, wie überall, so auch hier nicht länger verleug-
nen wird. Wir hegen die unerschütterliche Zuversicht, unsere höchsten
Behörden werden der durch die Staatsgesetze gebotenen Parität Rechnung
zu tragen nicht verweigern. Daß Ihr, Commilitonen Preußens an der
Tübinger Hochschule! mit uns offen einsteht für die gerechte Sache, verpflichtet uns nicht nur zu innigem Danke, sondern gibt auch uns desto
festeres Vertrauen, jene Zuversicht werde nicht getäuscht, und bei der
Wahl der akademischen Lehrer ein Princip beseitigt werden, das eben so
ungerecht und unhaltbar ist, als es in seinen Folgen verderblich sein muß.

Wir verharren in größter Hochachtung

Bonn, den 19. März 1862.

Die Unterzeichner der Adresse vom 19. Februar.

[Folgen die Unterschriften.]

An die Herren Unterzeichner der Adresse vom 2. März
in Tübingen.

V.

**Zustimmungs-Adresse der preußischen Studirenden in Mün-
chen an die Unterzeichner der Vorstellung an den Curator
der Universität Bonn.**

Kölnische Zeitung vom 15. März No. 74. Zweites Blatt.

Commilitonen! Euer Streben, mit welchem Ihr die paritätische Besetzung der Lehrstellen an dortiger Universität höhern Orts zur Sprache
gebracht habt, hat in allen Theilen unseres Vaterlandes die verdiente

Anerkennung gefunden. Möchte dies der glückliche Anfang zur Beseiti=
gung eines Mißverhältnisses sein, welches, wir dürfen es nicht verhehlen,
sich auch in andern Zweigen der höheren preußischen Beamtenwelt seit
Langem herausgestellt hat. Wenn auch Eure Vorstellungen bis jetzt noch
keine Berücksichtigung gefunden haben, so sind wir doch der festen Hoff=
nung, daß dieselben noch von andern Kreisen unterstützt und so dennoch
einen günstigen Erfolg haben werden.

Diese Kundgebung unserer vollen Theilnahme und Zustimmung möge
Euch eine Ermunterung sein, das angestrebte Ziel beharrlich zu verfol=
gen, und ein Beweis, daß ein edles Streben sich Aller Geister verbündet,
welchen der wahre Fortschritt am Herzen liegt.

München, den 7. März 1862.

Eure preußischen Mitbürger und Commilitonen an der
Universität zu München.

[Folgen 21 Unterschriften.]

VI.

Antwortschreiben der Bonner Unterzeichner der Adresse vom 19. Februar.

Kölnische Blätter vom 3. April No. 95, Beilage.

Commilitonen! Eure Theilnahme und Zustimmung, welche Ihr in
der Adresse vom 7. März kundgegeben habt, verbindet uns zum aufrich=
tigsten Danke. Die paritätische Gleichstellung der Confessionen, wie in
allen Zweigen des Staatsdienstes, so insbesondere bei der Besetzung der
akademischen Lehrstühle auf unsern Universitäten, ist nicht bloß eine For=
derung der Billigkeit, sondern recht eigentlich des Rechtes und der Ge=
rechtigkeit. Ihr habt unser Streben ganz richtig als ein solches ver=
standen, das den „wahren Fortschritt" in unserm Staatsleben anstrebt.
Von dem wahren Fortschritte kann die gleichmäßige Berücksichtigung der
Interessen beider Confessionen nicht getrennt werden, und darum sind
wir freimüthig für das Princip einer wahren, auf Gerechtigkeit und Bil=
ligkeit gegründeten Parität eingetreten. Durch die Kundgebungen unse=
rer Commilitonen, durch den Beifall der Provinz, durch die gerechte Sache
ermuthigt und getragen, werden wir das einmal ergriffene Ziel so nach=
drücklich wie beharrlich verfolgen und sind des Erfolges bei unsern höch=
sten Staatsbehörden sicher und gewiß.

Bonn, den 23. März 1862.

Die Unterzeichner der Adresse vom 19. Februar.

[Folgen die Unterschriften.]

An die Herren Unterzeichner der Adresse
vom 2. März in München.

VII.

Zuſtimmungs-Adreſſe der Breslauer Studirenden an die Unterzeichner der Vorſtellung an den Curator der Univerſität Bonn.

Kölniſche Blätter vom 14. März No. 73, Beilage.

Commilitonen! Mit Freuden haben wir Euer entſchloſſenes Vor-
ſchreiten in Betreff des an Eurer Univerſität ſo ſehr vernachläſſigten ſtatu-
tenmäßigen Princips der confeſſionellen Gleichberechtigung bei Beſetzung
der Lehrſtühle vernommen. Eurer Stimme am deutſchen Rheine ant-
wortet theilnehmend unſer Ruf vom Oderſtrand in um ſo lebhafterm
Wiederhall, als bei uns leider ähnliche Verhältniſſe obwalten, wie bei
Euch. Auch wir ſind überzeugt, daß es katholiſche Männer genug gibt,
die durch ihre Kenntniſſe die Wiſſenſchaft mit Ehren auf dem Katheder
zu vertreten im Stande ſind und dadurch leicht den Einwand beſeitigen
können, als bedinge der Mangel an tüchtigen katholiſchen Docenten die
faſt zur Regel gewordene Wahl von proteſtantiſchen. Auch wir verlangen eben ſo wenig wie Ihr, daß nur nach arithmetiſchen Verhältniſſen
die Profeſſuren beſetzt werden; denn das hieße gewiß die Axt an die
Wurzel jeder Hochſchule legen. Aber auch wir können es nicht
als Werk des Zufalls betrachten, daß bei eintretenden
Vacanzen der Lehrſtühle regelmäßig die Proteſtanten als
befähigter erſcheinen. Oder ſollten wirklich unter preußiſchem Him-
mel nur die den Proteſtanten angeborenen Fähigkeiten ſich entwickeln
und entfalten können? Weit entfernt indeß, dieſe in ihren Rechten kränken zu wollen, fordern wir doch nicht unbillig, daß auch unſere Rechte
gewahrt werden, damit nicht die Parität ſo auffallend geſtört werde,
wie es bei Euch und bei uns der Fall iſt. Hier ſind unter der Zahl
der 42 ordentlichen Profeſſoren außer den 6 der katholiſch-theologiſchen
Fakultät nur 6 katholiſche, von denen ohnehin 3 nach den Statuten angeſtellt werden müſſen.

Wir ſprechen Euch daher aus vollſtem Herzen unſere Zuſtimmung
aus, beſeelt von dem Wunſche, daß die immer lauter ſich aufdrängende
Frage nach der factiſchen Durchführung der durch die B. A. Art. 16,
unſere B.-U. Art. 12 und die Statuten Eurer und unſerer Univerſität
verbrieften Parität zu einer uns günſtigeren und derſelben allein entſprechenden Löſung gelange, die, ſoweit geſetzliche Mittel es geſtatten, auch
wir mit allen Kräften herbeizuführen uns verpflichten. Oder ſollte man
den gerechten Anſprüchen von faſt 8 Millionen Katholiken jetzt nicht dieſelbe Rechnung tragen wollen, wie man dies den 300,000 Juden gegenüber zu thun ſich anſchickt?

Mit brüderlichem Gruß und Handſchlag die katholiſchen Commilitonen der Breslauer Univerſität.

Breslau, den 10. März 1862.

[Folgen die Unterſchriften von je 5 Mitgliedern der verſchiedenen Fakultäten.

208

VIII.

Antwortschreiben der Bonner Unterzeichner der Adresse vom 19. Februar.

Kölnische Blätter vom 3. April No. 95, Beilage.

Commilitonen! In dem Verlangen, daß die durch Verfaſſung und Statuten garantirte Parität an unſern Hochſchulen zur Wahrheit werden möge, der Zuſtimmung aller Billigdenkenden gewiß, haben wir uns ſehr gefreut, dieſe Zuſtimmung auch von den Commilitonen vieler andern Univerſitäten ausgeſprochen zu erhalten. Die Studirenden der Akademie Münſter, ſo wie die preußiſchen Studirenden in Tübingen und München hatten ihren Beitritt erklärt, als uns die freudige Nachricht zuging, daß auch in Breslau die gleiche Beitrittserklärung vorbereitet werde.

Mit wie großer Freude wir Euere Zuſchrift empfangen haben, wie ſehr Ihr durch dieſelbe uns zum Danke verpflichtet habt, kann Jeder ermeſſen, der die Verhältniſſe und Zuſtände Euerer und unſerer Hochſchule kennt. Beide Univerſitäten befinden ſich in Rückſicht auf die Parität in gleicher Lage: die Provinz größeren Theils katholiſch, die Studentenſchaft überwiegend demſelben Bekenntniſſe angehörig, paritätiſche Gleichſtellung der Confeſſionen durch Verfaſſung und Statuten verbrieft, und trotzdem das große Mißverhältniß in den Zahlen der katholiſchen und evangeliſchen Lehrer! Deßhalb fällt Euere öffentlich ausgeſprochene Billigung ſo gewichtig und ſchwer für unſere gerechte Sache in die Wagſchale und vermehrt unſer Vertrauen auf endlichen, glücklichen Erfolg.

Commilitonen! Wir werden in der Verfolgung des uns geſteckten Zieles nicht nachlaſſen. Recht und Gerechtigkeit unverwandt im Auge und gehoben durch die Zuſtimmung ſo vieler gleichgeſinnten Commilitonen und Mitbürger werden wir alles thun, was in unſern Kräften ſteht. Ihr, deß ſind wir feſt überzeugt, werdet zur Förderung der gemeinſamen Angelegenheit auch ferner mitwirken und, mit uns fortſchreitend auf der betretenen Bahn, die Ehre Euerer Provinz zu wahren wiſſen.

In dieſem eben ſo unerſchütterlichen als frohen Vertrauen drücken wir Euch für Euern begeiſternden Zuruf vom Oberſtrande unſern herzlichſten Dank aus. Die Bruderhand, die Ihr uns darbietet, ergreifen wir und halten ſie feſt zu treuem Bunde; unſere Loſung bleibe: Suum cuique! Es lebe die Parität!

Bonn, den 23. März 1862. Mit vollkommener Hochachtung:
Die Unterzeichner der Adresse vom 19. Februar.
A. A.

[Folgen 20 Unterſchriften, je 5 aus den verſchiedenen Facultäten.]
An Herrn stud. jur. J. Wieczorek und die
übrigen Herren Unterzeichner der Adreſſe
vom 10. März in Breslau.

IX.

Zustimmungs=Adresse der Berliner Studirenden an die Unterzeichner der Vorstellung an den Curator der Universität Bonn.

Kölnische Blätter vom 6. April No. 98, Beilage.

Commilitonen! Auch die unterzeichneten katholischen Studirenden Berlins hat Euer in der Paritätsfrage der Universität Bonn an den Tag gelegtes Streben mit der lebhaftesten Befriedigung erfüllt. Wir können es uns nicht versagen, Euch unsern ungetheilten Beifall kund zu geben.

Wir beklagen es mit Euch, daß Euere Beschwerde an maßgebender Stelle nicht die rechte Berücksichtigung gefunden hat. Nicht minder bedauern wir es tief, daß von andern Seiten Euer rechtliches Verlangen als ultramontanes Partei=Manöver bezeichnet worden ist. Lasset Euch nicht beirren!

So lange die preußische Verfassungs=Urkunde die Gleichberechtigung der katholischen und evangelischen Confession anerkennt, so lange nach dem dort ausgesprochenen obersten Rechtsprincipe auch in den betreffenden der Leitung des Staates unterliegenden Anstalten die Parität aufrecht erhalten werden soll, so lange ist es das Recht und die Pflicht beider Confessionen, über die Ausübung dieses Princips zu wachen. Rechtlichem Verlangen fremdartige Motive unterlegen, klingt wie Selbstverhöhnung im Munde Derjenigen, denen der absolute Rechtsstaat das Alpha und Omega ist.

„Es ist unser ernster Wille, daß sämmtliche Mitglieder sich immer daran erinnern mögen, daß am meisten bei einer gemischten Anstalt alles vermieden werden muß, was die Rechte der einen oder andern Confession kränken und in dieser Beziehung Klagen und Unzufriedenheit verursachen könnte." So will es Friedrich Wilhelm III. im §. 8 Eueres Universitäts=Statuts. Sollte die Euch zu Theil gewordene Antwort Eueres Curators wirklich dem Geiste Ausdruck geben, aus welchem jener ernste Königliche Wille entsprungen? Sollte reine Unabsichtlichkeit, der allerdings arithmetische Normen fremd sind, die Zahlenverhältnisse hervorgerufen haben, wie sie an Euerer Universität herrschen und geherrscht haben? Ein mit der Geschichte der Entstehung und des Fortgangs Euerer Universität nur oberflächlich Vertrauter wird hier keinen Zweifel haben.

Wir Katholiken haben noch jüngst die Ansicht vernehmen müssen, daß unser Organismus ein absoluter Nichtleiter der Strömung freier Wissenschaft sei: daher vielleicht der Mangel an Katholiten, welche zum Ausbau der Wissenschaft geeignet scheinen. Daß in Wirklichkeit solche Erwägungen bei der Besetzung der Lehrstühle an Euerer Universität maßgebend gewesen sein sollen, glauben wir nicht annehmen zu

14

dürfen. Jedenfalls trösten wir uns mit der festen Ueberzeugung, daß dieselben dem wohlwollenden Theile unserer protestantischen Mitbürger überhaupt fern liegen.

Welche Ursachen aber auch die gegenwärtige Lage der Dinge hervorgerufen haben mögen: wir haben das Bewußtsein, daß von katholischer Seite confessionelle Gegensätze auf Gebieten, auf denen sie keine Berechtigung haben, nicht geweckt sind. Wenn auf einer andern Hochschule unseres Staates die Bestimmung, wonach Katholiken von den Lehrstühlen ausgeschlossen sein sollen, noch unlängst durch Gründe vertheidigt wurde, die, wären sie wahr, jeden Katholiken erröthen machen müßten, dann wäre es unverantwortliche Schwäche, wenn die Katholiken anderwärts zu thatsächlichen Zuständen schweigen wollten, welche der in verbrieften Rechten ausdrücklich vorausgesetzten Regel widerstreiten.

Auch Euch liegt es fern, den religiösen Gegensatz wachzurufen, dessen Betonung nie zur Vereinigung, immer zur Erbitterung der Gemüther geführt hat. Allein wo es sich nicht um die Geltendmachung dogmatischer Lehrbegriffe, sondern um die Aufrechthaltung der Grundlagen corporativen Bestehens handelt, da werden Euere gerechten Forderungen bei den billig Denkenden jeder Confession Anerkennung finden — und diese Forderungen in Besonnenheit und Mäßigung geltend zu machen, dazu nehmen wir mit Euch das volle Recht in Anspruch, da wir nicht anzuerkennen vermögen, daß Gesetzliches verlangen, gesetzlich ausgesprochen, dem Geiste irgend welcher Gesetzgebung zuwider laufen könnte.

Nehmt unsern Gruß und Dank für Euer standhaftes Auftreten.

Berlin, den 18. März 1862.

[Folgen 53 Unterschriften.]

X.

Zustimmungs-Adresse der preußischen Studirenden in Innspruck an die Unterzeichner der Vorstellung an den Curator der Universität Bonn.

Commilitonen! Obgleich es kaum nöthig sein wird, Euch unser vollkommenes Einverständniß sowohl mit dem in der Paritätsfrage bezüglich der Besetzung der Lehrstühle an der Bonner Universität bisher von Euch behaupteten Standpunkte, als mit dem Wege, auf dem Ihr eine Beseitigung der vielgerügten Handhabung der durch unsere Verfassung gesetzlich garantirten Parität anzubahnen bemüht seid, zu betheuern, so wollten wir doch nicht verfehlen, auch offenkundig dasselbe auszusprechen, um die zur Begründung der Petition immerhin nicht bedeutungslose Allgemeinheit des Verlangens nach Abstellung der erwähnten Uebelstände noch weiter zu constatiren.

Mit lebhaftem Interesse und reger Theilnahme sind wir Eurem uneigennützigen Vorgehen in einer Sache des allgemeinen Wohles gefolgt. Die dem Sinne unserer Verfassung nicht entsprechende Handhabung der Gesetze bezüglich der Gleichberechtigung beider Confessionen mußte uns um so schmerzlicher berühren, als wir augenblicklich in einem Staate leben, der, man möchte fast sagen, über das Maß einer Confession gerecht geworden ist, die, mit der andern verglichen, in numerischer Beziehung kaum in Betracht kommen kann.

Mehr aber noch hat es uns überrascht, daß der Katholicismus mit der Blüthe der freien Wissenschaft nicht verträglich sein soll, da wir vielmehr der festen Ueberzeugung leben, daß bei einer vorurtheilsfreien Auswahl der Professoren sowohl Studirende als die Wissenschaft selbst nur gewinnen können, und daß nicht nur die Universität aus ihrem colonieähnlichen Zustande heraustreten und sich zu einer den heimischen Verhältnissen und den patriotischen Gefühlen der Rheinländer mehr entsprechenden Anstalt umgestalten werde, sondern auch daß die zahlreichen Colonien der Rheinländer an nichtpreußischen Universitäten nach und nach verschwinden und sich um die heimathliche Quelle der Wissenschaften sammeln werden.

Indem wir Euch daher im Interesse der guten Sache auffordern, bis ein günstiger Erfolg Eure Bemühungen gekrönt hat, die Hand von dem begonnenen Werke nicht zurückzuziehen, entbieten Euch Gruß und Handschlag

die preußischen Studirenden an der Universität zu Innsbruck.
Innsbruck, den 4. Mai 1862.
[Folgen 26 Unterschriften.]

XI.

Zustimmungs-Adresse der Freiburger Studirenden an die Unterzeichner der Vorstellung an den Curator der Universität Bonn.

Commilitonen! Auch zu uns ist der Ruf Eures männlichen und ehrenhaften Auftretens bezüglich der schreienden Verletzungen der Parität auf Euerer Universität gedrungen und hat den freudigsten Wiederklang in unseren Herzen gefunden. Euere Handlungsweise ist um so höher anzuschlagen, weil wir in einer Zeit leben, in der es fast den Anschein hat, als ob kein Sinn mehr für irgend ein gutes Recht sei; in welcher leider die großen Massen der Halbgebildeten, wie mit Stumpfsinn geschlagen, den unerhörtesten Rechtsverletzungen nicht nur gleichgültig, nein, manchmal mit Freude zusehen. In solch' einer Zeit muß Jeder, der noch Recht und Gerechtigkeit liebt, fragen:

Wann wird dieser Erbärmlichkeit, wozu man heutzutage vielfach die heiligen Namen der Freiheit, des Fortschrittes und der Volkswohlfahrt mißbraucht, ein Ziel gesetzt werden?

14*

Und siehe! aus dem Schooße Deutscher Studenten hat sich das muthige Wort für Achtung des Rechts losgerungen, und eine solche Stimme war auch zu erwarten von den akademischen Bürgern der deutschen Hochschulen; denn sie sind es, von welchen in erster Linie dereinst die Besserung der gesellschaftlichen Zustände abhängt. In der That, Derjenige, welcher mit frischer jugendlicher Begeisterung sein Wort für das Recht gesprochen, wird sich später nicht dazu erniedrigen, seine Hand zur Unterdrückung des Rechtes zu bieten oder aus Feigheit zu schweigen.

Katholiken und Protestanten wohnen einmal nebeneinander in unserm großen, schönen Deutschland; das hat die Zeit so gemacht. Katholiken und Protestanten können im Frieden nebeneinander wohnen, wenn sie gegenseitig ihre Rechte respectiren. Und nur auf solcher Grundlage kann deutsche Einheit und Größe erwachsen, und nur auf solcher Grundlage wird wahre Toleranz geübt, jene Toleranz, welche es unter Anderm ertragen kann, daß katholische Wissenschaft als eine ebenbürtige gelehrt wird, und Männer der katholischen Wissenschaft so gut wie Protestanten Lehrstühle einnehmen.

Ein glänzendes, jeden Lobes würdiges Zeugniß habt Ihr, Commilitonen, hierin abgelegt, indem Ihr, verletzt durch die Mißachtung der rechtlich unantastbar begründeten katholischen Interessen an Eurer Universität, die durch das Statut gewährleistet sind, auf gesetzlichem Wege Beschwerde geführt habt. Zugleich habt Ihr aber auch das große Verdienst, daß hierdurch allenthalben unter den deutschen Studenten das Rechtsgefühl geweckt, zum Ausbruch gebracht und befestigt wird.

Wenn wir etwas spät daran sind, daß wir Euch unsere freudige Zustimmung kund thun, so mögen uns die einfallenden Ferien entschuldigen, die ein gemeinschaftliches Handeln unmöglich machten. Seid aber versichert, daß in einem Jeden von uns derselbe Gedanke lebte und in Folge der ganz eigenthümlichen Zustände der stiftungsgemäß katholischen Hochschule Freiburg doppelt aufleben mußte, sobald wir von Eurer Beschwerde hörten. Von welchem Erfolge auch Eure Bemühungen sein mögen, das Zeugniß müssen wir Euch geben, daß Ihr als ehrenhafte und rechtliebende Männer gehandelt habt; unsere Sympathieen werden immer mit Euch sein.

Darum, Commilitonen, herzlichen Gruß und Handschlag! Fahret fort, unerschrocken Euer gutes Recht zu vertheidigen.

Freiburg, den 6. Mai 1862.

Die Studenten der Albert-Ludwigs-Hochschule.

[Folgen 197 Unterschriften.]

Anhang.

Unterthänigste Immediateingabe der katholischen Mitglieder beider Häuser, die Herrn Herzog von Ratibor und beziehungsweise Graf Joseph Stollberg an der Spitze, die Errichtung eines besondern Ministerii für die katholisch-kirchlichen und Unterrichts-Angelegenheiten betreffend, vom 14. December 1852.

Kölnische Blätter vom 16. März 1862 Nrc. 76, zweite Ausgabe.

Die Kölnischen Blätter begleiten die Publication des Actenstückes mit folgender Einleitung:

Wir sind in die Lage gesetzt, nachfolgend ein Schriftstück zur Kenntniß unserer Leser zu bringen, welches uns nicht bloß ein historisches Interesse darzubieten scheint. Wohl ist zur Zeit der Abfassung desselben mehrfach in den Zeitungen davon die Rede gewesen, wie die katholischen Mitglieder beider Häuser, die Herren Herzog von Ratibor und beziehungsweise Graf Joseph Stollberg an der Spitze, nach einer gemeinsamen Berathung unter sämmtlichen Mitgliedern die Eingabe beschlossen und mit nur ganz vereinzelten Ausnahmen unterzeichnet haben; allein der wörtliche Inhalt der letztern ist noch nicht zur Veröffentlichung gelangt. So weit unsere Ermittelungen reichen, ist ein förmlicher Bescheid den Bittstellern nicht zu Theil geworden. Schließlich noch die Bemerkung, daß die Gründung der »katholischen Fraction« bei dem Beginne der Session von 1852 auf 1853 stattgefunden hat.

Allerdurchlauchtigster König!
Allergnädigster König und Herr!

In dem Augenblick, wo sich auf den Ruf Ew. Königlichen Majestät die Vertreter des Landes von neuem versammelt haben, empfinden die in treuer Ehrfurcht unterzeichneten, sich zur katholischen Kirche bekennenden Abgeordneten beider Kammern das Bedürfniß, dem Throne Ew. Königl. Majestät zu nahen. Sie erscheinen vor demselben in dem Bewußtsein einer tiefbegründeten Liebe zum Vaterland, in dem Gefühl innigster Treue und Anhänglichkeit an Ew. Königl. Majestät Allerhöchste Person und Ihr erhabenes Königshaus, in der klaren Erkenntniß endlich der heiligen Pflichten, die ihr Gewissen und ihre Sendung ihnen auflegen.

Ihr Vertrauen zu Ew. Königl. Majestät, ihrem geliebten Landesvater, zu dessen Weisheit, Gerechtigkeit und Wohlwollen, ist unbedingt und ohne Schranke. Sie tragen daher kein Bedenken, offen auszusprechen, was ihnen ernst am Herzen liegt, und es vor allem an der Stelle auszusprechen, wo ihnen unparteiliche und gerechte Gewährung verbürgt ist.

Während seit vier Jahren Alle, die es treu mit dem Throne und dem Vaterlande meinen, mit ganzer Kraft danach streben, die mächtigen Schwingungen, welche eine gewaltige Erschütterung fast in allen Gebieten des öffentlichen Lebens hervorrief, auf das Maß der geordneten Bewegung eines gesunden Organismus zurückzuführen, finden sich plötzlich und unerwartet Ew. Königl. Majestät katholische Unterthanen in eine neue tiefbewegte Strömung hineingerissen. Es ist die heftigste, die gefährlichste von allen, die das Leben der Völker ergreifen kann, die der confessionellen Erregung.

Wir schauen um uns, woher diese neue mit der Kraft eines elektrischen Schlages um sich greifende Bewegung entstanden sein möge, und forschen, wie es gewissenhaften Männern geziemt, wo die Veranlassung zu finden, und ob nicht etwa im eigenen Schooße die Ursache zu Erscheinungen zu suchen ist, die wir in ihren Wirkungen als nur für uns und unsere Glaubensgenossen bedrohlich erkennen. Wir finden bei ernstlicher Prüfung, daß in einer Zeit, wo unreifes und selbst verbrecherisches Erkühnen die vermessene Hand an die Grundfesten der staatlichen und gesellschaftlichen Ordnung zu legen gewagt, Ew. Königl. Majestät katholische Unterthanen zum mindesten in gleichem Maße, wie die übrigen, ihrem geliebten Könige die schuldige Treue bewahrt; daß die Hirten der katholischen Kirche in den Momenten der Entscheidung zuerst und erfolgreich ihre Stimme für Gehorsam und Ordnung erhoben; daß die Bekenner der katholischen Kirche jederzeit den aufrichtigen Dank für die auch ihnen neu beurkundeten kirchlichen Garantieen in Wort und That bezeugt haben, ohne aus dem eigenen Rechtsgebiet angreifend oder verunglimpfend hervorzutreten. Wir begegnen, um neuerer Vorgänge zu gedenken, nirgendwo einer Klage, daß die auf den Kreis der katholischen Kirche beschränkten Volksmissionen der Jesuiten ein anderes Recht verletzt oder gar lieblos confessionellen Haber entzündet hätten. Wir dürfen nicht minder ohne allen Anstand behaupten, daß die vor kürzester Zeit innerhalb Ew. Königl. Majestät Staaten stattgehabte Versammlung der deutschen katholischen Vereine sich andern gleichzeitigen kirchlichen Versammlungen gegenüber fest und gemessen innerhalb der sicher erkannten Schranken der Mäßigung und des Zartgefühls bewegt habe, welches sich in Preußen und Deutschland die Bekenner gleichberechtigter Confessionen verschulden.

Mit vollem Grunde und nicht ohne schmerzliche Bewegung geschieht es daher, daß wir uns fragen, weßhalb wir uns von einigen Ministern Ew. Königl. Majestät in der Ausübung unstreitiger und garantirter kirchlichen Gerechtsame angegriffen, weßhalb wir die auf Befestigung des katholischen Volkes in seiner Treue gegen Kirche und Staat, gegen Gott und seinen König abzielenden Missionen willkürlich beschränkt, die Leiter derselben der Landesverweisung ausgesetzt, den jungen Klerus unserer Kirche gehindert sehen, unter den Augen unseres höchsten kirchlichen Oberhauptes in dem uns ohne Gewissenszwang nicht zu verschließenden Mittelpunkt unserer kirchlichen Einheit sich zu seinem Beruf vorzubereiten? daß wir uns weiter fragen, weßhalb sich sogar mehrere unserer Bischöfe von Seiten des Cultusministers mit Vorenthaltung der Renten, die der Staat als Entschädigung für eingezogenes Eigenthum der katholischen Kirche verschuldet, willkürlich bedroht, und somit ganze bischöfliche Sprengel sich rücksichtslos der Gefahr preisgegeben finden, ihre Verwaltung in's Stocken gebracht zu sehen?

Indem wir nach einer Antwort auf diese Fragen suchen, verhehlen wir uns zunächst nicht, daß Maßregeln solcher Art, die den Charakter einer entschiedenen Feindseligkeit gegen die katholische Kirche vor sich hertragen, nicht als isolirt bestehende Erscheinungen aufgefaßt werden können. Es ist uns im Gegentheile klar geworden, daß dieselben nur als einzelne Symptome einer Anschauungsweise erklärbar werden, welche sich einer unbefangenen Würdigung des Inhalts der Verfassungs-Urkunde gänzlich entzieht und sich zugleich über den altbegründeten Rechtsstand der katholischen Kirche in unserm Vaterlande den unhaltbarsten Täuschungen hingibt. Nicht ohne Betrübniß und Unwillen haben Ew. Königl. Majestät katholische Unterthanen seit längerer Zeit in Wort und Schrift die Ansicht aufstellen hören, Preußen sei von Rechtswegen ein lediglich protestantischer Staat, es sei nur durch protestantische Organe zu verwalten, und die zahlreichen katholischen Provinzen, welche sich seit dem Verlaufe eines vollen Jahrhunderts unter Ew. Majestät glorreichem Scepter vereint finden, seien lediglich als minder berechtigte Dependenzen des gemeinsamen Vaterlandes zu betrachten und zu behandeln. Eine Auffassung, die sich in so greller Weise mit allen Acten des öffentlichen Rechtes, des deutschen und preußischen Staats-Rechtes in Widerspruch setzt, bedarf unserer näher eingehenden Widerlegung an dieser Stelle nicht, sie richtet sich in ihrer Falschheit, in ihrer Unmöglichkeit von selbst. Aber aufgestellt, mit gehässigen Insinuationen über die politische Gesinnung der katholischen Unterthanen begleitet, und unabläßig wiederholt durch Organe, die sich selbst eines umfassenden Einflusses berühmen, ist jene Ansicht mehr als alles andere geeignet, den Samen der Entfremdung in das Land und seine Bevölkerung zu streuen, die Entwickelung der Gesammtkraft des Staates zu hemmen und, worauf es hier zunächst ankommt, die Gemüther der katholischen Unterthanen mit der allerernstesten Besorgniß um ihr kirchliches und politisches Recht zu erfüllen. Diese Besorgniß muß wachsen, indem man in den schon bezeichneten Maßregeln einzelner Minister, denen verwandte Demonstrationen einzelner Verwaltungs-Beamten hinzutreten, den Anfang der thatsächlichen Durch-

führung eines Systems wahrnimmt, welches selbst bei der mildesten
Beurtheilung als ein für Ew. Majestät katholische Unterthanen feind=
seliges erscheinen muß.

Ew. Königl. Majestät haben Ihren katholischen Unterthanen zu allen
Zeiten wahrhaft landesväterliche Huld und aufrichtiges Wohlwollen er=
wiesen. Die volle Liebe des katholischen Volkes und sein ungeheucheltes
Vertrauen kommt dieser Ew. Königl. Majestät entgegen. Dasselbe weiß,
daß Handlungen und Tendenzen, wodurch es sich in seinen höchsten Gü=
tern, seiner Religionsübung und in seinem kirchlichen und politischen
Rechtszustande bedroht sieht, nimmermehr mit Zustimmung seines ge=
rechten Königs in's Leben treten konnten. Aber tief bewegt durch das,
was es erfahren hat und was es noch besorgt, bedarf es der Beruhi=
gung und der unzweideutigen Gewähr, daß seinen Beschwerden werde
abgeholfen, daß Fürsorge werde getroffen werden, damit künftiger Anlaß
zu ähnlicher Störung vermieden bleibe. Berufen, das Recht unserer
Glaubensgenossen innerhalb der Kammern zu vertreten, ist es allerdings
unsere Pflicht, in ministeriellen Maßnahmen hervorgetretene Verletzungen
verfassungsmäßiger Rechte in den Kammern zur Sprache zu bringen.
Nicht minder aber fühlen wir uns gedrungen, in Treue und Ehrfurcht
unsere Stimme vor Ew. Königl. Majestät zu erheben, und vollen Ver=
trauens die Abwehr weiterer confessioneller Conflicte und die Anbahnung
beruhigender Zustände von Allerhöchstdenselben zu erbitten.

Unsere Bitte geschieht im Interesse des ganzen gemeinsamen Vater=
landes, dessen Glück und Macht sich nie herrlicher entfalten kann, als
wenn beide Confessionen in vereintem Wetteifer für dasselbe wirken, und
eine jede sich der Ueberzeugung getrösten kann, daß der Staat seinen
Rechtsschutz und seine Wohlthaten mit gleichem Maße über beide ver=
breitet. Wir begehren wahrlich nichts, was dem Rechte unserer evange=
lischen Brüder zu nahe treten könnte; aber wir wünschen auch das un=
sere geachtet und gesichert zu wissen.

Die kirchlichen Interessen von beinahe sieben Millionen Katholiken
in Ew. Königl. Majestät Landen haben, so weit sie mit dem Staate,
seinen Einrichtungen und Organen in Berührung treten, bisheran noto=
risch nur eine äußerst dürftige Vertretung durch Männer katholischen
Glaubens gefunden. Selbst in ganz oder überwiegend katholischen Lan=
destheilen finden wir auch jene Aemter, welche ein näheres Eingehen
auf katholische Zustände bedingen, häufig nur mit Evangelischen besetzt.
Wir wissen gut, daß sich hier nicht überall eine strenge Sonderung durch=
führen läßt; aber wir sind des Dafürhaltens, daß der Nachtheil in zu
unverhältnißmäßigem Grade sich auf katholischer Seite befindet. Das
Nämliche ist in Ansehung derjenigen Stellen der Fall, welche mit der
Leitung des zu den kirchlichen Interessen in unauflöslicher Verbindung
stehenden Unterrichtswesens betraut sind. Wenden wir unsern Blick auf
die Central=Verwaltung, so begegnen wir mit Bedauern der gleichen Er=

scheinung. Der katholische Religionstheil entbehrt einer Repräsentation in Ew. Königl. Majestät Minister=Conseil; die durch Ew. Königl. Majestät in Allerhöchstdero Cultus=Ministerium angeordnete katholische Abtheilung ist seit langer Zeit unvollständig besetzt, auch ihrer Verfassung nach ohne garantirende Attribute; das katholische Unterrichtswesen wird in demselben Ministerium zum größten Theile, das katholische Elementar=Schulwesen lediglich, von evangelischen Räthen bearbeitet.

Es kann in der That durchaus nicht befremden, wenn unter solchen Verhältnissen wider Ew. Königl. Majestät Allerhöchst eigenen Willen Mißstände zu Tage treten, deren betrübende Wirkungen täglich weiter greifen. Das Vertrauen, dessen Behörden und vor Allen Minister zur heilbringenden Wirksamkeit unerläßlich bedürfen, muß leider bis zum äußersten schwinden, wenn die Bischöfe und Erzbischöfe der katholischen Kirche auf die von ihnen vor Monaten über früher erwähnte Beschwerden eingereichten dringenden Anträge bisher vergebens einer Erwiederung entgegenharren; wenn eine auf genügende Vertretung des katholischen Unterrichtswesens im Cultus=Ministerium gerichtete Bittschrift, welche im Laufe der vorigen Kammer=Sitzung durch die katholischen Abgeordneten unter dem Vortritt des Herzogs von Ratibor dem Cultus=Minister übergeben wurde, auch nicht einmal einer Antwort gewürdigt ist, obgleich eine solche wiederholt schriftlich und mündlich von ihm erbeten wurde. Muß sich nicht dem katholischen Religionstheile immer klarer die Ueberzeugung aufdrängen, daß die einer vorhin bezeichneten Auffassungsweise eigenthümlichen Tendenzen sich raschen Schrittes immer ungescheuter entwickeln? Vermag derselbe ohne täglich erneute Beunruhigung seine heiligsten Angelegenheiten, die Kirche und Schule, durch Organe gehandhabt zu sehen, deren ihm gänzlich abgeneigte Gesinnung zu Tage liegt? Muß sich nicht der confessionelle Hader, dieses ätzende Gift am Lebensbaume eines Staates, von neuem unseres schönen Vaterlandes bemeistern?

Ew. Königl. Majestät erkennen in Ihrer Weisheit die Gefahren, die eine solche traurige Eventualität in sich trägt. Sie haben dieselben schon einmal mit Gerechtigkeit und Milde abgewandt und Sich den unvergänglichen Dank Ihres Volkes erworben. Möchten Allerhöchstdieselben auch jetzt vorbeugend, abhelfend und bald einschreiten!

In keinem der uns benachbarten Länder sind die beiden großen christlichen Confessionen in ähnlich massenhaften Verhältnissen repräsentirt als in Ew. Königl. Majestät Staaten, und doch ist in allen übrigen das confessionelle Sonder=Interesse in den höheren Instanzen gleichmäßiger vertreten als in Preußen. Das Königreich der Niederlande hat ein besonderes Ministerium für die katholischen Angelegenheiten; in Bayern sind die Interessen der protestantischen Kirche durch eine fest organisirte protestantische Vertretung gesichert; in Sachsen bestehen seit anderthalb Jahrhunderten die strengsten und unangreifbarsten Garantieen. Es be=

steht in der That nach keiner Seite hin ein Grund, warum nicht auch die dem Scepter Ew. Königl. Majestät unterworfenen beinahe sieben Millionen Katholiken sich einer ähnlichen Vertretung im Conseil der Minister und im Rathe Ew. Königl. Majestät zu erfreuen haben sollten! Alle bisher gemachten Erfahrungen, die Natur der Verhältnisse selbst, weisen darauf hin. Das geringe Geldopfer, welches dafür gebracht werden muß, verdient kaum der Erwähnung gegenüber dem nicht hoch genug anzuschlagenden moralischen Vortheile, der aus der dauernden Beruhigung sonst immer neu aufsteigender Unzufriedenheit für das gesammte Vaterland hervorgeht. Den evangelischen Unterthanen Ew. Königl. Majestät kann daraus ein Grund zur Beschwerde nicht erwachsen; sie wissen, daß ihre Interessen, abgesehen von dem besondern Schuße, dessen dieselben nach der Gesammt-Verfassung der Staatsbehörden von selbst versichert sein können, durch den Minister der evangelischen Angelegenheiten und den erst in neuester Zeit errichteten Ober-Kirchenrath in der gewichtigsten Weise vor Ew. Königl. Majestät und im Lande selbst gewahrt sind. Wir haben uns sogar überzeugt, daß die große Mehrzahl unserer evangelischen Mitbürger mit Befriedigung eine Einrichtung in's Leben treten sehen würde, deren Gewährung in der paritätischen Gerechtigkeit und in der weisen Erwägung der vorhandenen Zustände auf so einleuchtende Weise begründet wird.

Die in tiefster Ehrfurcht und vollster Unterthanentreue unterzeichneten Abgeordneten glauben in der hier angedeuteten

Einrichtung eines besondern Ministerii für die katholisch-kirchlichen und Unterrichts-Angelegenheiten

das Mittel zu erkennen, durch welches sich eine sichere, und was gleich wichtig ist, eine dauernde Garantie für confessionell befriedigende und einträchtige Zustände in unserm Vaterlande erreichen läßt. Indem sie ihren Antrag auf Organisation eines solchen richten, sind sie sich bewußt, weder etwas Unbilliges noch etwas schwer Auszuführendes begehrt zu haben. Sie haben es Angesichts tief bedauerlicher Zustände, die ganz ohne Zuthun der katholischen Unterthanen hervorgerufen und in ihren Folgen durch sie in keiner Weise zu vertreten sind, nicht vermeiden können und nicht vermeiden dürfen, von ihrer Seite, nach ernster Ueberlegung, sich so zu äußern, wie sie es als treue, über die Stimmung des Landes wohlunterrichtete Patrioten vor Gott, ihrem Gewissen und ihrem Könige verantworten können. Sie tragen das beruhigende Bewußtsein in sich, nur der Stimme der Pflicht und zugleich dem Rufe des Vertrauens gefolgt zu sein, welches sie zunächst und vor allem an ihren geliebten König und Landesvater verweiset.

Möchten Ew. Königl. Majestät geruhen, der in solcher Gesinnung zu den Füßen Allerhöchst Ihres Thrones niedergelegten Bitte huldreich und bald zu willfahren.

Ew. Königl. Majestät allerunterthänigste, treugehorsamste Abgeordnete zur ersten und zweiten Kammer.

Namen, Stand, Wahlbezirk.

Berlin, den 14. December 1852.

**An den Minister-Präsidenten Freiherrn
v. Manteuffel.**

Die katholischen Abgeordneten beider Kammern haben, von der Ueberzeugung durchdrungen, daß, wenn das tief erschütterte Vertrauen in ihren Heimatländern wieder hergestellt und von immer wiederkehrenden Trübungen bewahrt bleiben soll, ohne Zeitverlust geeignete Anordnungen getroffen werden müssen, sich zu einer Berathung über beßfalls zu machende Anträge zu vereinen. Sie haben sich zu der Ansicht verbunden, daß bei dem an katholischer Seite gänzlich gestörten Vertrauen zu der gegenwärtigen Organisation der katholischen Cultus- und Unterrichts-Angelegenheiten die einzige und dauernde Garantie gegen neue religiöse Conflicte darin gefunden werden könne,

daß die katholischen Cultus- und Unterrichts-Angelegenheiten aus der bisherigen Verbindung gänzlich gelöst und als ein besonderes katholisches Ministerial-Departement unter einem eigenen, der katholischen Religion angehörigen, mit Sitz und Stimme im Minister-Conseil ausgestatteten Chef constituirt werden.

Dieselben haben deßhalb eine in diesem Sinne abgefaßte unterthänigste Immediat-Eingabe an Se. Majestät den König gerichtet. Die Unterzeichner derselben haben mich beauftragt, Ew. Excellenz unter Beifügung einer Abschrift dieser Eingabe hiervon gehorsamst in Kenntniß zu setzen und bei dieser Gelegenheit Ew. Excellenz den Ausdruck ihres festen Vertrauens zu dero Weisheit und vollen confessionellen Unparteilichkeit an den Tag zu legen. In dieser Unparteilichkeit erblicken dieselben eine beruhigende Bürgschaft für die möglichst beschleunigte Berücksichtigung eines Antrages, von dem sie allein die Herbeiführung solcher Zustände zu erwarten vermögen, wie sie den wahren Interessen des Landes entsprechen.